广西科学基金面上项目（2020GXNSFAA297228）纟

特大城市人口集聚—辐射与重大突发事件综合应急管理能力研究

曾鹏　宋航　魏旭　著

中国财经出版传媒集团

经济科学出版社
Economic Science Press

·北 京·

图书在版编目（CIP）数据

特大城市人口集聚—辐射与重大突发事件综合应急管
理能力研究/曾鹏，宋航，魏旭著．－－北京：经济科
学出版社，2024.3
ISBN 978－7－5218－5725－2

Ⅰ．①特… Ⅱ．①曾…②宋…③魏… Ⅲ．①特大城
市－紧急事件－应对对策－研究 Ⅳ．①D035.29

中国国家版本馆 CIP 数据核字（2024）第 060510 号

责任编辑：李晓杰
责任校对：刘　娅
责任印制：张佳裕

特大城市人口集聚—辐射与重大突发事件综合应急管理能力研究
曾鹏　宋航　魏旭　著
经济科学出版社出版、发行　新华书店经销
社址：北京市海淀区阜成路甲 28 号　邮编：100142
教材分社电话：010－88191645　发行部电话：010－88191522
网址：www. esp. com. cn
电子邮箱：lxj8623160@163. com
天猫网店：经济科学出版社旗舰店
网址：http://jjkxcbs. tmall. com
北京季蜂印刷有限公司印装
710×1000　16 开　15.5 印张　290000 字
2024 年 3 月第 1 版　2024 年 3 月第 1 次印刷
ISBN 978－7－5218－5725－2　定价：62.00 元

作 者 简 介

曾鹏，男，1981年7月生，汉族，广西桂林人，中共党员，哈尔滨工业大学管理学博士，中国社会科学院研究生院经济学博士（第二博士），中央财经大学经济学博士后，经济学二级教授、正高级统计师，现任广西民族大学研究生院院长，重庆大学、广西大学、广西民族大学博士生导师，博士后合作导师。是国家社会科学基金重大项目首席专家、教育部哲学社会科学研究重大项目首席专家、广西高校黄大年式教师团队负责人、"广西五一劳动奖章""广西青年五四奖章"获得者，入选国家民委"民族研究优秀中青年专家"、国家旅游局"旅游业青年专家"、民政部"行政区划调整论证专家"和"全国基层政权建设和社区治理专家"、广西区党委、政府"广西八桂学者"和"广西八桂青年学者"、"广西壮族自治区优秀专家"、广西区政府"广西'十百千'人才工程第二层次人选"等专家人才称号。

曾鹏教授主要从事城市群与区域经济可持续发展方面的教学与科研工作，主持国家社会科学基金项目5项（含重大项目1项、重点项目1项、一般项目1项、西部项目2项）、教育部哲学社会科学研究后期资助重大项目2项、省部级项目30项。出版《区域协调发展战略引领中国城市群新型城镇格局优化研究》《珠江—西江经济带城市发展研究（2010–2015）（10卷本）》《城市行政区划优化理论与方法研究》《以中心城市为核心的城市群行政区划设置扁平化研究》等著作19部（套）；在 *Journal of Cleaner Production*、《科研管理》、《资源科学》、《地理科学》、《自然辩证法研究》、《社会科学》、《国际贸易问题》、《农业经济问题》等SCI源期刊、SSCI源期刊、EI源期刊、CSSCI源期刊、中文核心期刊上发表论文144篇，在省级期刊上发表论文25篇，在《中国社会科学报》《中国人口报》《中国城市报》《中国经济时报》《广西日报》的理论版上发表论文53篇，在CSSCI源集刊、国际年会和论文集上发表论文26篇。论文中有11篇被SCI检索（中科院一区2篇、二区5篇、三区3篇、四区1篇，TOP期刊7篇），有1篇被SSCI检索（中科院三区1篇），有9篇被EI检索，有4篇被ISTP/ISSHP检索，有118篇被CSSCI检索，有6篇被《人大复印资料》《社会科学文摘》等全文转载。撰写的管理教学案例被中国专业学位教学案例中心、中国管理案例共享中心等案例库收录 9 篇。获得计算机软件著作权 5 项。学术成果获省部级优秀成果奖 33 项，其中广西社会科学优秀成果奖一等奖 2 项、二等奖 4 项、三等奖 8 项；国家民委社会科学优秀成果奖二等奖 1 项、三等奖 1 项；商务部商务发展研究成果奖三等奖 1 项、优秀奖 1 项；团中央全国基层团建创新理论成果奖二等奖 1 项；民政部民政政策理论研究一等奖 3 项、二等奖 5 项、三等奖 3 项、优秀奖 1 项；广西高等教育自治区级教学成果奖二等奖 2 项。

宋航，男，1998 年 1 月生，汉族，河北邯郸人，广西民族大学硕士研究生，主要从事城市与区域可持续发展方面的研究。

魏旭，男，1994 年 4 月生，汉族，河北黄骅人，广西民族大学民族学博士，现任广西民族大学管理学院讲师，硕士生导师，主要从事城市群与区域可持续发展、区域与城市生态环境系统工程等方面的教学与科研工作。主持广西社会科学基金项目 1 项，参与国家社会科学基金项目 4 项（含重大项目 1 项、重点项目 1 项）、教育部哲学社会科学研究后期资助重大项目 1 项、广西科学基金面上项目 1 项、广西科技发展战略研究专项课题 1 项、广西人文社会科学发展研究中心委托项目 1 项。出版《新时代我国西部中心城市和城市群高质量协调发展战略研究》《知识产权特色小镇：知识产权链条与小城镇建设协同创新模式研究》《区域经济发展数学模型手册：北部湾城市群的算例》《城市行政区划优化理论与方法研究》等著作 4 部；在 *Journal of Cleaner Production*、《城市规划》、《人文地理》、《地理科学》、《河海大学学报·哲学社会科学版》、《科技进步与对策》、《统计与信息论坛》等 CSSCI 源期刊、SCI 源期刊、中文核心期刊上发表论文 21 篇，在《中国人口报》《广西民族报》的理论版上发表论文 2 篇。论文中有 4 篇被 SCI/SSCI 检索，有 20 篇被 CSSCI 检索。学术成果获广西社会科学优秀成果奖一等奖 1 项、三等奖 1 项；民政部民政政策理论研究一等奖 1 项、二等奖 3 项；全国知识产权优秀调查研究报告暨优秀软课题研究成果三等奖 1 项；钱学森城市学金奖提名奖 1 项、优秀奖 1 项。

序　一

在经济全球化和信息技术迅猛发展的当今时代，城市化作为现代社会的一大趋势，不仅深刻改变了人类的居住方式，而且重塑了经济社会的发展格局。特大城市，作为区域发展的龙头和国家竞争力的集中体现，承载了无数人的梦想与追求，同时也集中了多样化的挑战与风险。其中，人口集聚带来的辐射效应及其对重大突发事件综合应急管理能力的影响，是当前城市研究领域的热点问题之一，对于指导城市科学发展、提升城市管理水平和保障城市安全具有重要意义。

在此背景下，《特大城市人口集聚—辐射与重大突发事件综合应急管理能力研究》一书的问世，正当其时。本书作者曾鹏教授、宋航、魏旭通过对国内外相关文献的深入剖析和广泛研究，不仅提出了一系列科学的理论框架，而且基于实证数据，深入分析了特大城市面对重大突发事件时的应急管理策略和能力提升途径。本书的出版，为我们提供了开展特大城市人口集聚与应急管理能力研究的新视角和新方法，其所提出的理论假设、研究方法和政策建议，对于完善我国特大城市应急管理体系，提高城市灾害防治和风险管控能力具有重要的指导意义。同时，这些研究成果也为城市学者、规划师、政策制定者以及城市管理者提供了宝贵的学术资源和参考资料。

城市化进程中的人口集聚现象，尤其是在特大城市中的表现，其对经济、社会、环境以及安全等多方面的影响是复杂且深远的。人口集聚带来的正面效应如经济规模的扩大、市场效率的提升、人才汇聚和创新活动的促进等，长久以来一直是学界研究的重点。然而，随着集聚规模的增大，其可能导致的负面效应也开始显现，包括资源环境的压力、社会矛盾的凸显、城市管理的复杂性增加，以及对重大突发事件应对能力的挑战等。特别是在经历了一系列重大突发事件之后，如何提升城市应对此类事件的综合应急管理能力，成为当前城市研究和实践中亟待解决的问题。本书深入探讨了特大城市人口集聚—辐射现象与城市应急管理之间的关系，尝试从多个维度解析和构建特大城市在面临重大突发事件时的应对策略和机制。

在理论上，曾鹏教授、宋航、魏旭三位作者采用了系统的分析方法，将人口集聚—辐射的经济、社会、环境效应与城市应急管理能力相结合，建立了一个多元和动态的研究框架。他们认为，虽然人口集聚为城市带来了发展的动力和机遇，但同时也使城市面临更加复杂的管理挑战，尤其是在应对重大突发事件方面。因此，提升城市的应急管理能力，不仅需要强化传统的应急响应措施，还需要通过制度创新、科技运用、社会动员以及国际合作等多方面的努力，提高城市的整体韧性和恢复能力。

在实践上，本书以中国特大城市为研究对象，深入剖析了人口集聚—辐射与重大突发事件综合应急管理能力之间的关联和互动。通过对中国不同城市的分析，揭示了城市规模、结构、功能以及社会网络等因素对提升应急管理能力的作用。作者们借助先进的数据分析工具和方法，为城市应急管理提供了科学的量化评估和决策支持。

这部著作的出版，不仅丰富了城市科学和公共管理领域的研究文献，也为城市管理者和决策者提供了宝贵的参考和指导。在城市化的大潮中，特大城市如何更好地利用人口集聚带来的优势，同时有效防范和应对重大突发事件，是一个复杂而又紧迫的课题。借助本书的理论洞察和实证分析，我们可以更好地理解这一问题，找到更为科学和有效的应对之道。

面对范围广、内容复杂的论题，本书中所涉及的研究或许还存在一些值得推敲的地方，有待进一步深化和完善，但总体而言不失为一部较高水平的研究成果。理论来源于实践，反过来指导实践，在实践中发展并接受实践的检验。我相信，本书的问世将会在学术界引起广泛的关注和讨论，并将为特大城市的应急管理实践提供有力的支持，为构建安全、可靠、高效的城市管理体系奠定坚实的理论基础。

中国社会科学院学部委员、中国社会科学院大学首席教授、博士研究生导师
2024 年 3 月

序　二

在城市化的浪潮中，特大城市已成为人口集聚的显著标志，它们在吸引人才、集中资源、提升创新能力等方面发挥着不可或缺的作用。然而，这样的集聚现象也随之带来了一系列挑战，尤其是在面对重大突发事件时，城市应急管理能力的强弱直接关系到公共安全和社会稳定。《特大城市人口集聚—辐射与重大突发事件综合应急管理能力研究》一书，就是在这样的背景下应运而生，旨在为特大城市的应急管理体系提供更为科学和系统的改进方案。

本书作者曾鹏教授、宋航、魏旭三位学者，凭借其在区域经济学和应急管理领域的深厚积累，带领读者深入了解特大城市人口集聚—辐射的内部机理，在应对重大突发事件中挖掘的潜力和应对策略。他们不仅系统梳理了国内外的相关理论和实证研究，而且通过严谨的数据分析，为特大城市应急管理能力的提升提出了切实可行的建议。本书的出版，对于完善城市应急管理体系，增强城市防灾减灾能力，提高城市综合承载力和可持续发展能力具有重要的参考价值。

城市化进程不断推进的今天，特大城市在国家经济和社会发展中占据核心地位，城市人口的集聚和城市功能的辐射，成为推动经济增长和社会进步的关键因素。然而，城市规模的不断扩大和人口密度的增加，也带来了交通拥堵、环境污染、公共服务不足、社会治安问题以及对突发公共事件应对能力的严峻考验。因此，如何在人口密集的大都市中建立有效的应急管理体系，已经成为城市管理的重要议题。

本书所涉及的人口集聚—辐射效应，不仅是一个简单的人口统计学问题，更是一个包含经济学、社会学、环境科学和管理学等多学科交叉的复杂现象。作者们通过多年的研究和实践探索，成功地将这些看似分散的领域整合在一起，构建了一个多维度的分析框架，为理解特大城市的人口集聚—辐射现象提供了新的理论视角。

本书全面梳理了国内外关于人口集聚—辐射现象的研究文献，明确了研究的历史脉络和现状。作者们基于此，进一步阐述了人口集聚—辐射对特大城市综合应急管理能力的影响机制，既包含了人口集聚带来的经济规模效应，也涉及了因人口密集导致的社会管理复杂性。这种多维度的分析，为我们理解和处理特大城市面临的挑战提供了深刻的洞见。

本书作者不仅关注理论的深入探讨，更注重实际应用。他们运用先进的数据分析方法，深入研究了中国不同的特大城市，系统评估了这些城市在重大突发事件中的应急管理能力，提出了针对性的改进措施。这些分析和建议，有助于提高特大城市的应急管理效率和有效性。

本书的出版为我们理解和应对特大城市在高速发展中遇到的新问题提供了新的视角。在此基础上，作者们的研究成果不仅对学术界有着重要的贡献，更为城市管理部门、政策制定部门以及与城市应急管理相关的各方提供了宝贵的参考和实践指南。在城市化和人口集聚的大背景下，本书为特大城市应对重大突发事件提供了切实有效的应急管理策略，有助于建立更加安全、有序、高效的城市运行环境。在这个充满挑战与机遇的时代，特大城市的应急管理工作比以往任何时候都显得更加重要。通过实践验证的理论模型和策略建议，将为城市的持续发展和居民的生命财产安全提供坚实的支撑。本书的出版，标志着我们在城市发展战略研究中迈出了重要的一步，也为未来城市发展的研究提供了新的研究方向和研究方法。

在此，我对曾鹏教授等作者们的辛勤努力和卓越成就表示诚挚的敬意和热烈的祝贺。他们在特大城市人口集聚—辐射和综合应急管理能力研究领域所作的贡献，将激励着更多的研究者和实践者投身到这一充满挑战的领域中来。期待本书能够引起广泛关注，激发更多有识之士的思考与行动，共同为建设更加安全、稳健、生机勃勃的特大城市贡献力量。

山东大学经济研究院院长、长江学者特聘教授、博士研究生导师

2024 年 3 月

序　三

　　在全球化和信息化的大潮中，特大城市作为人口集聚和社会经济活动的重要节点，其综合应急管理能力的强弱直接关系到区域乃至国家安全与稳定。随着城市化水平的不断提高，特大城市面临的风险和挑战也日益复杂，尤其是在重大突发事件频发的当下，如何有效应对和管理这些紧急情况成为摆在我们面前的一项紧迫任务。在此背景下，对特大城市人口集聚—辐射与重大突发事件综合应急管理能力进行系统研究，就显得尤为重要。这不仅是一项对于提升城市治理现代化水平的关键性研究，也是对维护社会稳定、保障人民生命财产安全的必要探索。

　　特大城市作为经济发展的引擎，其人口集聚功能带来的正面效应不言而喻，但同时也带来了资源环境的巨大压力，以及在遇到重大突发事件时应急响应和资源调配的难题。这些问题的解决，不仅需要我们要有先进的理论作指导，更要有实践中的智慧和勇气。近年来，随着重大突发事件的增多，特大城市的应急管理能力受到了前所未有的考验。从自然灾害到公共卫生事件，从社会安全事件到生态环境危机，每一次事件的发生都对城市管理部门提出了新的挑战。特大城市应急管理的复杂性在于，它不仅需要高效的指挥和调度系统，还需要全面的风险评估、预警机制和快速反应能力。曾鹏教授、宋航、魏旭合著的《特大城市人口集聚—辐射与重大突发事件综合应急管理能力研究》一书，对这一课题做出了全面、深入的探讨，为相关领域的研究和实践提供了宝贵的知识财富。

　　本书不仅局限于研究人口集聚的经济影响，还深入探讨了人口集聚对城市生活各个方面的影响，包括城市基础设施、公共服务、社会治理和居民生活质量。它反映了一个事实：随着城市规模的膨胀，各种社会问题也随之增加，其中包括环境污染、交通拥堵、住房紧张等。这些问题不仅影响着城市居民的日常生活，还可能在突发公共事件中成为加剧灾难影响的因素。本书紧密围绕特大城市人口集聚这一核心现象，剖析了其在城市生活的各个方面所扮演的角色，以及这一现象如何影响城市在面对重大突发事件时的应对策略。通过对城市发展的宏观分析和对应急管理机制的细致考察，本书勾勒出了特大城市在经济、社会和环境层面所面临的挑战与机遇。作者们深入讨论了人口集聚对城市治理结构、公共服务体系、资源配置效率以及社会安全感的影响，揭示了在动态和复杂的城市环境中，有效的应急管理是如何成为确保城市可持续发展的关键因素，展示了其深厚的学术底蕴和对城市问题的独到见解。他们采用了跨学科的研究方法，综合考虑了城市经济、社会学、公共政策、环境科学等多个领域的理论和实践，提出了一套全面的分析框架，旨在解答特大城市在面对重大突发事件时如何提升应急管理能力的问题。

在研究内容上，本书覆盖了特大城市人口集聚的基本特征、辐射效应的内在机理，以及特大城市应对重大突发事件的能力评价和提升策略。作者们基于丰富的理论研究和实地调研，深入探讨了城市规模增长、密集的人口分布和复杂的社会结构如何影响城市的应急管理能力。本书提出，要全面提升城市的应急管理能力，必须从完善应急预案、加强应急资源配置、提升应急响应速度、增强社会公众的应急意识等多个方面着手。

本书还特别强调了社会各界合作的重要性。作者们认为，城市的应急管理不仅是政府职能部门的责任，还需要社会组织、企业、市民以及国际社会的共同参与。通过详细的分析，展示了在社会各界共同努力下，特大城市如何更有效地应对自然灾害、公共卫生事件、社会安全问题等重大突发事件。这种多主体参与的应急管理模式，为构建全社会共同参与的应急管理体系提供了有益的借鉴。

此外，本书还特别关注特大城市人口集聚对城市文化和身份认同的影响，以及这些因素如何在特定情境下成为城市应对重大突发事件能力的重要组成部分。在全球化背景下，特大城市不仅是国际交流的平台，也是多元文化交融的熔炉，这些特性对城市的应急管理提出了新的要求和挑战。作者们认为，在构建城市应急管理体系时，应充分考虑到这些文化因素，促进全社会的参与和合作，提高城市应对各种突发事件的能力。

本书观点鲜明，论证严密，既有学术价值，又有实践意义。这些新的理论洞见和实证分析，无疑将为特大城市的管理和规划提供前瞻性的指导，促进城市治理体系和治理能力现代化的进程。这部著作的问世，体现了学术性、时代性和实践性的统一，反映了曾鹏教授等作者对现实深切关注、对学问孜孜求索的精神。

在本书出版之际，我欣然接受他们的请求，乐为此序。治学无止境，望曾教授等作者在既得成果的基础上，继续发扬虚心好学的精神，与时俱进，不断攀登，在治学上达到更高的水平，取得更多、更丰硕的成果。

哈尔滨工业大学发展战略研究中心主任、博士研究生导师

2024 年 3 月

目 录
Contents

第 1 章

绪　　论

1.1　研究背景与问题提出

1.1.1　研究背景

改革开放以来，中国经济取得了惊人的进步，这种快速而稳健的增长使中国迅速崛起，成为世界第二大经济体。2012 年，中国经济增长告别了 9% 以上的高速增长，转为了 7.8% 的中高速增长。这一变化预示着中国经济发展新阶段的到来，中国经济的发展实现了从高速发展到高质量发展的过程，增长速度持续减缓，实体通缩和资产价格膨胀并行，实体经济与非实体经济的平衡被打破，宏观上中国的发展从高速增长阶段进入新常态、中高速发展、高质量等发展中（张平，2023）。在近年来的经济发展进程中，中国工农业生产力的显著增长已经改变了中国在全球产能格局中的地位。通过技术革新、产业升级、政策扶持以及人力资本的积累，中国已经在多个工农业产品的生产领域取得了领先全球的地位。然而，尽管中国在产品的生产数量和增长速度方面都取得了显著的成就，但必须意识到这种基于传统要素驱动和投资拉动发展模式下的粗放型的经济增长是不可持续的（杜传忠，2023）。党的十八大以来，中国特色社会主义进入新时代，面对人民日益增长的美好生活的需要同当前城市内部发展的不均衡、不协调、不充分等问题日益凸显，都在警醒着应该告别之前高速发展的模式（谢富胜，2021）。党的十九大首次明确提出，我国经济已由高速增长阶段转向高质量发展阶段，正处在转变发展方式、优化经济结构、转换增长动力的攻关期，建设现代化经济体系是跨越关口的迫切要求和我国发展的战略目标。

　　在新的历史条件下，中国必须坚持推动经济的高质量发展，坚持质量第一、效益优先的原则，以供给侧结构性改革为主要任务，提升全要素生产力，加速构建新的产业体系，增强我国经济的创新能力和竞争力，真正实现高质量发展的目标（张广俊，2023）。这是在新的历史条件下，对经济发展规律的新的理解和把握。在宏观经济学和发展经济学的框架下，质量导向的经济增长模式已经成为当代中国社会经济转型的核心战略。随着社会主义现代化建设的深入推进，这一战略不仅响应了国家对经济质量提升的内在需求，也对应了公民对更高生活质量的期待。中国选择经济高质量发展道路是以"质量第一"、"效率优先"为新的发展理念，是推动发展驱动力从依赖规模扩张转向依赖创新的发展方式（冯娟，2022）。超越单一的 GDP 增速，转而关注发展质量和效益，以此响应公众对于更加丰富和多元化的生活需求。这种发展方式既注重发展的有效性和公平性，又考虑到生态环境建设和人的全面发展（许弘智，2023）。高质量发展的概念是对经济发展深层逻辑的遵循。这意味着经济活动的组织和推进必须与经济发展的内在规律相协调，特别是在推动经济结构的优化升级方面。在这一过程中，创新成为引领发展的第一动力，它激发经济体系向中高端水平的转型，同时指引着经济向着更加文明的发展道路前进。此外，高质量发展还体现了对物质与精神双重产出的关注。在物质层面，重视经济增长的量与质，在精神层面，追求文化、环境与社会价值的协同提升。这种全面而深入的关注不仅体现了发展的全人类维度，也映射出对未来社会发展方向的深远考量，即追求既在物质财富上富足又在精神文明上进步的社会。

　　城市是全球生产力最活跃、经济社会活动最密集的区域，也是各种要素促进中国实现经济高质量发展的关键载体（朱凰铭，2023）。未来，城市将成为推动国家现代化建设的主要引擎（姚树洁，2023）。在现代经济地理学和区域发展理论中，城市的发展状态在很大程度上预示着国家经济的整体趋势。城市经济的扩张和转型对于国家宏观经济的健康与均衡发展扮演着重要角色。城市经济的高质量发展不仅代表着先进生产力的集聚和科技创新的活跃，也意味着更高效的资源配置和更加优化的产业结构。这些因素共同构成了城市经济与全国经济关联的桥梁，是推动国家经济持续增长的关键。进一步地，城市经济的发展质量还深刻影响着经济的可持续性。城市的资源利用效率、环境友好型产业的比例、创新能力的提升以及社会资本的积累，都是衡量经济发展可持续性的关键指标。城市在这些领域的表现，直接关系到全国经济能否避免"高速增长、低质量扩张"的陷阱，实现在环境承载力范围内的健康发展。城市经济发展的质量对技术创新和发展路径的确定具有决定性作用。一个城市若能实现高质量发展，其在资源配置的效率和精准度上会显著提高，进而促进社会资源的最优化利用。此外，这种发展通常伴随着城市治理能力的增强以及基础设施建设的完善，进而为城市的经济活力和可持续性注入动力。随着城市经济质量的提升，资本积累过程会加速，为城市的规模扩张与空间重构提供动能。这种扩张不仅表现为物理空间的增长，更体现在经济活动的集聚与网络化。经济集聚效应的增强，不仅提升城市本身的竞争力和影响力，而且对周边地区产生辐射效应，促使区域经济一体化和协同发展。在这一过程中，城市经济发展的质量成为启动和维持经济增长正循环的关键。这种循环涵盖了资本的积累、人才的吸引和保持、创新的持续推进以及生活质量的不断提高，这些要素共同构筑了城市经济发展的坚实基础。通过这样的正向循环，城市经济高质量发展成为驱动区域经济全面发展的重要力量。

城市，作为人类文明进步的产物，它不仅是文明的标志，也是物质和精神文明的综合体现。当人类社会达到一定的发展阶段，各种经济要素开始在空间上逐渐聚集形成城市，标志着国家或区域的政治、经济和文化中心的诞生（邓晰隆，2021）。人类作为城市生活的主角，城市的发展方向和步伐也受到人们需求的强烈影响。同时，城市的发展状况和走向也对人们的生活方式产生深远影响，特别是在城市发展过程中出现的一些问题，如环境污染、交通拥堵等。这些问题的解决方案需要深思并采取行动，以确保城市的持续发展，同时也保障人们在城市中的生活质量和幸福感。城市化涉及人口向城市的迁移和城市范围的扩大，是社会向现代化迈进的必要步骤，体现了经济和社会结构改变的过程（盛亦男，2021）。随着18世纪工业革命的兴起，西方国家经历了从农业主导到工业主导的根本转变，这一转变激发了城市化的迅猛发展。工业化带来的劳动力需求促使农业劳动力向工业部门转移，这一过程伴随着大规模的人口从乡村向城市流动，催生了人口和经济活动向城市集聚。在这个过程中，城市成为创新和技术发展的孵化器，为现代产业结构的形成和演进奠定了基础。随着城市规模的不断扩大，城市经济与社会结构的复杂性也日益增强，进而推动了经济活动的多样化和服务业的兴起，这进一步优化了产业结构，为经济的持续发展提供了坚实的基础（梁永福，2023）。城市化过程中产生的经济增长和就业扩张，成功地转化为对农村人口的强大吸引力，从而维持了城市人口的持续增长和经济活力的不断注入。随着城市化进程的推进，各种与城市化相关的负面效应开始显现，这些问题包括人口过度集中带来的环境的恶化、交通的拥挤以及资源的紧缺等问题，这些症状的严重性在不断加剧（沈洁，2020）。随着中国进入新的发展阶段，社会经济建设的快速进展与大城市病引发的问题并行（任碧云，2021）。这些问题已经引发社会各界的广泛关注和讨论。在"十三五"规划纲要中，中国政府明确提出加快新型城市化的步伐，并强调加强对城市病防治力度的重要性。这表明，提升特大城市的重大突发事件综合应急管理能力从而预防和解决特大城市风险是实现科学、可持续发展目标的重要环节。

对于特大城市而言，人口的大规模集聚和迁移为特大城市的社会经济进步提供了巨大动力，同时这也对以户籍制度为核心的人口管理体系、社会保障供应以及各种利益分配方式产生了深远影响。这些变化带给城市的冲击不仅具有现实性，更充满了潜在风险（黄宇欣，2018）。自 20 世纪 80 年代末和 90 年代初以来，城市化进程的加快和人口流动性的提高，无疑对中国未来的经济和社会发展产生深远影响（刘建国，2023）。随着中国城市化进程的加速，特大城市人口规模不断扩大，致使特大城市开始出现公共服务设施供给不足、城市管理压力加大等问题。同时大量外来人口的涌入也增加了特大城市在文化融合、社会治理等方面维稳的难度。因此，提升特大城市重大突发事件的综合应急管理能力尤为重要。需要从完善预警监测、应急资源储备、演练机制等方面入手，以有效应对可能出现的突发性公共事件。此外，应该加强特大城市与周边地区的人口流动与资源合理配置，实现人口的有序流动和合理布局，降低人口过度聚集导致的各类风险，这对保障特大城市的可持续发展也是必要的。

随着全球气候变化的加剧极端天气事件频发，以及人口密集区域风险暴露度的提升，导致自然灾害及其他突发事件的影响日益严重（史玉琴，2023）。城市安全已成为当前国家公共安全管理和应急响应体系需要紧急关注和解决的重要方面。我国的相关学者指出：中国在现代化进程中的快速发展，以及经济结构的连续转型，使得社会面对的风险具有累积性（易承志，2022）。这种累积性风险源自多个方面，包括但不限于经济、社会、环境等各个领域。这些风险并不是独立存在，而是相互关联，相互影响，构成了一个复杂的风险网络（张小明，2022）。因此，在处理和应对这些风险时，不能仅从单一的角度出发，而应采取全面、系统的视角，以确保能够有效地识别和管理这些风险，从而推动中国的社会经济健康、稳定、可持续发展（何艳玲，2020）。在当前中国所处的历史阶段，强化国家应急管理体系，是有效预防和有效应对重大风险，确保国家安全、社会稳定及可持续发展的关键措施。构建完备的风险防控机制不仅是实现"两个一百年"奋斗目标的战略基础，也是实现中华民族伟大复兴中国梦的重要保障。这不仅需要制定全面、系统的应对方案，提升应急反应能力，还需要构建多层次的风险预警与干预体系，确保在面临各种内外部挑战时，能够保持国家的高度韧性与弹性。通过这些措施，推进国家治理体系和治理能力的现代化进程，促进国家长治久安和民族长远繁荣。

中国特大城市所面临的威胁主要来源于四个方面。首先,从自然环境的层面来看,中国的自然环境复杂多变,自然灾害类型繁多,涵盖了气象、水文、地质等多个领域。此外,地质灾害如崩塌、滑坡、泥石流在全国范围内普遍存在,且受人类活动的加剧及全球气候变化的影响,这些灾害的发生频次和影响范围均呈上升趋势。其次,从社会安全的层面来看,中国面临的挑战包括安全事故频发和重大灾难性事故的时有发生(庄国波,2023)。在社会保障体系方面,尽管已有进展,但现有制度尚未能充分适应社会变化和市场经济波动,社会保险的普及率仍显不足。最后,从社会治安的层面来看,中国正经历着不安全和不稳定因素的显著增长,这对于确保社会稳定构成了前所未有的挑战。同时,人民内部矛盾的性质和特点正在发生变化,出现了新的社会问题。特别是群体性事件的数量不仅在增加,而且这些事件越来越多地表现出跨地区的联动性和连锁反应的趋势。综上所述,由于特大城市人口高度集聚的特殊性质,一旦发生各类灾害事故,后果极为严重。此外,特大城市人口流动性大,各类社会问题和群体性事件有可能产生连锁反应,治安管理难度加大。可以说,特大城市面临着灾害、事故等方面的复合型风险,必须统筹应对。在这种情况下,提升特大城市的综合应急管理能力就显得尤为重要。要建立健全应急体系,增强监测预警、风险评估、应急资源调配、应急处置等方面的能力,以有效防范和控制特大城市各类突发事件的发生及蔓延。这不仅关系到特大城市自身的安全与可持续发展,也关乎国家安全和社会稳定。因此,提升特大城市突发事件综合应急管理能力,是保证特大城市安全的重要举措,需高度重视和积极推进。

在新的历史发展阶段,中国政府对城市突发事件的监测预警体系建设工作给予了高度的重视。习近平总书记在 2017 年 12 月 9 日主持的中共中央政治局第二次集体学习会议上明确指出,要充分利用大数据平台,综合分析风险因素,提高对风险因素的感知、预测、防范能力。在 2018 年 1 月,中共中央办公厅和国务院办公厅联合发布了《关于推进城市安全发展的意见》,其中对于城市安全源头预防、城市安全防控机制、城市安全监管效能、城市安全保障能力等多个层面的要求都进行了明确。在"十三五"期间,国家全面加强了对城市安全风险的监测、预警和评估,不断提升了预警预报能力。2018 年,中国政府进行了国家机构改革,成立了应急管理部,整合了分散在多个部门的应急力量,从而实现了从单一的灾害管理到灾害综合治理的转变。在"十四五"开局阶段,应急管理部与国务院安委会联合发布了《应急管理部关于推进应急管理信息化建设的意见》和《城市安全风险综合监测预警平台建设指南(试行)》,提出了建设城市安全风险综合监测预警平台的设想。并在 18 个城市,包括合肥、沈阳、南京、青岛、成都、宜昌、遵义等地开展了城市安全风险综合监测预警试点工作，为城市突发事件综合监测预警工作的开展提供了宝贵经验。然而，目前我国的城市突发事件监测预警工作仍主要集中在单一灾种或某一行业领域的安全风险预警预报上。考虑到特大城市人口集聚—辐射风险具有复杂和多变的特点，不能再局限于单一灾种或单一行业领域的监测预警，而需要针对风险的复合特性，构建综合的特大城市突发事件综合应急监测预警机制。

由于特大城市的人口规模庞大且经济社会高度关联，风险一旦发生，可能会在城市网络中迅速扩散，形成放大效应，带来复杂的连锁反应（赵萌琪，2023）。与传统的灾害风险相比，特大城市风险的成因与演化机制更加的复杂，且对于城市的影响更加严重且深远（朱正威，2020），这些冲击会经过城市网络的放大和扩散，对特大城市的经济发展产生重大影响。从内部结构来看，特大城市集聚了大量的人口和资源，形成了高效的生产模式和规模效应，同时也构建了高度关联的经济社会网络。然而，这种高度的集聚也导致了一系列问题，如人口过度密集、土地过度开发、能源消耗过大、通信网络压力过大、生态环境恶化以及社会福利的不均等。这些问题进一步增加了特大城市的复杂性和脆弱性（陈明星，2023）。因此，当风险事件发生在特大城市时，其破坏力和传播力通常都会超过其他城市。特大城市必须重视突发事件综合应急管理能力的提升，建立完善的风险预警和应对机制，以应对未来可能出现的各种风险。

1.1.2　问题提出

自改革开放政策实施以来，中国经历的城市化进程迅速，诞生了许多人口众多的大城市。2014 年，国务院发布了一项《关于调整城市规模划分标准的通知》，这项通知规定，常住人口在 500 万人至 1000 万人之间的城市被定义为特大城市，而常住人口超过 1000 万人的城市被定义为超大城市。据国家统计局的数据，中国目前有 7 个超大城市，分别是上海、北京、深圳、重庆、广州、成都和天津；特大城市则有 14 个，包括武汉、东莞、西安、杭州、佛山、南京、沈阳、青岛、济南、长沙、哈尔滨、郑州、昆明和大连。这意味着，中国目前有 21 个特大以上的城市（以下统称为"特大城市"）。截至 2020 年，这 21 个特大城市的总建成区面积达到了 17279.52 平方千米，占全国土地面积的 0.18%；城区人口占全国人口的 14.4%，占全国城镇人口的 22.5%；GDP 总额达到了 333535.71亿元，占全国 GDP 的 32.9%。

特大城市在经济和政治版图的重要性不言而喻，它们的空间规模、人口规模和发展潜力都非常巨大。然而，近年来，特大城市频繁遭遇自然灾害、事故灾害、社会安全风险和公共卫生风险，引发了公众对特大城市公共安全的关注（张玉磊，2020）。特大城市是实施国家安全策略和抵御各种风险的重要领域，如果不能有效地防控风险，可能会引发更大的危机，带来无法估计的损失（卿菁，2020）。党的十九届五中全会提出要显著提高城市的科学管理、精细管理和智能管理水平，有效提升特大城市的风险防控能力。《中华人民共和国国民经济和社会发展第十四个五年规划和 2035 年远景目标纲要》对发展和安全的统筹规划进行了战略部署，提出了建设"韧性城市"的重要议题。在这样的背景下，研究特大城市人口集聚—辐射重大突发事件的综合应急管理能力的关系，对人类居住安全和风险防控具有重要的意义。

当前我国城市面临的突出问题是传统风险与新型风险交织，这些风险大体可归为自然灾害、事故灾难、公共卫生、社会安全、居住安全、能源安全、金融经济及网络安全八类。

（1）自然灾害的风险。中国疆域广袤，自然灾害多样，各城市也都面临着各式各样的自然灾害风险（张玲，2020）。根据近年来的统计数据，2012 ~ 2019 年，中国每年平均遭受 28 次热带风暴（或称台风）侵袭，给沿海城市带来了严重的破坏[1]。2018 年，台风"山竹"导致广东、广西、海南、湖南、贵州五个省（自治区）近 300 万人受灾[2]；2019 年，台风"利奇马"影响了 9 个省（自治市），造成 1402.4 万人受灾，直接经济损失达到 537.2 亿元。暴雨和洪涝灾害也对城市安全构成威胁[3]。2021 年 7 月，河南省遭受了历史罕见的特大暴雨，郑州全市 188.49 万人受灾，直接经济损失达到 532 亿元[4]。2022 年，全国共发生滑坡、崩塌、泥石流等地质灾害 5659 起，许多城市都受到了严重影响[5]。

（2）事故灾难的风险。事故灾难主要涵盖了生产安全事故、交通运输事故、公共设施设备事故以及环境污染事件等。例如，在 2015 年，深圳市的一个建筑垃圾处理场由于非法和不规范的建设施工，引发了一场极度严重的生产安全责任事故[6]。同年，在陕西省咸阳市发生了一个重大的道路交通事故，导致 35 人遇

---

[1] 根据中国气象网国家气象科学数据中心的统计数据计算得出。
[2] 《应急管理部发布台风"山竹"灾情及救援救灾情况》[R].2018.
[3] 《台风"利奇马"致 530 余亿元直接经济损失》[R]. 国家减灾网，2019.
[4] 《河南举行全省防汛救灾新闻发布会（第十场）》[R]. 国务院新闻办公室网站，2021.
[5] 《应急管理部发布 2022 年全国自然灾害基本情况》[R]. 应急管理部网站，2023.
[6] 《广东深圳光明新区渣土受纳场"12.20"特别重大滑坡事故调查报告》[R]. 应急管理部网站，2016.

难、11 人受伤，直接经济损失超过 2300 万元①。2021 年，京津沪渝四大直辖市共有超过 1000 起生产安全事故发生，累计造成了 2284 人死亡。2022 年，全国范围内的各类生产安全事故共导致 20963 人死亡②。在这些事故中，深圳市发生了 267 起生产安全事故，死亡人数达到 216 人，同时还发生了 6659 起火灾事故和 1241 起道路交通事故③；广州市则发生了 350 起各类生产安全事故，造成 429 人死伤，其中两起严重的道路交通事故造成 7 人死伤④。此外，有些城市因为存在大量的高风险生产企业，容易出现爆炸事故，或者易于引发如水体、土壤等环境污染事件，这些事件有很大的可能性导致大量的人员和经济损失，以及对生态环境的破坏。

（3）公共健康的风险。城市人口密度大，人员流动频繁，一旦发生公共健康事件，往往对城市安全构成巨大威胁（周忠良，2023）。在过去的 30 年间，中国多次遭遇新发或再发的传染病。例如，2013 年，中国首次检测到 H7N9 型禽流感，到了 2017 年，这种禽流感在中国多个地方再次爆发。2021 年，全国共报告了 272.7 万例甲、乙类传染病，导致了 2.2 万人的死亡，其中艾滋病、肺结核、病毒性肝炎、狂犬病、流行性出血热等疾病的死亡人数占甲、乙类传染病报告死亡总数的 99.7%⑤。此外，像登革热、寨卡病毒、基孔肯雅病毒等来自境外的病毒输入风险始终存在，中国南方的一些城市已经成为登革热病毒的重灾区。例如，2014~2018 年，云南省瑞丽市从境外输入的登革热病例高达 1640 例，占全国境外输入登革热病例总数的 30.05%⑥。

（4）社会安全的风险。城市生活中充满了各种复杂的矛盾。公众的极端情绪、利益争夺等问题如果无法得到及时和有效的解决，可能会引发严重的治安问题，对城市社会的安全构成威胁（刘蕾，2020）。近些年，"房产权"问题引发的房地产和物业纠纷等矛盾在城市生活中日益突出，甚至对城市的正常社会秩序造成了严重影响。例如，垃圾焚烧项目、化工项目等的启动，引发了一些城市的邻避问题。除此之外，一些人口密集地区还发生过针对无特定对象的极端暴力犯罪。

---

① 《陕西咸阳"5.15"特别重大道路交通事故调查报告》[R]. 应急管理部网站，2015.
② 《中华人民共和国 2022 年国民经济和社会发展统计公报》[R]. 国家统计局，2023.
③ 根据深圳市应急管理局网站发布的 2022 年深圳市安全生产事故和自然灾害灾情统计数据计算得出。
④ 《2022 年安全生产事故基本概况》[R]. 广州市应急管理局，2023.
⑤ 《2021 年我国卫生健康事业发展统计公报》[R]. 国家卫生健康委员会，2022.
⑥ 岳玉娟，任东升，刘小波，等. 2014 - 2018 年中国登革热病例空间特征及相关关系研究 [J]. 中国媒介生物学及控制杂志，2020，31（5）：517 - 520.

（5）居住风险。城市生活的基本需求就是安居乐业。居住环境的风险是一种与社会安全风险明显不同且普遍存在的风险类型（唐绍均，2023）。北京市在过去的几年里，尤其是在冬季，曾经多次发生严重的空气污染事件，被大雾霾笼罩。这些空气污染事件对市民的呼吸健康造成了威胁，尤其是儿童、老人和有呼吸道疾病的人群。此外，我国的住房商品化改革已经进行了 30 多年，许多住宅小区在建设时就存在着标准不严的问题，现在更面临着硬件设施"使用年限超标"的困境，小区内时有发生电梯故障、墙体脱落、地面塌陷等问题。

（6）能源安全风险。城市的生产和生活离不开能源，能源是经济社会发展的重要物质基础保障，是维系人民日常生活的根本保证，是城市发展的"命脉"主要包括水、电、油、气和热力供应等（周德群，2020）。目前，我国大部分城市的能源储备主要依赖石油，而对天然气和优质煤炭的储备则显得不足[①]，因此，只能通过进口来满足超出本国产量的消费需求。这样的情况导致了我国对石油和天然气的外部依赖度超过了安全警戒线（侯梅芳，2022）。另外，城市的供水安全直接关系到公众的健康，一些城市的供水紧张。

（7）经济金融风险。在城市化的过程中，经济金融风险是普遍存在的一个挑战。自 1998 年开始，中国的金融风险呈现出"积聚快、消融慢"的非对称特点，近年来这种风险呈现出上升趋势（赵修仪，2022）。尽管金融监管体系已经日趋完善，但仍有许多城市居民由于各种原因面临着资产负债风险。此外，从 2015 年开始，全国各省份的债务率普遍上升。到 2019 年，我国省级和地市级政府的专项债务率都已经超过了警戒线，其中地市级的专项债务率明显高于省级债务率。在财政基础较弱的经济落后地区和人口流出地，债务压力可能会更早地显现出来，这对城市的发展和安全构成了巨大的挑战（郭玉清，2022）。

（8）网络安全风险。在这个数字化无处不在的时代，快速流动的信息已经成为城市发展的核心元素（段永彪，2023），市民的生活和生产都变得更加便利，但与此同时也面临着信息泄露、数据被篡改以及网络诈骗等一系列的安全风险。在 2022 年的前 11 个月，全国共破获了 39.1 万起电信网络诈骗案，侦破了 8.3 万起侵犯公民个人信息和黑客攻击等网络犯罪案件[②]。可见，网络信息安全已经成为国际竞争的重要领域。与此同时，美国推进数据霸权，将中国视为"数字竞争对手"，对其实施各种限制，这给依赖信息网络发展的城市埋下了安全隐患（吴晓林，2022）。

---

① 《城市能源应急亟需加强统一管理》[N].《中国能源报》，2021 - 11 - 22.
② 《公安机关打击治理电信网络诈骗违法犯罪获显著成效》[R]. 中国政府网，2023.

与之相对的，我国特大城市在突发事件综合应急管理能力存着相应的不足：

第一，我国的特大城市在公共基础设施网络发展上仍有待提高（程鹏，2016）。具体来说，城市的交通网络是其中的一大关键领域。城市交通系统在高峰时段往往面临挑战，交通拥堵和过度拥挤状况成为普遍现象，这些问题显著降低了居民的出行效率，影响他们的生活质量。此外，城市化进程中机动车辆的迅速增加，特别是私家车辆的增多，加剧了对停车设施的需求，使得现有停车资源的短缺成为影响城市交通和居民生活的关键问题。这不仅可能干扰到动态交通，导致不必要的延误，降低城市的可达性，还可能在遇到突发事件时，阻碍了救援人员的快速响应。如果受灾民众无法及时撤离，或者救援人员无法准时抵达现场，可能会使灾难的影响进一步加剧。特大城市拥有复杂的基础设施网络，并在应急管理中扮演着重要的角色，如果这些网络在关键时刻出现失效，可能会对应急响应造成严重影响。例如，电力网络、交通系统、通信网络等，这些网络的高质量建设和发展，对于突发事件发生时的稳定运行，以及应急响应的效率和效果都至关重要（刘昭阁，2023）。

第二，特大城市存在过度扩张趋势使得特大城市风险隐患不断地增加。近年来，虽然党中央再三重申要防止特大城市过度扩张，严格控制大城市人口规模，但实际效果并不十分理想（魏后凯，2015）。无论是城市人口还是城市建设用地规模，特大城市都存在明显的过度扩张倾向（高波，2023）。一般来说，城市扩张是指城市规模的不断扩大，既包括城市人口规模的扩张，也包括城市空间规模的扩张。特别是在城镇化的快速推进时期，城市成长的轨迹通常也就是城市扩张的过程。城市扩张是城镇化推进的必然结果。但伴随着城镇化的不断推进特大城市的人口密度也水涨船高，突破了安全红线。这种高人口密度对于特大城市的应急管理同样也带来了一系列的挑战。在大规模突发事件，如自然灾害或者恐怖袭击等情况下，人口密度的高低可能直接影响到整个事件的影响范围和管理难度。例如，在传染病暴发的情况下，高密度的人口可能会加速病毒的传播，使防控的难度增加。同时，医疗资源的有限性，可能使得对大量患者的治疗和救助变得更为困难。

第三，特大城市现行的资源分配策略可能阻碍了特大城市突发事件综合应急管理能力的进一步提升。特大城市的资源主要焦点通常都放在经济增长、基础设施建设以及社会福利项目上（王永明，2023）。结果就是，突发事件综合应急管理所需的资源可能会被严重压缩，这包括必需的应急设备、应急人员和应急基础设施。这种倾斜的资源分配方式可能会对突发事件应急管理能力的增强产生限制。同时，特大城市的广大地理范围意味着应急资源可能会被分散在不同的区域和部门中，这可能会造成在特大城市面临大规模突发事件时，应急响应的速度和效率都难以保证。突发事件综合应急管理是一个需要大量预防性投资的领域。例如，进行应急演练、制定应急预案、提升公众的应急意识等，这些都需要大量的初期投入。然而，因为这些投资的回报并不直观或者立即可见，所以在资源分配的过程中，应急管理可能会被忽视。

第四，特大城市在部门之间的协调程度存在明显的不足，部门分割、管理分散、重复建设等问题突出。在中国的特大城市中，已经建立了一个多部门协同作战的应急管理体系。为了加强跨部门间的协调与合作，还成立了包括防洪、防震、交通安全等在内的专业协调委员会和指挥部。这些机构不仅各自制定了详尽的应急预案，还配备了相应的应对措施，确保在紧急情况发生时可以快速、有效地响应。这样的应急管理网络旨在最大限度上减少灾害和突发事件对城市运行和市民生活的影响。然而，尽管这些机构都分属于不同的政府部门，但它们之间存在一定的隔阂，如部门分割、职责不清、管理脱节和协调不力等问题（薛澜，2020）。这种分散性的应急管理体制存在许多弊端，例如，部门分割导致资源闲置和低水平重复建设，这不利于集中各种资源进行应急救助。同样，由于部门间信息的脱节，可能会错过最佳救援时间，从而导致更大的人员伤亡和资源浪费。尽管设置了临时性指挥机构以应对紧急状况，但在实际操作中，这些机构因缺乏日常的互动和磨合，有时仍然会遇到在紧急反应中的各种协调障碍。具体表现为不同部门之间在联动时的衔接不畅、协同作战的困难以及对突发事件的反应速度不够快捷。这些问题凸显了在管理特大城市时，确保各应急部门之间高效沟通和紧密合作的重要性，同时也指向了提高这些部门间协调能力的迫切需求，以确保在面对紧急情况时，能够更加迅速和有效地进行救援工作。

第五，特大城市在遇到突发事件时信息沟通和预警的及时性方面存在明显的不足（姜长云，2020）。虽然我国现行的突发事件综合应急管理体制形成了由应急管理部门、卫健委、公安部"三驾马车"的发展格局（李清彬，2021），但是现行的特大城市应急管理体系在应急处理突发事件方面依然存在着不好用、不适用、不管用的问题（付瑞平，2019）。在现行的灾害风险信息管理体系中，存在着一些明显的缺陷，特别是在灾害风险信息的报告机制方面。具体而言，首先，关于报告的标准化、报告流程的规范化、报告时限的确定以及责任归属的明确性方面，缺乏统一的标准和要求，灾害风险信息的报告的作用打折扣。其次，特大城市的各个应急信息系统之间相互分割，缺乏有效的通信和连接，这使得信息资源的共享变得困难。没有一个综合性的信息平台进行信息的统一收集、评估和分析。最后，在中国的城市应急管理体系中，报警与出警流程的效率受到了一定程度的影响，部分因素归因于报警系统的复杂性。分散的报警号码体系缺乏统一的应急服务号码，这不仅给公众记忆和拨打报警号码带来困难，而且对于应急部门来说，在紧急情况下实施快速和精确的响应也构成了障碍。

第六，在特大城市突发事件综合应急管理治理结构中，公众对于特大城市突发事件风险防范的参与意识与知识储备尚未达到理想状态。普遍而言，居民在风险识别、预防及应对方面的能力有限。危机管理的关键在于平时的积累，这意味着在日常生活中，需要通过学校教育、相关训练模拟等方式，来树立正确的危机意识（赵仁青，2021）。印度洋海啸灾难的实例充分展示了突发事件风险防范的相关知识在灾害预警中的关键作用，特别是基础教育在提升灾害应对能力方面的价值。一个英国少年能够基于他对海啸现象的科学理解，识别出海水行为的异常迹象，并采取了紧急行动。他的知识和意识使他能够在关键时刻通知周围的人，并成功地指导他们迅速撤离危险区域，从而避免了可能的人员伤亡。这一事件强调了普及科学知识和提高公众危机应对意识对于减少灾害损失的重要性。在中国的突发事件综合应急管理体系构建过程中，在提升应急响应能力方面，政府机构的能力强化受到了极大的重视。这种偏向同时也暴露出了对民众危机教育及培训重要性的相对忽视，这种不平衡可能会影响全社会面对危机时的整体反应能力和效率。

新发展阶段下，随着特大城市和超大城市的快速涌现，人口快速地向单一城市集聚，促使特大城市在重大突发事件综合应急事件面前更加脆弱，一旦出现，防控难度增加，往往引发影响更大的"次生事件"，甚至"事件链"（利国正，2023）。因此，如何发挥好特大城市人口集聚—辐射，控制好伴生的风险，提高重大突发事件综合应急管理能力是未来发展的重中之重。本书以特大城市人口集聚—辐射与重大突发事件综合应急管理能力作为研究对象，从文献梳理的角度对当前特大城市人口集聚—辐射与重大突发事件综合管理能力的相关研究进行梳理总结和分析。从理论层面对特大城市人口集聚—辐射与重大突发事件综合应急管理能力的作用机理进行理论框架构建，对特大城市人口集聚—辐射展开研究讨论。从理论结合实际的角度，评估城市人口集聚—辐射效应，探讨特大城市人口集聚—辐射半径范围，通过分析人口集聚—辐射的政策敏感性以及危险性的影响因素，提出基于人口集聚—辐射的特大城市重大突发事件综合应急管理能力提升模式，为匹配特大城市人口集聚—辐射与重大突发事件综合应急管理能力提供关键的理论与现实依据。

1.2 基于文献计量学的文献研究

文献综述是研究者通过网络等途径对相关领域进行专业性资料搜集，并对这些资料进行分析研究，进而全面掌握该领域发展的一种学术研究方式。伴随着学术研究的深入，文献数量增多，传统的文献分析方法已经不能满足学术研究的需求，需要更高效的评价工具帮助分析大量的文献资料。文献计量学是文献学融合计量学等其他学科形成的一门学科，通过定量化对文献资料进行管理，帮助研究者深入了解文献资料间的关系、结构等，以便更好地进行学术研究。

文献计量学采用科学性和计量性的方法研究科学信息，是文献学进一步发展形成的重要学科，其研究的主要对象是研究领域的文献数量，作者数量和词汇数量。国内文献计量学的传播和应用比较晚，从 20 世纪 60 年代才开始出现对国外文献计量学的介绍，到 20 世纪 80 年代刘植惠教授发表关于文献计量学的应用性论文，中国文献计量学不断发展的同时也推动了其他学科的建设发展。

根据上面的分析，本书将采取文献计量学的研究方法，通过 CITE SPACE 软件对"人口集聚—辐射与重大突发事件综合应急管理能力研究"相关文献的知识热点、知识结构和变化趋势进行分析并展开综述研究。通过选择数据来源来构建检索式，对相应领域进行文献研究，对所研究领域热点与前沿进行分析，为研究选取参考文献。该软件能够抓取特定专业领域的知识，运用现代信息科学技术将这些知识形成完整的可视化图片。本书主要从对以特大城市人口集聚—辐射为核心的研究进行分析。

1.2.1 关于人口集聚—辐射的文献计量

1.2.1.1 研究数据及发文量的初步分析

外文数据以 WOS（Web of Science）来源，由于通过所有数据库进行文献收集会存在字段缺失的现象，因此通过核心数据库（Web of Science Core Collection）进行文献收集。构建检索式：主题 = "人口密度"，"人口集中"，"人口规模"。语种：英语。文献类型：期刊。时间跨度：1993 年 1 月~2023 年 7 月。检索时间为 2023 年 9 月 22 日，对检索出的文献进行筛选，删除不相关的文献，得到181 条检索信息并导出相关文献信息。

中文数据以中国知网（CNKI）为来源，构建检索式为："人口集聚—辐射"。时间限定为：1993 年 1 月～2023 年 7 月。检索时间为 2023 年 9 月 22 日；文献类型为期刊文献；期刊限定为核心期刊、CSSCI 源期刊。对检索出的文献进行筛选，将不相关的文献剔除以后，得到有效文献数量为 467 篇。将文献数据导入 CITE SPACE 中对数据进行初步检验，软件运行结果良好，没有数据丢失，最终进行人口集聚—辐射领域文献计量分析，所有有效的 CNKI 文献数据有467 篇。

将上述人口集聚—辐射领域文献的数据再次导出，按照发文年份以及发文数量将对应信息提取出来并放入 EXCEL 中进行分析，可以得到 1993 年 1 月至 2023年 7 月人口集聚—辐射领域外文文献与中文文献的发文数量趋势比较，如图 1 - 1所示。

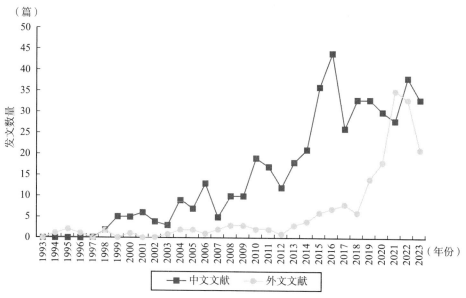

图 1 - 1　1993～2023 年人口集聚—辐射领域研究文献分析

通过图 1 - 1 可以看出，从总体趋势来看，中文文献的发表数量在这段时间内显示出波动增长的趋势。在 2016 年达到高峰，共有 44 篇中文文献发表。此后，中文文献的发表数量有所波动，但总体上维持在较高水平。相比之下，外文文献的发表数量在 2017 年之前相对较低，但自 2018 年以来，外文文献的发表数量有显著增长，尤其是在 2021 年达到最高点，共有 35 篇外文文献发表。比较中文和外文文献的发表数量时，可以观察到几个特点：首先，初始阶段（1993~2007年）：这一时期外文文献的发表数量极低，中文文献的发表数量也较低。这可能反映了人口集聚—辐射作为一个研究主题在全球范围内的关注度还不高。其次，增长阶段（2008~2016年）：中文文献的数量显著增加，特别是在2016年达到了一个峰值。这可能与中国快速的城市化进程和对人口集聚—辐射现象兴趣的增加有关。最后，国际关注度提升阶级（2017~2023年）：外文文献的发表数量开始显著增长，尤其在2021年达到顶峰，这表明人口集聚—辐射现象已经开始受到更广泛的国际学术界的关注。因此，可以初步推断我国对于人口集聚—辐射方面的研究水平高于国外，这从一定程度上也体现出社会主义制度相比西方国家资本主义制度在政府治理层面上的优越性。

1.2.1.2 人口集聚—辐射的国家分析

对人口集聚—辐射文献进行国家分布的文献计量分析，可以方便学者更好掌握其研究领域在国际上较为权威的国家或地区。一个国家在某科研领域的发文量以及与其他国家合作的密切程度，反映出该国家在该领域的国际影响力。可以通过对国家共现网络可视化研究和对各国在某科研领域国家共现网络各节点中心性的分析，得出该研究领域的国家共现网络的关键节点，进而分析出具有较大影响力的国家，能够为学者们在该领域的研究提供一定的指导，从而帮助学者正确认识自己所在国家在该研究领域的国际地位，也为今后的发展提供了很好的方向。

将检索出的英文文献数据导入 Cite Space 软件中，节点类型设置为国家，首选标准 N 设置为50，再从 Cite Space 软件所整理的数据表格中，提取"国家"和"发文量"两个字段下的数据，得到以中心城市为核心的城市群研究领域国家分布，如图1-2所示。中国在人口集聚—辐射领域的文献发表数量位居榜首，共有102篇文献。美国以35篇文献排在第二位，紧随其后的是日本（10篇）、英国（9篇）和西班牙（7篇）。法国和德国的发文数量相同，都是6篇。加拿大、意大利和巴西分别发表了5篇文献。捷克共和国、澳大利亚、印度尼西亚、丹麦和印度各发表了3篇文献。瑞典、挪威和荷兰则各有2篇文献。通过分析可知，中国在该领域文献发表数量上的领先地位与其庞大的人口规模和快速的城市化进程有关。中国的城市化和人口集聚—辐射现象为研究提供了丰富的案例和数据，这促进了大量相关文献的产生。美国作为一个发达国家，有着成熟的学术研究体系和对人口问题的持续关注，这解释了其在人口集聚—辐射研究中的显著地位。欧洲国家如英国、西班牙、法国和德国虽然在数量上不及中国和美国，但仍有稳定的文献发表量。这反映了这些国家对人口集聚—辐射的学术兴趣以及在城市规划、人口迁移和社会结构变迁方面的研究强度。印度尼西亚、印度等国的研究发表虽然数量不多，但这表明发展中国家在人口集聚—辐射的研究领域中的学术贡献正在逐步增长，这可能与这些国家面临的人口集聚—辐射问题的复杂性和紧迫性有关。综上所述，人口集聚—辐射领域的文献发表在全球范围内分布不均，中国和美国在该领域具有主导地位。欧洲国家和其他发展中国家也对该领域的研究有所贡献，尽管发文量相对较小。这些差异与各国的人口问题、经济发展水平、学术研究传统和政策关注度密切相关。未来的研究应当考虑跨国合作和多学科方法的应用，以应对人口集聚—辐射带来的全球性挑战，同时促进学术资源的公平分配和多样性研究视角的融合。

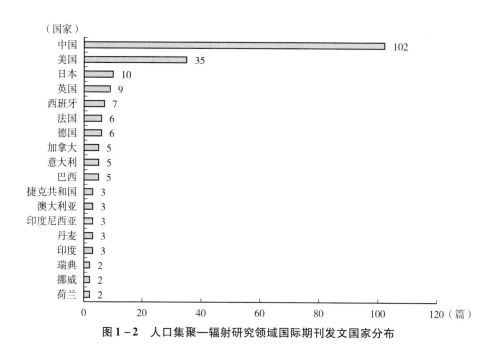

图 1-2　人口集聚—辐射研究领域国际期刊发文国家分布

通过把将检索出的英文文献数据导入 Cite Space 软件中，节点类型设置为国家，首选标准 N 设置为 50，其余设置均选用默认值，进行可视化分析，得到人口集聚—辐射研究领域国家共现图，如图 1-3 所示。

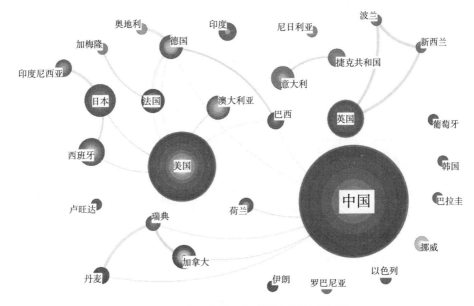

图 1 - 3　人口集聚—辐射研究的国家共现

由图 1 - 3 可以看出，在人口集聚—辐射领域，中国和美国与其他国家展开了较多的合作，说明中国和美国在该研究领域的研究地位较高。其中发文量第二的美国与其他国家合作最为紧密，与西班牙、日本、法国、德国等六个国家有过合作；发文量第一的中国与荷兰、加拿大、丹麦、瑞典四个国家有过合作；发文量第三的日本仅与西班牙、印度尼西亚、美国三个国家有过合作。

在 Cite Space 软件的分析结果中，中心性的数值大小代表该节点关键性的大小，因而通过对各个国家发文量中心性的分析，可以得出各个国家所在节点的关键性，进而表明该国家与其他国家合作的紧密性，以及在人口集聚—辐射研究领域的国际研究中所处的地位。通常认为，中心度大于 0.1 的节点，可以被看作关键节点，本书选取中心度大于 0 的国家如表 1 -1 所示。

表 1 - 1　　　　　　　　人口集聚—辐射研究领域国家发文中心度排名

发文量（篇）	国家	首次发文年份	中心度
102	中国	2005	0.36
35	美国	1998	0.18
9	英国	2003	0.12

发文量（篇）	国家	首次发文年份	中心度
6	德国	2011	0.1
10	日本	1998	0.08
6	法国	2005	0.06
5	加拿大	1994	0.01

由表 1 - 1 可以看出，只有 7 个国家的中心度大于 0，剩余国家的中心度均小于 0，说明只有这 7 个国家与其他国家在人口集聚—辐射研究领域有一定的合作，中心度大于 0 的国家中除了中国，均为发达国家，说明发达国家在该研究领域的国家地位比较高，与其他国家合作更为紧密。中国的发文量明显领先，其首次发文年份为 2005 年，中心度为 0.36，这表明中国在短时间内迅速提升了其在人口集聚—辐射研究领域的影响力。美国虽然发文量较少，但中心度仍然相对较高（0.18），且其首次发文时间为 1998 年，较中国早，这反映了美国在该领域的长期研究传统和稳定的学术地位。英国和德国的发文量较少，但中心度分别为 0.12 和 0.1，表明尽管数量不多，但其研究的影响力不容忽视。日本的发文量与英国相当，但中心度稍低（0.08），表明其在全球人口集聚—辐射研究中的影响力相对有限。法国的发文情况与德国类似，但中心度较低（0.06），这是因为其研究影响力分散或者专注于欧洲地区。加拿大的首次发文年份最早（1994 年），但发文量和中心度最低（5 篇和 0.01），这表明加拿大在人口集聚—辐射研究领域的早期活跃并未转化为持续的学术影响力。首次发文年份为各国学术研究开始活跃的时间标志。加拿大的 1994 年首发和美国的 1998 年首发指向了西方国家在人口集聚—辐射领域较早的研究兴趣。与之相对的是中国和法国，它们在 2005 年才首次发文，但中国迅速增加发文量并建立起较高的中心度，显著地提升了其在国际学术界的地位。总体来看，这些数据揭示了不同国家在人口集聚—辐射研究领域的学术贡献和影响力。中国在短时间内的快速崛起与其快速的城市化进程和相关政策研究的需求增长有关。美国和欧洲国家的稳定中心度和早期研究起点则反映了其在人口学和城市研究领域的深厚基础和持续的学术关注。这些差异不仅反映了各国学术研究的历史和资源投入，也与各自的社会经济发展阶段和人口政策相关。

1.2.1.3　人口集聚—辐射研究的期刊分析

通过对期刊文献进行分析来帮助学者更加准确地把握所研究领域具有权威性

的期刊，在一定程度上有利于指导学者选择合适有效的期刊，也为后期研究奠定了基础。期刊共被引分析方法是文献计量学和科学计量学中的一种定量研究方法，现已被国内外学者广泛应用于多个学科领域的研究。期刊的共被引是指两本期刊被同一篇文献引用的现象，可以通过共被引关系的强弱来确定期刊之间关系的紧密程度，进而来探索期刊之间的内部联系，再通过分析期刊的共被引，来对期刊进行定位和分类，从而确定其在学科领域中处于核心还是边缘位置，以便对学术期刊进行评价。在此过程中，还可以通过对人口集聚—辐射研究领域期刊共被引网络各节点的中心性进行分析，得出网络中的关键节点，也为进一步确定载文质量高的期刊提供帮助。同时，期刊载文量反映出某一期刊在一定时间段内刊载论文数量的多少，载文量的多少在一定程度上也能够反映出一份期刊信息占有、传递和输出能力。因此，对期刊进行分析时应通过期刊共被引可视化分析，并综合中心性分析以及载文量分析两方面来确定这一领域的权威期刊。

对人口集聚—辐射研究领域的英文期刊进行分析。将检索出的英文文献数据导入 CITE SPACE 软件中，节点类型栏选择引用期刊，首先标准 N 设置为 50。但由于数据量较大，涉及期刊较多，直接进行可视化所得图像不够直观易读，因此需对网络进行修剪，进行可视化分析，得到知识产权链条研究英文期刊共被引可视图，如图 1 - 4 所示。

由图 1 - 4 可知，人口集聚—辐射研究领域期刊被引频次排名较为靠前的期刊中，英文期刊明显多于其他期刊，其中《城市政策与规划国际杂志》是被引频次最高的期刊，该期刊是城市研究、城乡发展研究领域的国际权威学术期刊之一。为城市规划者、政策制定者以及不同领域的城市学家之间的思想和信息交流提供一个国际性和跨学科的平台。该期刊的主要目的是分析和评估过去和现在的城市发展和管理，以反映有效、无效的规划政策，并促进在发达国家和发展中国家实施可行的城市政策。其在 2023 年影响因子是 6.077，在 43 个城市研究类 SSCI 期刊中排名第三。同时可以发现，人口集聚—辐射研究领域的被引英文期刊还集中在《城市研究》《城市经济学杂志》《美国国家科学院院刊》《科学》等。期刊的研究方向多分在自然学、经济学、管理学、环境科学等领域。

从被引期刊中心性的角度分析，将 Cite Space 中人口集聚—辐射研究领域英文期刊共被引分析所得数据导出，按照中心度大于 0.3 的标准提取数据，得到人口集聚—辐射研究领域英文期刊共被引网络的关键节点，如表 1 - 2 所示。

图1-4 人口集聚—辐射领域英文期刊共被引可视图

表1-2 **人口集聚—辐射研究领域英文期刊共被引网络关键节点**

期刊名称（简称）	被引频次	中心度	首次出现年份
《环境与规划》	23	0.19	2003
《美国经济评论》	35	0.18	1998
《城市研究》	58	0.16	2007
《城市经济学杂志》	58	0.16	1994
《城市政策与规划国际杂志》	63	0.13	2011
《经济地理》	19	0.11	2006
《美国科学院院报》	51	0.1	2013
《国际栖息地》	50	0.09	2016
《环境科学与生态学》	22	0.09	1998
《景观与城市规划》	36	0.07	2017
《地理分析》	24	0.07	2010
《区域科学与城市经济学》	22	0.07	1994
《中国季刊》	4	0.06	2005

期刊名称（简称）	被引频次	中心度	首次出现年份
《应用地理学》	29	0.05	2017
《经济发展与文化变迁》	3	0.04	1996
《公共科学图书馆》	50	0.03	2017
《科学》	44	0.03	2016
《区域科学与城市经济学》	11	0.03	2015
《区域科学年鉴》	10	0.03	2007
《美国地理学家协会年鉴》	3	0.03	2005

　　通过表 1-2 可以看出，《城市政策与规划国际杂志》《城市研究》《城市经济学杂志》《美国经济评论》《环境与规划》的中心度和被引频次都比较高，表明这 5 个期刊所刊载的人口集聚—辐射研究领域的论文质量较高，对人口集聚—辐射的学术研究起到了重要的支撑作用，因此，从中心性的角度出发，《城市政策与规划国际杂志》《城市研究》《城市经济学杂志》《美国经济评论》《环境与规划》5 个期刊在人口集聚—辐射研究领域居于核心地位。

　　对人口集聚—辐射研究领域的中文期刊进行分析。由于从中国知网中导出的论文文献数据缺少"参考文献"字段，无法通过 CITE SPACE 软件对中国知网中导出的论文文献数据进行共被引分析。因此，对人口集聚—辐射研究领域的中文期刊进行分析，主要对载文量和学科研究层次两方面进行分析。

　　首先，将检索得到的中国知网文献数据导出为表格，对期刊名称进行计数，得到人口集聚—辐射研究领域中文文献期刊分布，其中载文量排名前十的期刊如表 1-3 所示。

表 1-3　1993~2023 年人口集聚—辐射研究领域中文文献期刊分布（前十）

期刊名称（简称）	载文量（篇）	占比（%）	期刊名称（简称）	载文量（篇）	占比（%）
《人口学刊》	33	7.07	《中国人口·资源与环境》	13	2.78
《西北人口》	23	4.93	《经济地理》	11	2.36
《城市问题》	20	4.28	《统计与决策》	11	2.36
《人口研究》	16	3.43	《中国人口科学》	10	2.14
《人口与经济》	14	3.00	《北京社会科学》	9	1.93

　　由表 1-3 可知，以人口集聚—辐射为核心的研究领域发文量排名前十位的中文期刊共发文数量为 160 篇，占比约为 34.28%，要远高于其他期刊的数量，说明人口集聚—辐射研究领域的论文在国内期刊上的集中度比较高，人口集聚—

辐射研究领域在国内形成了较为稳定的期刊群和比较有代表性的期刊。其中，《人口学刊》在该领域刊登了 33 篇文章，数量是最多的，该期刊刊登的人口集聚—辐射领域的文章主要集中在人口理论、人口政策、人口迁移、人口城市化、人口老龄化等方面，涉及学科主要有人口学与计划生育、社会学及统计学、农业经济、宏观经济管理与可持续发展等，是该研究领域最为核心的期刊。《西北人口》是排名第二的期刊，发文量为 23 篇，该期刊刊登的人口集聚—辐射领域研究的文章主要集中在人口与经济、人口老龄化与社会保障、人口与社会、人口理论与政策研究等方面，涉及学科主要有社会学及统计学、经济体制改革、人口学与计划生育等，也是该研究领域较为核心的期刊。排名第三的期刊为《城市问题》，发文量为 20 篇，该期刊刊登的人口集聚—辐射领域的相关文章主要集中在城市建设与发展、经济与社会、城市科学、城市管理等方面，涉及学科主要有环境科学与资源利用、宏观经济管理与可持续发展、社会学及统计学、经济体制改革等。其他期刊的发文量较低，均低于 20 篇。由此可以看出，排名前三的期刊在人口集聚—辐射研究领域具有一定的权威性，能够较好地把握人口集聚—辐射研究的方向和状态。

其次，将发文排名前十的期刊，按照中国知网期刊检索之后的研究层次分组来进行分类，以便进一步的确认人口集聚—辐射研究领域比较权威期刊的文献研究层次，也为选取参考文献提供指导意见。分类结果见表 1 – 4 所示。

表 1 – 4　　　　　　　人口集聚—辐射研究领域中文核心期刊研究层次

研究层次	期刊名称
基础研究（社科）	《人口研究》《人口与经济》《经济地理》《北京社会科学》
政策研究（社科）	《人口学刊》《西北人口》《统计与决策》
行业指导（社科）	《城市问题》《中国人口·资源与环境》《中国人口科学》

由表 1 – 4 可知，人口集聚—辐射研究集中分布在社会科学领域的基础研究层次，社会科学领域的政策研究层次以及社会科学领域的行业指导研究层次中，其中，《人口研究》《人口与经济》《经济地理》《北京社会科学》的研究集中在基础研究（社科），所以，在进行有关人口集聚—辐射研究领域的社会科学基础研究时，参考以上几个期刊为主；《人口学刊》《西北人口》《统计与决策》的研究集中在政策研究（社科），所以，在进行有关人口集聚—辐射研究领域的社会科学政策研究时，参考以上几个期刊为主；《城市问题》《中国人口·资源与环境》《中国人口科学》的研究集中在行业指导（社科），所以，在进行有关人口集聚—辐射领域的社会科学行业指导时，参考以上几个期刊为主。

根据对中英文期刊的研究发现，在人口集聚—辐射研究领域，英文文献可以重点选取《城市政策与规划国际杂志》《城市研究》《城市经济学杂志》《美国经济评论》《环境与规划》等期刊中的文献作为参考，中文文献可以重点选取《人口学刊》《西北人口》《城市问题》等期刊中的文献作为参考。

1.2.1.4　人口集聚—辐射研究领域的研究团队分析

本书将研究团队分为个人作者研究团队和机构研究团队两类进行研究，其中，根据检索出的英文数据库和中国知网数据库导出的文献数据信息的适用范围，对文献进行研究，作者分析主要通过共被引分析来进行，机构分析主要通过合作网络分析来进行，对中文文献的研究，仅通过合作网络进行分析。

首先，对人口集聚—辐射研究领域英文文献作者及机构团队进行分析。将检索得到的英文文献数据导入 CITE SPACE 软件中，节点类型栏选择为引用作者，首选标准 N 设置为 50，进行可视化分析，得到人口集聚—辐射研究领域英文文献作者共被引可视图，如图 1-5 所示。

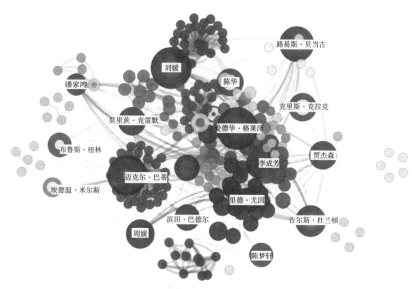

图 1-5　人口集聚—辐射研究领域英文文献作者共被引可视图

由图 1-5 可知，以人口集聚—辐射研究领域的英文文献被引频次较高的作者为爱德华·格莱泽、迈克尔·巴蒂、吉尔斯·杜兰顿、李成芳等，将 CITE SPACE 软件运行结果导出，得到人口集聚—辐射英文文献作者被引频次排名，被引频次高的作者被认为在这一领域具有一定的权威性。

按照中心度大于0.1则视为关键节点的标准将人口集聚—辐射研究领域英文文献作者共被引网络关键节点提取出来，如表1-5所示。

表1-5　　　　　　　　人口集聚—辐射英文文献作者共被引网络关键节点

作者	被引频次	中心度	首次出现年份
陈华	8	0.20	1995
布莱恩·贝瑞	1	0.15	1995
安德鲁·巴特利特	1	0.15	1995
阿布·贾比尔·拉乌夫	1	0.15	1995

由表1-5可以知道，陈华、布莱恩·贝瑞、安德鲁·巴特利特、阿布·贾比尔·拉乌夫与其他作者的关联程度较高，形成以这些作者为中心的多个学术研究联盟。从中心度这一角度出发，也可认为以上作者在人口集聚—辐射的研究具有一定的权威性。

将检索得到的WOS英文文献数据导入Cite Space软件中，节点类型栏选择机构，首选标准N设置为50，进行可视化分析，得到人口集聚—辐射研究领域英文文献机构合作可视图，如图1-6所示。

图1-6　人口集聚—辐射研究领域英文文献机构研究团队合作可视化结果

通过图 1-6 可以看出，中国科学院的发文量最高，并与多个机构有合作，整体来看，机构之间的连线有 155 条，节点（即发文机构）有 162 个，贡献网络密度仅为 0.0119，说明在国际上机构间合作较少，仍需要加强国际的研究合作，建立适度规模化的研究机构群体。将 CITE SPACE 软件进行的数据导出，得到人口集聚—辐射研究英文文献发文量 5 篇以上的机构如表1-6 所示。

表 1-6　　　　　　人口集聚—辐射领域英文文献发文量最高的机构研究团队

发文量（篇）	机构名称	机构性质	地区
12	中国科学院大学	高校	中国
7	北京师范大学	高校	中国
6	武汉大学	高校	中国
6	香港理工大学	高校	中国
5	伦敦大学	高校	英国

根据表 1-6 可以看出，人口集聚—辐射领域英文文献发文量排名前三的机构为中国科学院大学、北京师范大学以及武汉大学。从研究机构性质的角度来看，人口集聚—辐射研究机构较为单一化，发文的研究团队机构集中在高校，表明目前在国际上对人口集聚—辐射研究的主力为世界范围内的各大高校。从地域上看，中国在人口集聚—辐射方面的研究规模较大，前五位中有四家机构位于中国，说明中国高校在人口集聚—辐射研究领域具有一定的国际影响力。

下面，对人口集聚—辐射研究领域中文文献作者及机构团队进行分析。将检索得到的中国知网的文献数据导入 CITE SPACE 软件中，节点类型栏选择作者，首选标准 N 设置为 50，修剪片状网络使得图像更加清晰易读，此后进行可视化分析，得到人口集聚—辐射研究领域中文作者合作网络可视图，如图 1-7所示。

通过观察图 1-7 可以看出，童玉芬的发文量最高，与其刘晖、韩佳宾也有所合作，从整体来看，作者之间的连接线仅仅有 92 条，而节点（即作者）有268 个，共现网络密度为 0.0026，说明在国内，作者间联系较弱，大多为形成科研合作团队。将 CITE SPACE 软件运行得出的数据导出，得到人口集聚—辐射研究中文文献发文量排名前十的作者，如表 1-7 所示。

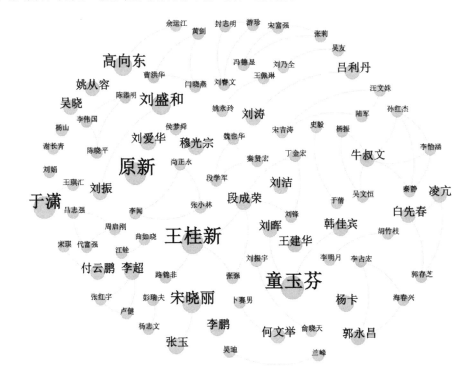

图1-7 人口集聚—辐射领域中文文献作者研究团队合作可视化结果

表1-7 人口集聚—辐射领域中文文献发文量最高的作者研究团队

作者	发文量（篇）	单位
原新	5	南开大学
王桂新	5	复旦大学
童玉芬	5	首都经济贸易大学
于潇	4	吉林大学
刘盛和	3	中国科学院大学
宋晓丽	3	南开大学
高向东	3	广东工业大学
付云鹏	2	辽宁大学
何文举	2	湖南工商大学

如表1-7中所示，原新、王桂新、童玉芬、于潇等学者是人口集聚—辐射

研究领域的重要学者，在人口集聚—辐射研究领域具有较强的影响力，因此可以重点选取以上学者的文章进行研究和参考。其中，复旦大学的王桂新致力于从事人口迁移与城市化、劳动就业与社会保障、人口·资源·环境经济分析及管理与评价、城市与区域分析、经营及政策评估、城市与区域可持续发展及决策系统建立等方面的研究。来自首都经济贸易大学童玉芬主要从事人口学、人口与劳动就业、人口与可持续发展方向的相关研究。来自吉林大学的于潇主要研究东北亚区域经济合作、中国东北地区经济发展、人口与经济发展等领域。来自中国科学院大学的刘盛和主要从事城市地理、土地利用和都市农业等方面的研究工作。来自南开大学的宋晓丽主要从事人口学与计划生育、贸易经济、铁路运输等方面的研究。

　　人口集聚—辐射研究领域中文文献机构团队分析。将检索得到的 CNKI 的数据导入 CITE SPACE 软件中，节点类型选择机构，首先标准数量 N 设置为 50，其余选项均保持默认，进行可视化分析，得到人口集聚—辐射研究领域中文文献研究机构合作可视化结果，如图 1-8 所示。

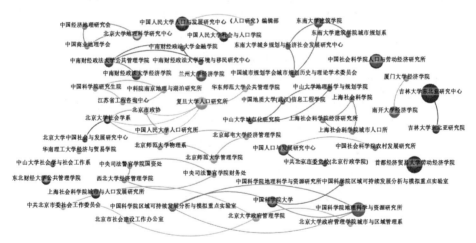

图 1-8　人口集聚—辐射领域研究中文文献研究机构合作可视化结果

　　通过图 1-8 可以看出，吉林大学东北亚研究中心有关人口集聚—辐射的发文量最多，首都经济贸易大学与中国人民大学的发文量较多。整体来看，机构之间的连线有 70 条，节点（即发文机构）有 233 个，贡献网络密度仅为 0.0026，说明在国内各机构间合作较弱，仍需要大力加强与国际的研究合作，建立适度规模化的合作研究机构群体。将 CITE SPACE 软件运行的数据导出，得出人口集聚—辐射研究领域发文量排名前五的机构如表1-8所示。

表1-8　　　　　　　人口集聚—辐射领域研究中文文献发文量高的研究机构

发文量（篇）	机构名称	机构性质	地区
12	吉林大学东北亚研究中心	高校	东北地区
9	首都经济贸易大学劳动经济学院	高校	华北地区
7	中国人民大学人口与发展研究中心	高校	华北地区
7	中国科学院地理科学与资源研究所	科研机构	华北地区
7	中国社会科学院人口与劳动经济研究所	科研机构	华北地区

由表1-8可以看出，吉林大学东北亚研究中心以12篇文献的发文量位列第一，这表明该中心在人口集聚—辐射领域具有较强的研究能力和学术影响力。首都经济贸易大学劳动经济学院紧随其后，发文量为9篇，反映了该学院在该研究领域的专业性和活跃程度。中国人民大学人口与发展研究中心、中国科学院地理科学与资源研究所以及中国社会科学院人口与劳动经济研究所均以7篇文献并列，显示出科研机构对人口集聚—辐射研究领域的重要贡献。从地区分布来看，华北地区的高校和科研机构在榜单中占据了显著位置，这与该地区的人口密度、城市化水平以及政策研究的支持有关。东北地区的吉林大学东北亚研究中心的领先地位与该地区独特的人口和经济发展状况有关，这也促进了对人口集聚—辐射问题的专项研究。综上所述，人口集聚—辐射领域中文文献的发文量主要集中在部分高校和科研机构，构成了该研究领域的学术中心。

1.2.1.5　人口集聚—辐射研究领域的重要文献分析

对重要文献进行分析，可以为进行更加详细的文献综述提供帮助，可以直观展示人口集聚—辐射研究领域发展过程中的奠基性文献以及核心文献等重要文献，从而准确地梳理出人口集聚—辐射领域研究发展过程中的重要研究成果，为后续研究提供重要参考。对人口集聚—辐射研究领域的重要英文文献分析，将检索得到的英文文献数据导入CITE SPACE软件中，在节点类型栏中选择参考文献，首选标准N设置为50，进行可视化分析，得到人口集聚—辐射研究领域英文文献共被引运行图，在运行图中选择时间轴的显示方式，如图1-9所示。

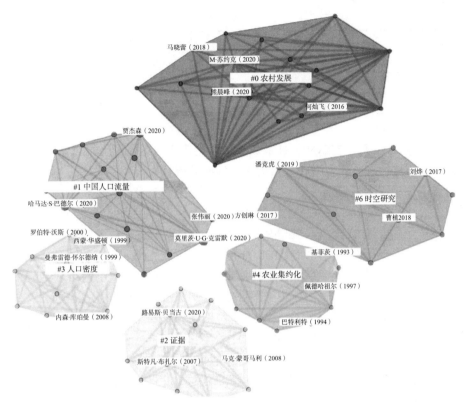

图1-9 人口集聚—辐射研究领域英文文献共被引参考文献聚类分析

由图1-9可知,人口集聚—辐射领域英文文献的共被引参考文献知识图谱中有节点426个、链条426条,密度值为0.0192。WOS核心合集期刊的文献共被引网络中有多个突出的节点,这直接地反映了人口集聚—辐射的研究基础,高频被引文献发挥了较为良好的媒介作用,也是网络连接中一个时间到另一个时间段过渡的关键点,所以挖掘出关键节点对人口集聚—辐射领域的研究具有十分重要的意义。将CITE SPACE软件的结果导出,得到人口集聚—辐射领域研究英文文献被引频次排名前五的文献,将其文提取为人口集聚—辐射领域研究英文文献共被引网络的关键节点,得到人口集聚—辐射领域研究核心文献表1-9所示。

表1-9 人口集聚—辐射领域英文核心文献

被引频次	作者	题目
13	吉尔斯·杜兰顿	《哥伦比亚的集聚效应》
11	方创琳	《中国地级水足迹不平等:城乡差距》

续表

被引频次	作者	题目
9	贾杰森	《人口流动驱动中国 COVID – 19 的时空分布》
3	布罗克曼·德克	《从人员流动数据中查找疾病爆发地点》
3	埃弗特·梅杰斯	《集聚与城市网络外部性的兴起》

由表 1 – 9 可知，吉尔斯·杜兰顿的《哥伦比亚的集聚效应》以 13 次的被引频次位居榜首，表明该文献在人口集聚—辐射领域具有重要的学术影响力。方创琳的《中国地级水足迹不平等：城乡差距》被引用 11 次，这反映了国际学术界对中国地区差异和城乡发展不平衡问题的高度关注。贾杰森的《人口流动驱动中国 COVID – 19 的时空分布》获得 9 次引用，这突显了在全球疫情背景下，人口流动对于疾病传播模式研究的紧迫性和重要性。布罗克曼·德克的《从人员流动数据中查找疾病爆发地点》和埃弗特·梅杰斯的《集聚与城市网络外部性的兴起》均被引用 3 次，显示出疾病传播模式与人口集聚之间的联系是当前研究的一个重要方向。德克的研究利用流动数据来识别疾病暴发点，而梅杰斯则关注集聚效应和城市网络带来的外部性问题。

对人口集聚—辐射研究领域中文核心文献分析时，由于从中国知网中导出的相关文献数据缺少"参考文献"字段，无法通过 Cite Space 软件对中国知网导出的相关文献数据进行共被引分析，因此，对人口集聚—辐射研究领域的重要中文文献进行分析，主要从文献的被引用频次进行分析，如表 1 – 10 所示。

表 1 –10　　　　　　　　人口集聚—辐射领域研究中文核心文献

排名	被引频次	作者	题目
1	180	贺三维、邵玺	《京津冀地区人口—土地—经济城镇化空间集聚及耦合协调发展研究》
2	178	王兴杰、谢高地、岳书平	《经济增长和人口集聚对城市环境空气质量的影响及区域分异——以第一阶段实施新空气质量标准的 74 个城市为例》
3	145	夏怡然、苏锦红、黄伟	《流动人口向哪里集聚？——流入地城市特征及其变动趋势》
4	122	王胜今、王智初	《中国人口集聚与经济集聚的空间一致性研究》
5	119	何文举、张华峰、陈雄超、颜建军	《中国省域人口密度、产业集聚与碳排放的实证研究——基于集聚经济、拥挤效应及空间效应的视角》

排名	被引频次	作者	题目
6	112	蒋子龙、樊杰、陈东	《2001～2010 年中国人口与经济的空间集聚与均衡特征分析》
7	110	刘睿文、封志明、游珍	《中国人口集疏格局与形成机制研究》
8	102	陈心颖	《人口集聚对区域劳动生产率的异质性影响》
9	102	陈乐、李郇、姚尧、陈栋胜	《人口集聚对中国城市经济增长的影响分析》
10	100	杨东亮、任浩锋	《中国人口集聚对区域经济发展的影响研究》

　　文献被引频次是衡量学术影响力的重要指标。通过表 1 - 10 可知，贺三维和邵玺的文献《京津冀地区人口—土地—经济城镇化空间集聚及耦合协调发展研究》以 180 次的被引频次领先，显示了该研究在京津冀一体化背景下区域发展的重要性。王兴杰、谢高地和岳书平的研究《经济增长和人口集聚对城市环境空气质量的影响及区域分异》紧随其后，被引 178 次，凸显了经济增长、人口集聚与环境质量三者关系的研究热点。夏怡然、苏锦红和黄伟的文献《流动人口向哪里集聚？——流入地城市特征及其变动趋势》被引 145 次，反映了流动人口的空间分布特征和城市化进程的关注点。王胜今和王智初的《中国人口集聚与经济集聚的空间一致性研究》被引 122 次，探讨了人口和经济集聚的空间关联，揭示了空间集聚对于区域经济发展具有深远的影响。何文举、张华峰、陈雄超和颜建军的《中国省域人口密度、产业集聚与碳排放的实证研究》被引 119 次，研究人口密度与环境影响的关系，体现了环境问题在人口集聚研究中的重要性。蒋子龙、樊杰和陈东的《2001—2010 年中国人口与经济的空间集聚与均衡特征分析》以及刘睿文、封志明和游珍的《中国人口集疏格局与形成机制研究》均聚焦于空间集聚的特征和背后的发展机制。陈心颖的《人口集聚对区域劳动生产率的异质性影响》和陈乐、李郇、姚尧、陈栋胜的《人口集聚对中国城市经济增长的影响分析》以及杨东亮、任浩锋的《中国人口集聚对区域经济发展的影响研究》均关注人口集聚对劳动生产率和经济增长的影响。总体而言，表 1 - 10 所列的中文核心文献在人口集聚—辐射领域具有广泛的学术影响力，其被引频次反映了这些文献在学术界的认可度和重要性。这些研究覆盖了京津冀地区的区域发展、城市环境质量、流动人口分布、人口与经济的空间一致性、环境问题以及人口集聚对劳

动生产率和经济增长的影响等多个维度，显示了人口集聚研究的多面性和复杂性。

1.2.1.6 人口集聚—辐射的研究热点及前沿分析

对文献关键词的共现分析以及突变分析可以直观地反映出人口集聚—辐射领域的研究热点及前沿，从而准确把握这一领域的学术研究范式，更易从中发现目前该领域研究中的学术空白，为更好地选择学术研究方向提供帮助。

对以中心城市为核心的城市群研究领域的研究热点进行分析。英文文献方面，将检索得到的英文文献数据导入 Cite Space 软件中，节点类型栏选择关键词，首选标准 N 设置为 50，进行可视化分析，得到英文文献中人口集聚—辐射研究领域关键词共现图后；选择时间线显示，采用关键词聚类，调整图像后得到人口集聚—辐射研究领域英文文献研究热点，如图 1–10 所示。

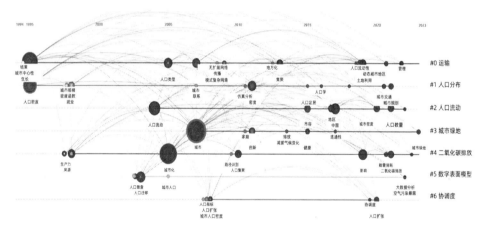

图 1–10　人口集聚—辐射研究领域英文文献研究热点

由图 1–10 可知，人口集聚—辐射研究领域高频关键词聚类分为 7 个类别，分别是运输、人口分布、人口流动、城市绿地、二氧化碳排放、数字表面模型、协调度。这 7 类代表了人口集聚—辐射研究领域的热点，可以清晰地展现出人口集聚—辐射研究领域英文文献研究热点脉络。

由表 1–11 可以从以下几个时间段进行分析，在早期（1995～2005 年），文献研究集中在理解城市增长、人口密度和城市中心性等基础概念。随着时间的推移，文献研究开始关注人口就业、生产力问题以及规模经济。进入 21 世纪（2003～2010 年），研究者开始探讨人口迁移、逆城市化趋势，并将研究范围扩展至特定地区如美国和英国。研究关键词显示了对城市化、城市人口统计和区域间互动的增加关注，以及 GIS 技术在研究中的应用。随着研究的不断发展（2008～2013年）：关键词如案例研究、政策影响和土地利用变化，表明文献研究开始集中于人口集聚对环境的影响，以及如何通过增长管理和人口承载能力评估来响应这些挑战。经济与生态系统的联系也逐渐成为研究的焦点（2014～2016年）：经济增长、消费模式、经济生态与生态系统服务的研究指向了对经济活动与自然环境相互作用的深入分析。除此之外，研究方向也开始向人口与城市规模的现代挑战进行探讨（2017～2022年）：开始关注更为复杂的问题，如中国沿海地区的快速发展、城市规模和气候变化的相互作用。大数据分析的运用和京津冀城市群的研究表明了对城市群动态、城市形态和人口管理的综合研究兴趣。在当前的研究中（2023年）：最新的关键词如高铁、城市绿地和百度迁移大数据，表明了对基础设施建设、城市生态环境和新型数据源在研究中的应用的兴趣。异速增长和空气质量的关注反映了对可持续发展和生活质量的持续关注。

表 1－11　　　人口集聚—辐射研究领域英文文献热点（关键词）脉络

年份	研究热点（关键词）
1995	增长、人口密度、城市中心性
1998	方式、人口就业、生产力、问题、规模、密度函数
2003	人口迁移、美国、人口普查、英国、逆城市化、
2004	人口流动、经济、地理差异、区域间互动
2005	城市化、城市人口、城市人口统计
2008	案例研究、政策影响、土地利用变化、增长管理、人口承载能力
2009	复杂网络、集聚经济、特大城市、统计学、传播、投资
2010	人口集聚、人口规模、人口密度模型、GIS 可视化、路径识别
2011	人口分布、人口发展、城市化、中心城市
2013	空气污染、二氧化物、地方化、气溶胶、全球负担、全球特大城市
2014	经济增长、消费、经济生态、生态系统、国内
2016	人口增长、人口学、扩散、文化传播、人才外流、中国、地区、集体效能
2017	中国沿海地区、人口地图、城市规模、气候变化、协调关系
2018	因素、数字表面模型、区域插值、实证分析、环境、生态系统服务
2019	大数据、面积、夜间灯光数据、行为、手机、百度热力图数据、建筑面积、二氧化碳排放

年份	研究热点（关键词）
2020	城市群、扩张、改变模式、城市规模分布、协调度、城市网络、国家、县、耦合协调度
2021	运输、人口增速、城市扩张、城市规划、人口模型、分解、城市交通、市区、承载能力
2022	城市密度、城市规模化、城市碳排放、城市人口集聚、人口流动网络、人口管理、城市形态、大数据分析、京津冀城市群、平均人口密度
2023	高铁、城市绿地、中介作用、百度迁移大数据、异速增长、空气质量

中文文献方面，将检索得到的中国知网文献数据导入 CITE SPACE 软件中，节点类型选择关键词，首选标准 N 为 50，进行数据可视化分析，选择时间线显示用关键词聚类，得到以人口集聚—辐射领域研究热点，如图 1 – 11 所示。

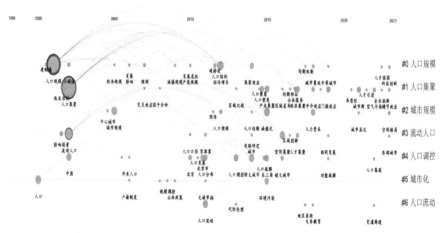

图 1 – 11　人口集聚—辐射研究领域中文文献研究热点

根据表 1 – 12 可知，人口集聚—辐射研究领域中文文献中热点（关键词）的发展脉络。文献研究最初集中在城市方针、土地使用效率和规划原则上，反映了对节约用地和有序发展的重视。随后，关键词扩展到包括经济发展、人口老龄化和人居环境的关系，显示出研究的多元化和对人口结构变化的响应。2001～2005年关键词出现了人口规模、演变和控制策略，突出了对人口动态管理的研究兴趣。城市化、城市人口统计和土地利用等领域的研究表明，对城市规模和结构的探讨成为研究焦点。2006～2010 年开始关注公共政策、人口重心的变化，以及政策在城市规模调控和产业集群发展中的作用。这一阶段的研究强调了政策影响的实证分析和预测模型的构建。2011~2015 年，京津冀地区的发展、大城市病以及城市化的进程成为热点，这表明研究者在关注特定区域的人口分布和城市发展问题。环境污染、产业集聚和人口密度的关键词体现了对环境影响和地区差异的关注。在 2016~2020 年关键词转向空间集聚、超大城市、经济集聚，以及公共服务等。这些文献研究突出了对城市空间组织、人才政策以及经济—人口关系的分析。2021~2023 年关键词出现了科技创新、调节效应、空间格局和企业创新，显示了对科技和创新在人口集聚中作用的研究兴趣。同时，对产业体系优化、全民阅读和传染病的关注反映了当前社会经济和健康对研究领域的影响。

表 1－12　　　　　人口集聚—辐射研究领域中文文献热点（关键词）脉络

年份	研究热点（关键词）
1998	节约用地、规划原则、合理用地、有序发展、城市方针
1999	合理规模、集镇发展、江苏、经济发展
2000	人口、上海、老龄化、人居环境
2001	人口规模、演变、政策变量、控制策略、人口压力、购买支出
2002	人口集聚、流动人口、中国、影响因素、小城镇、人口容量、西北农村、系统预测、区域研究、研究方法
2003	人口增长、产业结构、人口控制、满意度、城市物价
2004	城市化、城市人口、规模结构、土地利用、规模控制、城市规划、博弈分析、中心镇、地区差异、结构优化、比较研究、家庭理性
2005	城市规模、中心城市、经济规模、教育、中心度、浙西地区、市镇类型、市镇人口、稳定态
2006	户籍制度、上海市、外来人口、大城市、原因、发展、就业人口、城镇贫困、影响
2007	预测、特色产业、交互效应
2008	因子分析、公共产品、管理思路、出生高峰、实证分析、省直管县、人口布局、拥挤函数、劳动人口、公共品
2009	公共政策、人口重心、滨海新区、大国地位、区位熵、政策、规模调控、城镇规模、产业集群
2010	北京、区域竞争、两湖地区、世界城市、城市需求、城市供给、人口口径、发展危机、产值规模、变动预测、分级评价
2011	人口流动、人口分布、京津冀、北京市、出生规模、交易成本、大连市、人口膨胀、人口发展、南京、大城市病

续表

年份	研究热点（关键词）
2012	经济增长、人口结构、碳排放、人口预测、空间规模、经济、固定效应、生态足迹、城市体系、空间选择、灰色模型
2013	人口调控、个体意识、国家意识、区域比较
2014	特大城市、集聚效应、关联研究、发展对策、产业发展、人口均衡、城市、国家公顷、S－曲线
2015	城镇化、产业集聚、环境污染、人口密度、长三角、人口疏解、人口聚集、重庆市、倍差法、人口素质、保险深度、住宅价格
2016	空间集聚、超大城市、典型因素、公共治理、出口贸易、假设检验、农民工、区域差异
2017	经济集聚、人才集聚、公共服务、人口普查、发展趋势、区域创新、城中村、均衡特征、城市等级
2018	人力资本、中介效应、东北地区、义务教育、城市蔓延、地貌环境、土地财政、人类活动、区域气候、均衡机制、住房价格、副中心、地区差距
2019	门槛效应、生活污染、地级市、住房负担、专业化、北京城区、地震灾害、关联性、中等城市、协同发展、县域、乘数法、功能疏解
2021	城市群、城市层次、教育收益、城乡差异、房价、异质性、房屋面积、人口估算、查海遗址、技术创新
2022	空气污染、人口变动、人口集疏、产业变迁、人才新政、交通廊道、一体化、乡村振兴、人才引进、休闲流、作用渠道
2023	科技创新、调节效应、空间格局、企业创新、人口红利、产业体系、优化、全民阅读、传染病、人口机遇、东部城市、人才强国、人口优势、全龄友好、人口风险、人口挑战

　　下面对人口集聚—辐射研究领域的研究前沿进行分析。

　　研究前沿可以反映科学研究的新进展和新趋势，以及研究中具有创新性，发展性和学科交叉性的主题等。运用 Cite Space 来对研究前沿的新趋势和突变特征进行分析，其膨胀词测算法可以将词频变化率高的词从大量的主题词中提取出来，以便确定研究领域的前沿。

　　人口集聚—辐射英文文献的研究前沿分析：将检索得到的 WOS 文献数据导入 Cite Space 软件节点类型选择关键词，首选标准数量 N 设置为 50，其余选项保持默认，然后进行可视化分析，下一步进行突变分析，得到表 1 - 13。

表 1－13　　　　　　　人口集聚—辐射研究领域英文文献前言术语

关键词	强度	开始年份	结束年份	1998～2023 年
空间集聚	3.65	2016	2018	▬▬▬▬▬▬▬▬▬▬▬▬▬▬▬▬▬▬▬▬
人口集聚	6.57	2019	2023	▬▬▬▬▬▬▬▬▬▬▬▬▬▬▬▬▬▬▬▬

注："▬"为关键词频次突然增加的年份，"▬"为关键词频次无显著变化的年份。

如表 1－13 所示，"空间集聚"这一术语在 2016～2018 年的强度为 3.65，这表明在 2016～2018 年空间集聚作为研究主题变得更为突出，在学术文献中的讨论更加频繁。"人口集聚"关键词的强度更高，达到 6.57，开始于 2019 年并持续至 2023 年。其在最后五年持续增强，这表明人口集聚作为研究主题的重要性在这段时间内不断上升，成为该领域的主要关注点。这些数据反映出学术关注点的演变，从关注空间集聚的模式及其影响因素逐步转向人口集聚的现象及其相关影响，这种转变与全球人口增长、城市化进程加快等有关。

人口集聚—辐射研究领域中文献的研究前沿分析。将检索得到的中国知网文献数据导入 Cite Space 软件，节点类型选择关键词，首选标准数量为 50，其余均保持默认，然后进行可视化分析，下一步进行突变分析，得到表 1－14。

表 1－14　　　　　　　人口集聚—辐射研究领域中文文献前言术语

关键词	强度	开始年份	结束年份	1998～2023 年
人口增长	4.11	2019	2021	▬▬▬▬▬▬▬▬▬▬▬▬▬▬▬▬▬▬▬▬

注："▬"为关键词频次突然增加的年份，"▬"为关键词频次无显著变化的年份。

如表 1－14 所示，关键词"人口增长"作为一个术语，在 1998～2018 年及 2022～2023 年，该关键词的频次没有显著变化。在 2019～2021 年强度达到 4.11，表明在这 3 年中，该术语在文献中的出现频次显著增加。反映了在 2019～2021 年，人口增长作为研究主题引起了学术界的特别关注。这可能与全球和中国特定的人口发展趋势有关，例如出生率变化、老龄化社会的挑战、城市化进程中的人口动态以及人口政策的调整等。关键词"人口增长"的强度在 2019 年突然增加也与一系列的社会经济事件有关，如政策变动或特定的人口研究成果的发布。而在 2021 年后强度的降低，反映了学术界的焦点转移到人口增长的后果或相关的新议题上。

1.2.2　关于人口集聚—辐射的文献计量结论

本书通过 Cite Space 软件对 Web of Science 及中国知网数据库中检索的 1993～2023 年有特大城市人口集聚—辐射研究的文献数据进行了不同层次的分析和可视化研究，得出以下结论。

第一，人口集聚—辐射研究文献量呈现持续增长趋势，2018～2023 年中英文文献量均有较快增长，反映出国内外学界对该研究领域的高度重视。中国以其数量庞大的文献量处于领先地位，显示了中国学者在该领域研究的活跃程度，这与中国的城市化进程和对人口问题的重视密切相关。相比之下，发达国家如美国和英国的文献量较少，但其研究历史悠久，学术积淀深厚，影响力不容忽视。

第二，人口集聚—辐射研究涉及城市规划、地理学、环境科学、管理学等学科，具有明显的交叉学科特征。核心英文期刊以《城市政策与规划国际杂志》等为代表，这些期刊能够为研究提供权威的学术视角。中文期刊以《人口学刊》等为主要载体，反映了中国内地对人口问题的专项关注。这些期刊的论文内容从城市增长规律延伸到经济社会的多个领域。

第三，中国科学院大学、北京师范大学等高校是人口集聚—辐射研究的主要力量。王桂新、童玉芬、刘盛和等学者在该领域具有重要贡献和影响力，他们的研究参考价值很高。科研机构也发挥着关键作用，但学界合作关系还不够紧密。

第四，研究热点及前沿分析可以发现，研究热点从城市增长规律转向人口流动特征，再到环境影响、区域差异、政策调控和大数据分析等，反映了研究视角从理论框架到实证分析的拓展。空间集聚和人口集聚成为当前的研究前沿，指明了新的研究方向。

1.3　研究综述

1.3.1　国外人口集聚—辐射相关研究

特大城市人口集聚—辐射与重大突发事件综合应急管理能力匹配是当前城市管理研究中一个重要而暂未得到充分研究的问题。为系统梳理当前学术成果，本书拟对此领域开展文献综述。根据研究视角进行分类，将文献分为理论研究类和实证研究类，理论研究类主要探讨人口集聚机制和重大突发事件应急范式等，实证研究类重在个案分析，如某城市模型验证等。在内容梳理方面，理论研究主要概括其定义范畴和研究路径，如人口流动机制理论等。实证研究则重点归纳研究对象、研究方法、研究成果及问题点等。此外，还从国内外两方面进行梳理，国外文献主要介绍理论演进进程，如推拉理论、集聚收益论等。国内文献则重点总结理论问题的吸收引用情况。综上所述，通过分类整理重要文献，梳理国内外在该领域的研究情况，发现当前存在的不足，以期为下一步研究工作奠定基础。此外也将指出后期研究需要关注的重点问题，以期促进相关理论的深入和完善。

在国外相关研究方面，人口集聚的形成必然依赖于人口迁移的过程。拉文斯坦（Ravenstein）在1885年提出的人口迁移的"七大定律"，为理解人口迁移模式提供了重要的理论基础。"集聚"这一理论概念最早由经济学家马歇尔（Marshall）在1890年提出，他观察到在某些城市，由于多样化的社会活动、开放的高等教育环境以及丰富的就业机会等因素的存在，会吸引大量的外地人口迁入。这种人口流动并非偶然，而是个体对于优化自身发展机会的自发行为。对于个体来说，迁移到提供更好发展机会的地区，无论是就业、教育资源或是其他社会资源，都是对自身发展最大化的追求。这种自发的人口流动和集聚，是城市化和社会经济发展的重要特征，也是城市吸引力和活力的重要表现①。在探讨人口流动的动因时，赫伯勒（Heberle）于1938年首次提出了推拉模型，该模型认为人口迁移是由于原居住地的不利条件（推力）和新目的地的吸引条件（拉力）的双重影响所驱动的。此理论的框架为后续学者提供了研究基础。在此基础上，巴涅（Bagné）在1969年对推拉理论进行了深入研究，并细化了模型，他归纳出了十二个推动人口离开原居地的因素以及六个吸引人口向特定地区迁移的因素，从而为理解人口流动提供了更为全面的视角。迁移动力的理论分析揭示，人口流动受到原居地环境推动力和目的地吸引力的共同作用。原居地的经济衰退，如就业机遇的减少和收入水平的降低，以及社会福利和服务品质的下降，常常构成推动居民离开的重要因素。相对地，在新的目的地，就业前景的扩展、经济条件的提升以及生活质量的整体改善，成为吸引人口流入的关键因素。这些拉力因素构成了对个体和家庭进行新地区迁移选择的重要激励。

赫伯勒和巴涅的理论为理解人口迁移动因提供了重要的理论框架。通过对推力和拉力因素的分析，能够更深入地理解人口迁移的动态过程，以及影响迁移决策的各种因素。这对于理解人口流动模式以及制定相应的人口政策具有重要的理

① Marshall A. Principles of Economics［M］. London：Macmillan，1890.

论和实践意义。

从人口学的视角出发，城市人口集聚是人口迁移行为的一种自然结果，它在很大程度上揭示了区域人口的分布特性。城市人口集聚的现象通常表现为城市人口总量的增加、城市人口密度的提升以及就业密度的增长。这些变化反映了人口向城市集中的趋势，也是城市化进程的重要表现。作为区域经济学中关于区域可持续发展的重要研究主题，人口集聚及其相关的人口迁移问题，很早以前就已经成为国外学者的研究焦点。这些研究为理解人口迁移和集聚的动因和影响，以及如何通过优化人口分布来促进区域可持续发展提供了重要的理论和实践启示。刘易斯（Lewis，1954）提出了著名的刘易斯二元经济模型，该模型阐述了发展中国家经济结构和劳动力流动的特点。据其理论，发展中国家常常存在着城市和农村之间的收入差异，这种差异成为了驱动人口从农村向城市迁移的重要因素。刘易斯模型进一步指出，随着越来越多的农村人口涌入城市，城市的劳动力供应开始增加，这可能导致城市工资水平的下降。然而，这种下降并不是永久的，因为随着时间的推移，城市和农村之间的收入差距会逐渐缩小，劳动力的流动也会逐渐平衡。在这个过程中，农业和工业的发展也会逐步趋于均衡。托达罗（Todaro，1970）基于刘易斯的人口流动模型，进一步提出了人口流动与城市失业率之间的关联。他的理论主张，影响人口流动的并非实际收入，而是劳动者的预期收入水平。换句话说，人们会根据预期的工资和就业机会来决定是否迁移到城市。托达罗还指出，刚开始进入城市的农村人口，通常会在非正规或非主流行业找到他们的首份工作。然后，随着时间的推移，他们逐渐过渡到城市的现代部门工作。这一过程揭示了人口流动的复杂性，不仅涉及城乡之间的流动，还包括城市内部的行业间流动。拉文斯坦（Ravenstein，1976）从人口学的视角出发，提出了人口集聚迁移的规律，他强调了经济因素在人口迁移中的主导地位，并认为这是推动人口迁移的主要动力。这一理论为后续的人口迁移研究提供了重要的理论基础。达万佐（Davanzo，1976）提出预期收入和长期收益是影响人口迁移的重要因素，他认为，人们在决定是否迁移时，会考虑迁移后的预期收入和长期生活质量。斯塔克·布鲁姆（Starkbloom，1985）引入了家庭因素对人口迁移的影响，家庭的决策和需求也是人口迁移的重要驱动力，例如家庭成员的教育需求、医疗需求等，都可能影响家庭的迁移决策。这些研究丰富了对人口迁移动机的理解，揭示了影响人口迁移的多元因素，包括经济因素、预期收入、长期收益以及家庭因素等。这对于理解和研究人口迁移的动态，以及制定有效的人口政策具有重要的理论和实践意义。

从学术研究的角度来看，人口迁移是一个由多种外部因素和内在机制共同作用的复杂过程。这些因素和机制共同塑造了城市人口迁移的特性，使其呈现出流动性和不确定性。城市人口的迁移并不是单一的、线性的过程，而是在各种因素影响下呈现出复杂的模式。例如，经济环境的变化、政策调整、个体或家庭的决策等都可能导致人口迁移的模式发生变化。此外，不同的城市或地区在不同的时间阶段，其人口分布可能会呈现出不同的特征。这可能是由于区域间的经济发展差距、政策环境的差异、地理环境的特性等多种因素产生的结果。在人口集聚的成因的研究方面，泰勒（Taylor，1977）将生物学的理论引入到人口学的研究中，他通过对果蝇的生殖和死亡模式进行研究，用这种生物模型来模拟和理解人类的迁移行为。这种独特的研究方法为人口迁移行为的空间分布提供了新的理解方式。研究发现，父辈的经验可以影响后代的迁移行为，这意味着先前世代的经验和知识可以被传递下来，从而影响后代的迁移决策，以提高迁移成功率并降低迁移风险。此外，研究还发现，死亡率也会影响人口迁移，特别是一些导致死亡的关键因素，如疾病、战争等，可能会对人口的迁移行为产生重大影响，阻止或减少人口的大规模迁移。巴比耶里（Barbieriaf，2010）探讨了巴西东北部的气候因素对人口迁移活动的影响，通过建立人口动态变化的实证模型，对地区人口迁移行为的驱动因素进行了深入分析，研究发现，当地高水平的贫困现象和半干旱地区气温升高这两个因素共同影响着人口的迁移行为。在未来，气候变化可能会导致农业产量下降，这将进一步加剧经济压力，推动人口向其他城市或其他国家迁移。这项研究不仅揭示了经济和气候变化是影响人口迁移的重要因素，也证明了这两个因素在人口迁移过程中的相互作用。这为后续研究和理解人口迁移的复杂性提供了重要的理论依据。贝尔托利（Bertoli，2010）致力于探索政策效应和居民收入对人口流动的影响。选择了人口众多的厄瓜多尔作为研究对象，细致地分析了迁移规模和迁出人口技能这两个方面，以揭示迁出人口的主要特征。同时研究不仅关注厄瓜多尔内部的迁移现象，他们还利用美国和西班牙的厄瓜多尔移民数据，构建了一个 Mincer 模型，带来细致的分析人口迁移特征与目的地收入之间的关系。他们的研究结果证实了收入差距和政策是影响迁移人口的主要因素，揭示了政策和经济条件如何共同影响人口的迁移决策。约翰·凯南（J. Kennan，2011）通过采用多地区动态分离模型的方法论，进一步审视了收入水平对迁移选择的作用机制，该研究选定了具有高中或更高学历的白人男性群体作为研究对象，并对这一群体的面板数据进行了深入分析，主要探讨了收入这一经济因素在迁移决策过程中的重要性，研究发现，在跨州迁移的决策中，预期的收入增长和经济机会显著地影响着个体的迁移选择，表明不同地区经济激励在驱动人口流动方面扮演着关键角色。收入和迁移之间的关系不仅受到平均工资的影响，同时也受到改变实际收入状况驱动力的影响。这种驱动力通常反映了人们对提高生活质量的追求，对于迁移决策具有重要的影响。这项研究为理解收入如何影响人口迁移提供了有力的证据，强调了在考虑人口迁移问题时，不仅要考虑地区间的平均工资差异，还要考虑个人对改善生活质量的追求。陈国伟（ChanKW，1999）探讨了中国人口集聚过程，特别是户口与非户口迁移（类似于人口迁移和人口流动）之间的差异，该研究基于1990年在中国进行的1%人口抽样调查数据，对户口迁移与非户口迁移人群进行了对比分析，揭示了这两类迁移流在人口统计学特质上的共性与异性，从而为理解中国人口迁移的多样化提供了实证依据。研究发现，20~29岁的已婚男性在户口和非户口迁移中都占有较高的比例，而农村劳动力主要集中在20岁以下的未婚人群中，然而，户籍制度对人口流动具有显著的分化效应。具体地，拥有城市户口的迁移者与来自农村地区的非户口迁移者，在迁移的起始地点、教育程度以及职业技能方面表现出了鲜明的对比。城市户口迁移者往往受教育程度更高，职业技能更为专业化。农村迁移者的教育和技能水平普遍较低，这些差异反映了户籍制度在塑造人口迁移模式方面的重要作用。随着中国市场经济的不断发展和人口迁移强度的增加，预计市场经济原理与人口迁移之间的联系将日益加强，进一步影响迁移流向和结构。辛迪·范（Fancc，2010）通过对第四次和第五次人口普查数据的分析，探讨人口流动如何重新配置人口分布并影响区域发展。该研究揭示，在1985~1990年及1995~2000年，中国省际迁移的强度有所上升，迁移总量显著提高，且不同地区之间的迁移率出现较大的差异。经济较发达的地区似乎通过人口迁移吸引了更多的劳动力和居民。从空间分布来看，北京、天津以及广东等东南沿海经济发达地区成为人口流入的主要目的地，而中南和西南地区则是人口流出的主要来源地。这种流动模式突显了中国各区域之间经济发展水平的差异。

对于人口集聚影响因素的分析，克罗泽（Crozetm，2004）使用了20世纪80年代到90年代的五个欧洲国家的数据，基于新经济地理学模型，探讨了人口迁移是否受到市场潜力的影响。研究揭示，人口流动的趋势与企业选择地理位置的逻辑相似，倾向于向拥有更大市场潜力的区域聚集。这一现象表征了经济发展较为先进的区域对人口迁移具有较高的吸引力，研究进一步指出，影响迁移流的主要原因是服务业的发展水平，相较之下，制造业的影响较小。在欧洲范围内，以德国、意大利和荷兰为例的实证研究也表明，这些国家的人口集聚效应相对较弱，这可能与各国市场结构及经济政策有关。因此通过分析进一步指出，从整体上看，由于欧洲的移民倾向较低，很难形成大范围的中心—外围模式。与此同时，评估人口空间集聚能力同样也是当前研究领域中备受关注的一个主题。有几种具体的方法可以帮助理解这种能力，其中之一就是结合人口集聚的相关指标进行深入分析。这些指标包括但不限于城市人口、城市就业、城市化、人口密度和就业密度等。例如，辛加诺·斯基瓦尔迪（CinganoSchivardi，2004）的研究则关注于城市就业，研究了城市就业机会如何影响人口的空间分布。亨德森（Henderson，2003）的研究则侧重于城市化的影响，他探讨了城市化进程如何影响人口的空间集聚。奥塔维亚诺·皮内利（Ottaviano Pinelli，2006）对人口密度进行了考察，研究了人口密度与人口集聚之间的关系。而西科内（Ciccone，2002）的研究则是关注就业密度，探讨了就业密度如何影响人口的空间分布。这些研究以不同的角度和方法对人口空间集聚能力进行了深入的探讨和分析，为理解人口集聚的影响因素提供了丰富的视角。

1.3.2　国内人口集聚—辐射相关研究

1.3.2.1　人口集聚特征的相关研究

在此阶段，学界初步定义了人口集聚的相关概念，主要关注人口集聚的特征研究。首先，对人口集聚特征进行研究，朱传耿（2001）的研究利用问卷调查的方式，对中国多个具有代表性的城市的流动人口进行了深入探究，分析和总结流动人口的特征以及流动人口对城市化进程的影响。其次，在区域视角下人口集聚特征的研究，王佳新（2003）对20世纪90年代后期中国人口普查数据进行实证分析，研究显示：尽管中国人口迁移的总体趋势，即由内陆的中西部向沿海的东部地区的流动模式保持稳定，但迁移的焦点区域已经经历了显著的转移。对于中国整体的人口集聚特征研究中，魏星（2004）从迁移原因五个方面，对中国迁移人口的人口特征和地区模式进行了详细归纳。曹志杰（2023）通过对人口集聚的时空特征进行研究，发现中国的流动人口规模在增长，但其在空间上的分布格局保持稳定，呈现出中部地区较低、东西两端较高的分布特点，并且强调了人口流出对于地区发展的重要影响。同样，古恒宇（2022）以20年中国的省际人口迁移格局及其影响因素为研究对象，采用了特征向量空间滤波泊松伪最大似然估计（ESFPPML）引力模型，并结合了第六次和第七次全国人口普查数据，以及2005年和2015年全国1%的人口抽样调查数据。通过研究发现，2000~2020年，中国省际人口迁移格局总体稳定，但具有较强的不平衡性和网络溢出效应。大量人口从中部、西部、东北地区迁移至东部地区。在这一阶段，研究者们还开始关注人口集聚的时空特征，如庞亚君（2023）通过研究新中国成立以来人口时空分布的特征以及流动趋势，将中国的人口分布划分为四个阶段，强调了国家政策和市场力量对人口分布的影响。詹庆明（2023）构建了人口流动的网络模型，采用定量的方法分析了长江中游城市群的人口流动特征，研究发现人口、经济等多种流动性要素在城市间的快速流转，使得传统的"场所空间"向"流空间"转变，区域空间结构从层级化向网络化转型。

在对中国人口迁移模式的研究中，普查数据和抽样调查数据是主要的数据来源。这些数据揭示了中国人口迁移的主要趋势，即从西部地区向东部地区的流动。这一迁移流向与我国的经济发展水平分布呈现出相反的梯级模式。换言之，人口大规模迁移的方向和经济发展水平的高低存在明显的反向关系。这种观察结果引发了一种理论预期，即如果这种以经济为导向的人口迁移模式继续下去，人口向经济较发达地区的集聚趋势将继续保持。换句话说，人口可能会继续向经济更发达、就业机会更多的地区集中，从而进一步加强经济发达地区与经济欠发达地区之间的人口差距。这一发现对于理解中国的人口流动模式，以及其与经济发展的关系具有重要的理论和实践意义。同时，也对于制定相应的人口政策，以及平衡地区发展，提供了重要的参考信息。

1.3.2.2 关于人口集聚影响因素的相关研究

在中国，人口集聚的研究领域已经有了相当丰富的成果。尽管这一领域的研究起步较晚，但中国的研究者们已深入探讨了人口集聚的各种影响因素，并提出了一系列有价值的研究成果。经过对人口集聚领域的深入探索，研究者们已经达成了一个共识，即地区经济和收入的差异是影响中国城市人口集聚发展的关键因素。温应乾（1983）首次提出了这样的观点，即经济发展对人口发展的影响具有决定性的作用，人口的发展变化并非随机的，而是有其内在的规律性，这些规律则是由人口过程中的各种内部和外部条件的复杂交错和矛盾运动所决定的。在此基础上，王桂新（1996）从区域经济发展的角度出发，探讨区域经济特征对人口流动模式的影响，研究表明，省际人口流动趋势在很大程度上被目的地的经济潜力所塑造，这种潜力主要通过目的地的经济吸引力体现，即迁入地的经济效应通常呈现正向吸引，促使人口流向经济条件更佳的区域。对于迁出地区而言，经济的排斥效应相对较弱，这在研究中表现为负向或接近零的数值，进一步印证了经济收入水平在驱动人口迁移方面的次要作用。刘峻博（2023）通过对甘肃县域人口空间分布的演变过程进行分析发现，经济、工业和社会保障水平的提高对人口规模有显著的正向影响。从生态环境的角度，于潇（2022）探讨了空气污染和公共服务这两个城市环境因素对人口集聚的影响，研究结果表明，空气污染的加剧对人口集聚已有明显的排斥效应，公共服务水平的提高对人口集聚有显著的促进作用，提出了城市发展应重视环境保护和公共服务水平的重要性。冉端（2020）将重点放在中国人口集聚与生态集聚模式及其空间协调性，对中国土地利用变化、人口分布特征及其对生态系统服务价值的影响进行了量化研究，从总量和空间两个维度分析了人口和生态的相互作用。王化波（2009）以创新视角探讨了政策效应对人口迁移影响因素的研究，构建了一个全国性的区域分类体系，该体系概括了四种不同类型的地理区域，分析结果揭示了，政策因素对人口流动模式的急剧影响，特别是在短期内，那些实施了积极吸引人才政策的地区会显著增加迁入人口的数量。这种政策导向的效应在短期内可能掩盖了经济基础设施和福利水平对人口迁移的影响。尹旭（2022）利用 GIS 空间分析方法和地理探测器模型，探究中国乡镇级人口分布的时空变化特征及其背后的影响因素，研究结果证实了自然地理条件（如地形起伏）和社会经济因素（如夜间灯光、路网密度）共同作用于人口集聚。初帅（2021）探讨中国"大学城"建设对地方人口集聚的影响，研究发现大学城的建设显著提高了人口密度，促进了城市的人口集聚。

1.3.2.3 关于人口集聚趋势的相关研究

人口具体流向是城市发展过程中自然产生的现象。换言之，中国的城市化进程促进了人口流动，这是一种人口生态的自然演变，也是城市发展的必然结果。城镇人口的增加不仅表征了区域人口分布的转变，而且也映射出经济、社会结构的演进。城市人口密集区的形成及其扩张，都是人口向中心地区迁移的自然结果，这一趋势进一步推动了城市空间结构的优化和城乡人口分布的重构。国际学术界对此类议题的探讨，早期便已开始关注人口迁移在城市化进程中的角色和后果，以及它对城市空间的重塑作用。在中国，人口的迁移模式和人口流动方式加剧了人口的集中趋势。张翼（2010）对中国流动人口结构进行分析后发现，城市人口结构中，人口金字塔基座开始逐渐缩窄。研究通过中国近几年的人口动态变化发现，城市常住人口数量的减少正逐渐催化着城乡人口的重新分布，教育程度较低或年纪较大的人群正在逐渐选择回流至内陆或农村地区，距离户籍所在地较近的区域也出现了人口迁移现象。这种人口流动的模式，将进一步加重偏远落后地区乡村的空心化问题，甚至可能导致一些乡村的彻底消亡。王志凯（2023）关注了中国人口流动的新趋势，研究发现随着中西部省会城市开始集聚创新产业增加产能，提升城市发展，并开始成为区域发展新亮点后，人口流动出现了新的趋势，即人口和人才开始向中西部省会城市地区回流，段成荣（2020）通过分析 2000 年和 2010 年两次全国人口普查及 2015 年 1% 人口抽样调查数据，探究了 21 世纪初中国流动人口流入地分布的变化特征及其趋势，研究发现，21 世纪以来，省内流动人口的总体集聚趋势未发生根本变化，但有分散化迹象出现，跨省流动人口仍旧倾向于向东部和沿海城市集中。扈新强（2017）从人口家庭化的视角出发基于2011年和2015年中国全国流动人口动态监测数据，分析中国人口的变化趋势，研究表明，流动人口的家庭化现象逐渐显著，呈现出家庭规模扩大、家庭结构核心化和家庭形态多元化的趋势。陈红娟（2015）对河北省近30年来的人口集聚与扩散过程进行了深入的研究，借助于GIS技术，使用包括平均人口密度分级、人口集聚度、空间自相关分析等方法，研究揭示了河北省人口集疏格局的变化规律。研究结果表明，河北省人口集疏格局并未发生太大的变化，"北疏南密、西疏东密"基本格局依然存在。王莹莹（2021）对粤港澳大湾区人口空间集聚的演变及其就业效应进行了深入研究，研究发现，大湾区人口空间集聚呈现进一步向少数城市集聚的趋势，集聚度不断提高，但集聚点有所增加。

1.3.2.4 关于人口空间集聚的相关研究

国内人口空间分布的特点在很大程度上反映了向发展程度较高地区转移的集中趋势，这一现象尤其在非省会城市向省会城市的人口流向，以及县级行政单位向地级市的迁移模式中尤为明显。这些迁移路线普遍选择了经济较为繁荣的地带，揭示了人口迁移与区域发展水平之间的紧密联系。人口迁移的决策过程包含多重因素，包括但不限于经济利益、教育资源、医疗条件和个人职业发展等。正是这种动机的多元性，使得各城市间的人口空间集聚呈现一种多层次、多维度的复杂格局。城市人口的空间分布变化不仅仅是单一因素驱动的结果，而是在多种社会因素共同作用下形成的。在人口空间集聚的研究中，学者们依据各自的研究领域，构建了一系列的测量方法。孙常敏（1999）深入探讨了中国城市，特别是上海这样的特大城市，从人口基本态势、流动人口与城市人口的集聚等方面进行了深入分析，研究发现，上海的人口集聚和城市空间的重构是上海未来发展的基本矛盾，它是由人与自然矛盾引发的，且这个矛盾在短期内不可能得到解决，还将不断激化。童玉芬（2023）探讨了中国城市群人口空间集聚对经济增长的影响，该研究基于空间经济学理论，采用动态面板回归模型，实证分析了19个城市群的数据，研究结果揭示了人口空间集聚对城市群经济增长具有显著的非线性影响。梅建明（2023）将视角从城市转移到农村，使用空间杜宾模型探讨了基本公共服务对农业转移人口空间集聚影响，研究发现，中国农业转移人口的空间分布呈现出显著的集聚趋势，其中本地公共服务水平是推动人口空间集聚的关键因素，尤其是教育和医疗卫生投入在促进农业人口集聚方面发挥了显著作用。杨晓军（2020）探讨了中国城市不同公共服务水平对人口空间集聚影响的现象，研究表明，城市人口的空间集聚特性明显，且这种空间依赖性正逐渐增强，公共服务水平的差异是影响人口向城市集聚的关键因素，既促进了人口集聚规模的增长，也加强了区域人口的集中度。吴友（2017）基于 264 个地级市的实证数据从集聚收益和集聚成本的角度探讨了城市人口规模的空间演化机制，并使用含有地理距离、经济距离和流动网络权重的空间自回归模型进行实证检验，研究发现，不同层级城市人口规模的演化路径均表现出显著的收敛增长特性。沈洁（2019）探讨了上海市境外人口的空间集聚现象及其影响因素，研究发现，境外人口空间形态在上海市的分布呈现出高度集聚的态势，这种集聚现象主要发生在政府自 20 世纪 90 年代起主导开发的区域附近。

1.3.3 重大突发事件综合应急管理相关研究

1.3.3.1 城市应急管理法律法规的相关研究

在最近的几年时间里，针对突发事件处理的应急机制构建已经引起了广泛关注。这些突发事件包括但不限于恐怖主义行为、严重犯罪、石油供应中断、农业问题、外交危机以及生态灾难，对于这些问题的应急处理和预防都需要构建一套有效的应急响应机制。与此同时，经历了公共卫生灾难之后，全球范围内如何创建和运行一套综合性的突发事件应急机制已经成为一个重要的议题。这种综合性的应急机制需要涵盖各种可能的突发事件，并能够有效地调动和协调各种资源，以实现快速、有效的响应，减少灾难对社会和经济的影响。这就需要对应急机制的构建进行深入的研究和探讨，以便在面对各种不确定性和风险时，能够有一个强大而灵活的应对策略和方案。这无疑是具有重大意义的，有效的应急机制不仅可以减少突发事件对社会的破坏，而且可以提高应对危机的能力，从而更好地保护人民的生命财产和社会的稳定。在全球各国对突发事件综合应急能力的理解和重视方面，许多国家不但已经有了针对各类突发事件的单独法律法规，用以引导政府、社会团体及个人提升紧急应对相应事件的能力，而且在此基础上，许多国家和地区进一步提出和通过了一系列更系统的法律法规。例如，许多国家都有自己的《灾害管理基本法》或等效的立法，这些法规为减灾活动如何运作提供了基础和方向指引。在国际范围内，一系列国家通过构建综合性的法规架构和详细的应急响应指南来提升其对自然灾害的管理能力。这些应急响应计划，如美国联邦应急管理框架、日本的防灾政策体系、土耳其的紧急情况行动指导、泰国的民间防灾策略和新西兰的国家应急准备计划，均为各国提供了在面对灾害时的行动蓝图。这些计划不仅涵盖灾害发生前的风险评估和预防工作，还包括灾害发生期间的紧急响应措施，以及灾后恢复与重建的详细指导。通过这些计划的实施，各国能够确保在自然灾害发生时，从政府到地方社区，各级行政体系都能够迅速、有序地响应，最大程度地减少灾害带来的损失。这些计划中明确了责任分工、资源分配以及操作流程，确保了灾害管理工作的连续性和效率。在全球气候变化和自然灾害频发的大背景下，这些成熟的应急管理计划不仅为相关国家提供了防灾减灾的有力工具，也为国际合作和经验交流奠定了基础。综上所述，西方学者对于应急管理问题的研究已经深入进行，他们对应急管理的相关术语进行了精确的定义，并且构建了一套完整的城市应急管理框架。这些深入广泛的研究对于我国在应急管理领域的研究具有重要的参考价值。

1.3.3.2 城市应急管理理论构建的相关研究

在应急管理领域，C. F. 赫尔曼（G. F. Herman）是研究的开创者之一，他对城市应急管理的理解深入且独特，认为所有对政府决策构成威胁的情况都可以被划入危机范畴。这些危机通常由于其突发的特性，以及其发展态势的不确定性和难以掌控的问题，对决策者提出了迅速响应的要求。该理论强调了危机的突发性和不确定性，这对于理解和处理危机具有重要的指导意义，同时赫尔曼的理论中也同样强调了政府部门决策者对于城市危机应对中的关键作用。应急管理理论研究的另一位杰出贡献者是罗森塔尔。他的理论观点进一步扩展了对城市应急管理的理解。罗森塔尔主张，应急管理主要针对的是那些对社会价值观和行为规范产生威胁的事件。这些事件出人意料的性质，迫使政府机构需要在极短的时间内作出决策。罗森塔尔的这些思想为应急管理理论研究提供了极具价值的理论支撑和实践指南。依照罗森塔尔的观点，不只是对政府决策产生威胁的事件可以被视为危机，更广泛地说，任何对社会价值体系和行为规范构成威胁的事件都应被视为危机。这种看法进一步拓宽了对危机的认识和理解，使其能够从更广的角度出发，更全面地应对危机。

应急管理构成了一门集成了多种学科知识与实践技能的综合性领域，旨在对各类紧急情况实施监测、预防、应对和恢复等一系列系统性措施。它涉及从潜在风险的识别与评估，到预警系统的建立，再到突发事件发生时的即时反应与资源调配，以及事后影响评价和恢复策略制定。这一过程需依靠跨学科合作，包括但不限于公共管理、环境科学、社会学、心理学、工程技术和医学等领域，以科学的方式综合考虑人、技术和环境因素，构建起一个旨在最大化减轻紧急情况影响的多层次决策框架。对此，西方学者进行了深入且全面的探索。其中，罗伯特·吉尔（Robert

Girr）的观点具有重要的启示性，他主张，危机研究和管理的最终目标是最大程度地减少人类社会的悲剧事件。格林（Green）所阐述的危机管理理论，提出了危机管理的一个显著特征，即"情况已经演变到无法控制的程度"。他认为在危机发生后，时间因素成为至关重要的变量，主要任务转变为尽量减少损失。危机管理的使命在于尽可能地控制局面，目标是将危机造成的损失限制在可接受的范围内，并在事态失控后尽力重新获取控制权。通过对国外有关突发事件综合应急相关的文献进行梳理后，总体可以分为两类：一类是诺曼·R. 奥古斯丁、芬克（FINK，1986）、米特罗夫（Mitroff）和劳伦斯·巴顿等代表的理论研究派，他们主要研究理论方面的危机管理；另一类是 C. F. 赫尔曼、理查德·T. 西尔威斯、乔治·哈多、罗伯特·希斯等代表的实践派，他们主要是对实践情况的分析和总结。

1.3.3.3 城市应急管理阶段划分的相关研究

在众多西方学者提出的应急管理理论阶段的划分方法中，存在几种得到了广泛认可的阶段性划分手段。这些包括了芬克的四阶段模型和米特罗夫的五阶段应急管理模型，这两种方法在学术界都得到了明确的认可。这两种模型提供了一种系统性的方式来理解和应对危机，从危机的发生、发展、处理到恢复的全过程进行了阶段性的划分，为其提供了一种有效的工具，以更全面、系统的方式理解和处理危机，芬克在其著作《危机管理：无形的规划》（Crisis Management：Planning for the Invisible）中，从医学的角度出发，首次将危机管理过程划分为四个连续的阶段：首先是征兆期，这是一个预警的阶段，存在的迹象暗示着危机随时有可能会发生，这个阶段强调了对潜在危机迹象的警觉和识别的重要性，以尽可能早地发现和预防危机；其次是发作期，这个阶段事件已经给社会和群体造成伤害，危机正式爆发，这一阶段的重点在于对危机的快速和有效的应对，尽量减少危机对社会和群体的伤害；再次是延续期，危机的影响在这个阶段仍在持续，这也是积极解决危机的过程，这个阶段的重点是持续的危机处理和缓解，以减轻危机的影响；最后是痊愈期，这个阶段标志着危机事件已经被完全解决，这一阶段的关键在于恢复和重建，以及从危机中吸取教训，为未来的危机管理提供经验和知识。在整个危机管理过程中，芬克的模型提供了一个全面而详细的框架，可以帮助更好地理解危机的发生、发展和结束的过程，为提供了有效处理和防止危机的重要指导[①]。在此背景下，米特罗夫在 1994 年的研究中精细地将危机管理过程

---

① Steven Fink. Crisis Management：Planning for The Inevitable ［M］. New York：AMA COM，1986：15 – 18.

分为五个连续的阶段：一是信号侦测阶段，这个阶段的主要目标是识别和理解可能预示新的危机的警告信号，并采取必要的预防行动，这一阶段的要点是提前察觉并做好准备，以避免危机的进一步发展；二是探测和预防阶段，组织成员需要积极搜寻已知的危机风险因素，并积极采取行动来降低可能的损害，这一阶段的核心是尽力降低风险，避免危机的发生；三是控制损害阶段，当危机发生时，组织成员需要努力防止危机影响到组织的其他部分或外部环境，这一阶段的关键是采取有效的措施，尽可能地减轻危机的影响；四是恢复阶段，目标是让组织尽快恢复到正常运行状态，这一阶段的目标是通过有效的恢复策略，将组织从危机中赶快恢复出来，重回正轨；五是学习阶段，组织成员需要回顾和审视他们在危机管理过程中采取的措施，并从中学习和提取经验，以便将这些经验应用于未来的危机管理，这一阶段的关键是反思和学习，将过去的经验转化为未来的指导①。随着研究的不断深入和发展，奥古斯丁通过对三哩岛事件和强生公司泰诺胶囊事件的深入分析，提出了一种独特的观点。他认为，虽然危机的发生往往是可以通过预防措施来避免的，但是，危机本身也包含着可能的机会。这种机会，如果能够被正确地识别和利用，可以帮助组织从危机中解脱，甚至实现更大的成功。奥古斯丁强调了危机管理的复杂性，说明了危机并不总是负面的，而且有可能是创新和改变的契机，危机管理的艺术在于如何寻找和利用这些机会，将潜在的威胁转化为积极的结果，并将危机管理分为危机的规避、准备、确认、控制、解决和从危机中获利六个不同的阶段。这种观点强调了危机管理不仅仅是防止或减轻危机的影响，而更重要的是，如何将危机视为一个可能的机会，从中获取并创造价值。

1.3.3.4　城市应急管理理论实践的相关研究

实践情况的分析方面有较多的专著，由查尔斯·赫尔曼（C. F. HERMAN）在 1972 年出版的论文集《国际危机：行为研究视角》被广泛认为是公共危机管理研究领域的开创性作品。这部著作集结了多篇研究论文，从行为研究的视角出发，对国际危机进行了深入的分析和研究，为后续的研究者提供了宝贵的理论资源和研究方法。

在现代治理框架中，政治科学及其相关学科对公共政策形成和危机管理机制的研究已成为城市应急管理理论与实践相结合的重要领域。政治学的研究视角，

---

① Ian Imitroff. Crisis Management and Environmentalism：A Natural Fit ［M］. California Management Review：CMR, 1994：101 – 113.

特别是对权力结构、组织行为和政策制定过程的深入分析，为评估和提高层级化组织体系以及提升应对公共突发事件的能力提供了独到见解。通过对决策过程中存在的潜在薄弱环节，如组织内部沟通不畅、决策机制僵化以及对变化环境适应性不足的诊断，政治学研究揭示了危机管理过程中关键的改进点。此类研究强调决策系统应具备有效的内部反馈机制和灵活性，以促进信息的快速流通和策略的即时调整，从而提升组织的响应能力。进一步地，政治学领域通过其理论构建和实证研究，为公共危机管理提供了一系列策略和工具，包括但不限于组织重构、政策创新和领导力发展等，这些研究成果最终为应急管理体系的建立提供了丰富的理论基础和实践经验，借鉴这些研究，城市管理者可以更好地理解和处理公共危机，建立更为有效的应急管理体系，以应对各种可能出现的危机。在此以后，理查德和西尔威斯的《灾害政策：应急管理与国土安全》、威廉姆·沃的《亲历危机，应对灾难》以及乔治·哈多和杰恩·布洛克的《应急管理概论》等著作都是紧急事务管理领域中的重要著作。这些著作从危机管理的形成背景、发展历程、运作机制及其在各种突发事件响应中的表现等诸多角度进行了深入的探讨和分析。这些著作不仅对危机管理的理论进行了深入解读，而且通过对具体突发事件的全过程介绍，使读者能够更好地理解危机管理的实际操作过程和原则，其中所涵盖的政策法规、运作机制以及丰富的突发事件响应经验，无疑为全球各国在应对各种突发危机事件时提供了宝贵的参考和借鉴。同时，这些著作的重要性不仅体现在它们对危机管理理论和实践的深入剖析，更在于它们为理解和处理突发事件提供了一种全新的视角和思考方式。

1.3.4　国内重大突发事件综合应急管理相关研究

国内学术界对于应急管理体制的研究已经形成了丰富和多元的观点，这些观点主要集中在政府如何更有效地应对和管理危机这一核心议题上。学者们审视了国内外的应急管理体制，通过对比和借鉴，研究了各种城市突发事件的应对策略，并为应急管理体制改革提供了许多有价值的建议。这些研究在推动应急管理体制向更高效、更具适应性的方向上发展起到了重要作用。在这个过程中，学者们深度解读了各类问题的核心，并为解决问题提供了独特的观点，这对于解决当前重大突发事件综合应急管理能力不足以及预测和应对未来可能出现的风险方面具有重要的意义。

1.3.4.1　关于城市应急管理体系建设的相关研究

在对国内城市应急管理的研究现状进行研究时，可以发现，与发达国家相比，我国城市应急管理在理论构建和实际应用两个层面存在显著的差异。这种差异不仅展现在知识体系和理论框架的建设上，也体现在实践操作和经验积累的层面上。在探讨国际应急管理研究的过程中，美国的应急管理体系常常被学术界引为研究对象，这主要有两方面的原因。首先，美国的地理环境和城市状况与中国存在许多相似之处，这使得其在应急管理方面的经验和方法成为值得中国学习借鉴的重要参考。其次，美国在长期的历史实践中形成了一套成熟而先进的应急管理措施，这些措施的实施效果以及背后的理念和策略，对于我国的应急管理体系建设具有重要的启示和借鉴意义。陆灿（2021）探讨和评述了美国应急管理情报工作的起源、演进和当前的发展趋势，并从中提取对中国应急管理情报工作的有益经验和策略。刚占慧（2022）通过分析美国公共安全通信研究实验室（PSCR）的创新挑战赛来提出对中国应急救援科技创新能力提升的启示，该文章首先回顾了全球历史上的重大公共安全事件，指出了在应对公共安全危机方面存在的问题，并以美国 PSCR 的挑战赛为范例，讨论了如何通过创新挑战赛提高应急通信技术能力、创新救援技术应用，并提升救援效率。针对中国目前在应急救援体系、技术装备和产业发展方面的现状与不足，该文章提出了一系列建议，旨在促进中国公共安全领域的科技创新，特别是在新时代背景下，提升应急救援的先进技术创新能力。邹昀瑾（2022）探讨了美国应急管理体制中的协同治理问题，该文章通过分析指出，美国应急管理体制中协同治理的困难包括决策障碍、治理权威的缺乏以及"搭便车"等现象，这些困难是由美国应急管理制度设计产生的，反映出在实际合作过程中存在着合作不充分的问题，为了克服这些问题，该文章提出了一种"同舟共济"的解决方案。张臻（2018）系统地分析了美国的网络安全应急管理体系，包括法律体系、组织体系和运行体系，并总结了其主要内容和特征。通过对美国体系的深入研究，该文章提出了对中国建设网络安全应急管理体系的五点启示，为中国在网络安全领域的应急管理提供有益的借鉴。

1.3.4.2　城市应急管理法律法规的相关研究

对于城市应急管理的提升，应急管理的法律法规研究是一个重要的领域，它探讨的是如何通过法律手段来规范和指导应急管理的实践。这类研究关注于应急管理的法律框架、法律责任、法律程序以及法律效力等多个方面，试图通过对现有法律法规的解读和批判，找出其中存在的问题和不足，从而为法律制度的改革和完善提供理论依据。同时，这类研究也关注于比较不同国家和地区的应急管理法律法规，从中学习和借鉴先进的法律理念和法律实践，以期推动我国应急管理法律法规的发展和进步。赵子丽（2020）聚焦于新时代下中国应急管理治理体系的构建与完善，该研究指出，当前中国应急管理治理体系面临的主要挑战包括多元共建的应急管理体制不够健全、法治建设缺乏系统规划、基础设施抗灾韧性不足、信息化建设和人力资源保障有待提升，以及应急预防和预见工作不足。周牧予（2021）分析了应急管理法律体系的必要性，并认为这是提升法治化管理的关键部分，通过对中国应急管理法律体系的构建，强调了面对频繁发生的突发事件如何通过法律体系提高应急管理效能的重要性。任颖（2021）从公共卫生风险的复合性、地域差异以及突发公共卫生事件的不确定性三个方面阐述了系统性立法面临的挑战，探讨了在构建强大公共卫生体系中公共卫生立法的重要性和面临的挑战，并提出了法理辨析和立法路径优化的建议。郭晖（2022）以中国在疾病防控过程中公共卫生应急管理法治体系的实践经验和存在的问题为研究主体，指出了应急管理法规中的缺陷和冲突，以及常态化防控法律法规的缺失，以公共卫生事件中的法制为总抓手，提出了优化建议。

1.3.4.3 城市应急管理能力评估的相关研究

城市应急管理体系是一套涵盖了无数活动的完整框架，其核心在于确保城市能够有效地应对各种突发事件。在这个体系中，开展精确的风险评估和建立高效的预警机制是至关重要的。这些活动不仅为城市提供了对潜在危险的认知，同时为减轻或避免灾害性后果奠定了基础。通过定量和定性的方法对可能的威胁进行系统分析，可以识别出关键的风险点，并为制定应对策略提供科学依据。对于城市突发事件应急能力的研究，学者们使用不同的方法和视角对应急管理做出评估。王薇（2018）将研究视角聚焦于政府在突发事件中的应急管理能力评价问题，强调了系统化、规范化以及法治化应急管理在提升政府治理现代化中的重要性，构建了一个包含4个一级指标和54个二级指标的综合评价指标体系。田军（2023）建立了应急能力成熟度这个全新的概念并构建出相应的指标体系，对城市应急管理能力进行评估，通过对陕西省延安市的应急管理能力进行评价，验证了模型的实用性和有效性。卢文刚（2018）以广州地铁为案例，探讨了城市地铁在安全问题上的重要性，尤其是在踩踏事件的应急管理方面，结合了模糊综合评价法、层次分析法和RI值测度法等方法，旨在评估城市地铁的应急能力。陈思（2018）提出了一种基于动态贝叶斯网络模型和离散马尔可夫过程的水上交通应急能力评估模型，有助于提高系统的应急能力和增强系统的灵活性，为特定破坏事件和水上事故提供了一个定量的评估工具。

1.3.4.4 关于城市应急管理情报体系的相关研究

在当前社会，城市因其高度的人口集聚和复杂的基础设施系统而成为复杂性和脆弱性的交汇点。伴随着全球化和城市化进程的加速，城市应急管理情报体系作为城市应对突发公共事件的神经中枢，不仅承担着信息收集、分析和处置的功能，而且在提高城市的韧性和减少灾害损失方面发挥着至关重要的作用。因此，研究者对城市应急管理情报体系的研究不仅是理论上的追求，更关乎实践领域中的应用和进步。张海涛（2022）聚焦于在总体国家安全观指导下重大突发事件的智能决策情报体系构建，采用跨越物理、信息和社会三元世界的信息情报业务反馈循环链路，深入探讨了重大突发事件智能决策情报体系的理论基础、系统架构和组织架构，并提出了一个由数据和知识双重驱动的情报系统架构。刘春年（2020）使用扎根理论来概念化分析和整合突发事件信息资源，并识别出54个范畴、20个主范畴和5个核心范畴，形成了灾害链、应急响应、资源环境、应急价值和应急知识五个子情报体系，这些子体系通过虚实二象性，即信息的流动、分享和转化，构成了一个理论模型，并以集成管理理论为基础，解释了内部情报的协同运作机制。田合超（2020）指出构建应急情报协调体系需要强调应急决策情报流程的控制，强化对潜在信息的挖掘、实时信息的分析与基础信息的整合，同时，提出了建立"过程—目标"双驱动的流程监管模式以及形成紧密的应急情报链条的建议。

1.3.5　人口集聚—辐射与重大突发事件综合应急管理的相关研究

在当前的研究领域中关于特大城市人口—辐射与重大突发事件应急管理能力的议题，研究内容并不丰富。关于城市人口风险的应急管理方面，周炎炎（2019）对城市人口风险预警模型的构建与应用进行了探讨，首先构建了四川城市人口风险预警模型的指标体系，包含人口内部风险和外部风险两个系统，通过层次分析法、专家咨询法和因子分析法确定了评估指标。其次，以成都市为例进行模型应用，设置了各评估指标的预警标准，并收集了成都市的相关数据进行分析比较，研究结果发现，成都市当前和未来面临的主要人口风险是数量风险，且人口与资源环境方面的外部风险较为突出。潘金洪（2008）在研究地方级应急管理中，将人口与计生组织网络的参与作为应急管理改进的关键，首先提出"人的问题"是应急处置重大突发事件的核心问题，处理好人的问题对保障生命安全至关重要，其次，系统阐释了人口与计生组织网络参与地方应急处置的三个优势：第一，可以快速提供突发事件发生地的人口统计资料；第二，可以提供公共卫生方面的技术支持；第三，可以利用组织网络广泛动员参与应急。最后，该文章提出了进一步发挥人口与计生组织网络作用的建议。胡象明（2012）以四川汶川地震为案例，探讨了人口计生部门参与重大突发事件应急管理的重点和原则，提出人口计生部门应参与应急管理的六大重点：启动信息平台、提供心理安抚、开展计划生育特别扶助、开辟补救生育通道、恢复服务能力、做好孤儿领养工作。此外，该文章强调了应急管理应遵循四项原则：快速响应、信息公开、紧急动员、发挥优势。

在城市人口安全方面，人口安全作为人口学科对总体国家安全观理念的具体实践与阐释，同时也对国家的政治、国防、经济社会、文化和意识形态安全产生深刻影响。中国人口发展形势经历根本性转变的关键时期，亟须将人口安全的视角纳入人口发展战略之中，以实现人口发展和维护人口安全的双重目标。曾雪婷（2020）研究了超大城市人口增长与自然资源系统之间的可持续性问题，研究发现，人口集聚为城市发展提供了动力，但同时对自然资源系统产生了扰动，表现出脆弱性。

在社会风险的研究方面，彭宗超（2023）从城乡融合发展的角度，探讨了新安全格局下城乡基层社会风险治理的挑战与策略，研究强调，在新安全格局下，城乡基层社会风险治理应坚持"一核多元"的治理主体原则、系统性原则以及底线思维与极限思维原则，从而对风险进行综合防控。李琼（2022）针对现代社会中城市风险评估的必要性和紧迫性，通过对苏州市城市风险要素的实证分析，探讨了城市风险管理的有效途径，该研究利用德尔菲法和层次分析法，构建了包括自然环境风险、基础设施运行风险、公共安全风险、城市社会风险和产业金融风险在内的城市风险评估模型，并通过专家问卷收集数据，运用层次分析法对苏州市的城市风险进行量化评估，对其他城市的风险治理也具有一定的启示和借鉴意义。宋宪萍（2021）探讨了我国城市社会风险治理的现状和挑战，并提出了多元协同治理的理论框架与实施路径，该研究首先指出，随着现代化的进程，城市风险逐渐成为一个重要议题，城市社会风险的治理不应仅基于线性因果关系的控制思路，而应转向以人为本逻辑的多元协同治理范式。在此范式中，政府、市场和社会公众成为风险治理的重要主体，共同构建起一个互相依赖、协同创新的动态自组织网络系统。该研究分析了当前城市社会风险治理的不足，并借此提出了多元协同治理的机制构建，强调政府在其中的核心协调作用，并指出市场和社会公众的参与对于风险治理的重要性。

1.3.6 研究评述

通过文献梳理关于人口集聚—辐射的相关研究，学界已经进行了广泛而深入的探讨，取得了丰硕的研究成果。现有研究主要从人口集聚趋势与动因、人口集聚—辐射过程以及人口集聚—辐射效应三个方面展开。在人口集聚趋势与动因方面，学者们利用普查和抽样调查数据，从人口迁移的角度分析了不同时期和不同地区人口向经济发达地区的集聚特征，揭示了推拉因素在人口迁移中的作用机制，并讨论了户籍制度如何影响迁移模式。这些研究拓展了对人口迁移规律的认识，为分析当前人口集聚趋势提供了理论依据。关于人口集聚—辐射过程方面，学者们采用社会网络分析等创新方法，深入揭示了不同阶段中国主要地区和城市群的人口迁移格局，分析了迁移的方向、结构、影响因素等，丰富了过程性机制的理解。同时省域和城市群的案例研究使人口迁移的时空演变特征更加清晰。在人口集聚—辐射效应方面，实证研究支持了人口集聚与区域经济增长之间存在倒U形关系，也实证了人口集聚能够通过多个途径促进区域经济发展、产业结构升级和创新。但人口集聚也可能对环境产生负面影响，关系呈现非线性特征。此外，人口迁移同样对劳动力结构和城市发展具有深远影响。这些研究拓展并深化了人口集聚效应的理论认识。尽管已有可喜成果，但人口集聚—辐射研究还面临一些值得关注的问题：第一，应加强对县域层面人口流动的研究，拓展研究尺度；第二，可设计准实验，以提高研究的内在效度；第三，应构建更严谨的评估模型，以提高人口集聚效应研究的外部效度。通过解决这些问题，有望使人口集聚—辐射研究的理论价值和应用价值进一步提升。

现有的学术研究对于应对重大突发事件的综合应急管理进行了深入探讨，尤其从应急处置机制、善后机制等方面建立了较为完善的理论框架和实践经验。西方学者的贡献，包括提出政府与社会的合作原则、系统韧性等观念以及美国的分级响应模式，为应急处置机制的建立奠定了基础。同时，关于善后机制的研究，如心理辅导和公平重建等方面，对于提升灾后恢复的效果有着重要的作用。随着新的环境和挑战的出现，构建"韧性城市"已经成为应急管理领域的新视角。在我国，虽然已经形成了"一案三制"的管理模式，但在预警和法规机制的完善以及信息沟通的优化等方面，还有待进一步改进。总体来说，尽管现有的研究已经为理论和实践提供了有力的支持，但在应急系统的绩效评估以及公众应急素养培养等方面，还需要进一步的研究和强化，以便对重大突发事件的应急管理机制进行持续优化和创新。

尽管在特大城市人口集聚—辐射以及重大突发事件应急管理的研究中，学者们已经进行了广泛而深入的探讨，并在各自的领域内取得了丰硕的研究成果。然而，在探讨特大城市人口集聚—辐射控制与其应对重大突发事件的应急管理能力的匹配问题上，现有的研究却相对匮乏。

在已有的国内外研究中，关于特大城市的研究已经从静态分析转向动态分析，从结构研究转向空间机制的探讨，形成了一个相当丰富的理论体系，其整体研究已相对成熟。然而，特大城市突发事件频发暴露出"特大城市人口集聚—辐射与重大突发事件综合应急管理能力的不匹配"基于人口集聚—辐射的特大城市重大突发事件综合应急管理能力提升模式的构建，这已经成为了解决特大城市综合承载和资源配置优化问题的重要理论指导。因此，如何有效地解答关于"特大城市人口集聚—辐射效应如何评估，其伴随的风险如何进行预警识别，如何对这些风险进行评估，如何进行风险治理，以及如何提升重大突发事件综合应急管理能力以与之匹配"等一系列问题，将成为需要深入研究的重要课题。

1.4 研究目的与意义

1.4.1 研究目的

本书以特大城市人口集聚—辐射与重大突发事件综合应急管理能力为研究对象，通过对我国特大城市人口集聚—辐射效应提升及风险防控过程中存在的突出问题进行文献分析、政策研判，构建起基于人口集聚—辐射的特大城市重大突发事件综合应急管理能力提升模式，比较静态地模拟出中国特大城市人口集聚—辐射与重大突发事件综合应急管理能力所存在的内在关系以及作用机理。本书进一步由实证检验的方式从人口集聚—辐射效应评估、人口集聚—辐射风险预警、人口集聚—辐射风险评估、人口集聚—辐射风险治理的角度进行分析，并理清其相互关系的逻辑演进、理论架构、实证检验和实现路径等一系列问题，进而通过提高特大城市和城市群综合承载和资源优化配置能力来促进匹配特大城市人口集聚—辐射与重大突发事件综合应急管理能力的重大现实问题。通过实证分析得出结论，以此提出促进匹配特大城市人口集聚—辐射与重大突发事件综合应急管理能力的对策建议。

1.4.2 理论意义

第一，本书着眼于特大城市人口集聚—辐射与重大突发事件综合应急管理能力的发展，遵循"提出问题——分析问题——解决问题"的正确逻辑，通过对特大城市人口集聚—辐射与重大突发事件综合应急管理能力进行分析和实证检验，构建起"人口集聚—辐射效应识别—风险预警—风险识别—风险治理"的特大城市重大突发事件应急管理模式，并从多个角度提出这一模式的实现路径，促进特大城市人口集聚—辐射与重大突发事件综合应急管理能力的匹配。

第二，本书对特大城市人口集聚—辐射与重大突发事件综合应急管理的内涵、特征和构成维度以及可行性、必要性进行了分析，深入探讨了特大城市与重大突发事件综合应急管理优化模式的实现路径选择，为政府合理地进行人口集聚—辐射与重大突发事件综合应急管理能力的优化调整、战略指导提供了理论支撑。

第三，本书对特大城市人口集聚—辐射与重大突发事件综合应急管理能力的演化一般规律、动机机制与演化过程进行分析讨论，特大城市人口集聚—辐射与重大突发事件综合应急管理能力发展之间有着紧密的关系，通过建立特大城市人口集聚—辐射与重大突发事件综合应急管理能力之间的理论框架，对特大城市人口集聚—辐射与重大突发事件综合应急管理能力的实现路径、演化过程、动力机制进行系统全面的研究，丰富对特大城市人口集聚—辐射与重大突发事件综合应急管理能力的相关理论，为政府系统全面地提高人口集聚—辐射与重大突发事件综合应急管理能力提供理论支撑。

第四，本书对特大城市人口集聚—辐射与重大突发事件综合应急管理能力的演化过程和作用机制进行分析探讨，研究特大城市人口集聚—辐射与重大突发事件综合应急管理能力相匹配的对策和路径，构建基于人口集聚—辐射的特大城市重大突发事件综合应急管理能力提升模式，并进行系统政策设计，丰富空间经济学、区域经济学等学科的理论。

1.4.3　现实意义

第一，通过对全国城市人口集聚—辐射的效应评估以及特大城市人口集聚—辐射半径和断裂点的测度，研判当前城市人口集聚—辐射效应的现状和空间差异，以及识别特大城市人口集聚—辐射的调整范围，来界定特大城市人口集聚—辐射的扩张范围，提出优化城市人口集聚—辐射效应的实施范围和具体方法。

第二，通过选择具有典型性和代表性的北京、上海、广州、深圳、杭州、郑州、重庆、沈阳、南京等21个特大城市进行研究，获得我国特大城市人口集聚—辐射危险性现状。从实证的角度为优化特大城市人口集聚—辐射危险性以及特大城市突发事件综合应急管理能力提供实证证据。

第三，通过研究特大城市人口集聚—辐射效应的影响因素，分析各因素调整方式对于特大城市人口集聚—辐射效应的影响，获取特大城市通过优化人口集聚—辐射效应影响因素提升城市重大突发事件综合应急管理能力的作用机制。

第四，通过对特大城市人口集聚—辐射效应展开政策效用估计，对《国家新型城镇化规划（2014～2020年）》以及细分的各项调整模式能否推动特大城市的人口集聚—辐射效应进行判断，为政府确定以特大城市人口集聚—辐射为核心的突发事件综合应急管理能力的政策实施路径，提供一种新的体制机制。

1.5　研究内容、研究方法和技术路线

1.5.1　研究内容

本书首先从理论与现实研判的角度对特大城市人口集聚—辐射与重大突发事件综合应急管理能力的内涵、特征、构成维度、必要性、可行性、格局、趋势及一般规律进行研究；其次，从静态和动态两个维度构建中国特大城市人口集聚—辐射与重大突发事件综合应急管理能力的理论框架；再次，从实证检验的角度对中国特大城市人口集聚—辐射效应评估角度、风险预警角度、风险评估角度、风险治理角度展开分析；最后，从理论结合实际的角度开展特大城市人口集聚—辐射与重大突发事件综合应急管理能力优化的实现路径研究。具体内容包括理论综述、理论框架、实证检验分析、政策含义与建议四个部分。

第一部分是理论综述，为第1章主要包括研究背景与问题的提出、研究述评、研究目的与意义、研究内容、研究方法和技术路线等。以文献综述的形式，寻找当前特大城市人口集聚—辐射与重大突发事件综合应急管理能力问题产生的背景、原因和发展历史，根据研究视角进行分类，将文献分为理论研究类和实证研究类。从理论结合实际的角度，提出特大城市人口集聚—辐射的合理调控是提升城市突发事件综合应急管理能力的关键和现实依据，并且结合特大城市人口集聚—辐射优化过程中呈现出独有的特征，研判特大城市突发事件综合应急管理能力优化模式的政策走向和后续影响。

第二部分是研究的理论框架包括第2章和第3章。在界定特大城市人口集聚—辐射与重大突发事件综合应急管理能力的内涵基础上，分析其特征，阐述特大城市人口集聚—辐射与重大突发事件综合应急管理能力优化的原则、必要性和可行性。探析特大城市人口集聚—辐射与重大突发事件综合应急管理能力优化的

基本模式及发展趋势，总结特大城市人口集聚—辐射与重大突发事件综合应急管理能力演化的一般规律。从理论模型构建的角度，基于新经济地理学理论及相关理论，静态地构建出基于人口集聚—辐射的特大城市重大突发事件综合应急管理能力提升模式的作用机理。通过对特大城市人口集聚—辐射与重大突发事件综合应急管理能力演化过程规律的研究，构建实证模型。通过构建多元实证分析框架模型，从多个角度分析特大城市人口集聚—辐射与重大突发事件综合应急管理能力的内在机制，并对其作用机理展开观察，动态地对其发展趋势开展科学预测。从内涵、特征和构成维度角度，重点辨析中国特大城市在人口集聚过程中的辐射力对于重大突发事件应急管理能力的影响。从必要性和可行性角度，重点论述如何高效地规划建设特大城市抗风险能力，得出通过优化特大城市人口集聚—辐射效应是提升城市重大突发事件综合应急管理能力的关键。从空间格局及发展趋势角度，分析特大城市人口集聚—辐射效应和未来中国特大城市人口集聚风险的演化规律和空间分异，根据分析结果总结出通过空间治理手段提升重大突发事件综合应急管理能力的方法。从演化的角度，基于作用机理，探讨演化过程的分类、构成以及演化的影响因素，比较静态地模拟出基于人口集聚—辐射的特大城市重大突发事件综合应急管理能力提升模式的作用机理。

第三部分是实证检验分析，包括第4章至第7章。首先，从人口集聚—辐射效应评估的角度，基于断裂点理论公式和威尔逊模型对特大城市人口集聚作用强度进行识别，并界定出特大城市人口集聚的辐射半径、空间范围和辐射强度。基于权重分析法对特大城市人口的集聚—辐射力进行测算，即获取特大城市由于人口集聚作用而得到的辐射力，并根据辐射力度正确把握重大突发事件在人口方面的综合应急管理的难度与广度。其次，从人口集聚—辐射风险预警的角度，通过因子分析法赋权的方法构建城市人口集聚—辐射风险预警模型，在此基础上收集截面数据，以武汉市等特大城市为例，结合其发展实情设定特定的评价标准，对人口集聚—辐射风险状况进行实证分析并做出预警判断，从而提升重大突发事件综合应急管理的反应灵敏度。再次，从人口集聚—辐射风险评估的角度，基于城市人口集聚—辐射效应的影响因素，构建回归模型，探讨各因素对于人口集聚—辐射效应的影响存在性，从而提升重大突发事件综合应急管理的精确度。最后，从人口集聚—辐射风险治理的角度，运用 STATA 进行基于熵平衡法的 DID 模型构建，探讨公共政策对特大城市人口集聚—辐射效应的影响，获得特大城市人口集聚—辐射风险的政策敏感程度，从而帮助政府基于"人口集聚—辐射效应评估—风险预警—风险评估—风险治理"模式针对性地制定应对特大城市人口集聚—辐射风险的治理措施，从而提升特大城市政府应对重大突发事件发生过程中的管理能力。

第四部分是政策含义与建议，包括第 8 章。以城市空间治理为目标，提出充分做好人口集聚—辐射效应的准备工作；坚持人口集聚—辐射效应溢出最大化，提升集聚—辐射能力，并准确把握特大城市重大突发事件综合应急管理的难度、广度，实现基于人口集聚—辐射的特大城市重大突发事件综合应急管理能力提升模式。以城市空间治理为目标，提出风险空间分布及体系分类路径，实现特大城市人口集聚风险的识别；探索风险综合评估指标体系的有效举措，构建人口集聚—辐射风险预警机制，降低风险影响广度与深度，提升特大城市应对重大突发事件时综合应急管理的反应灵敏度、精确度。以城市空间治理为目标，提出社会风险的应对、防控、化解策略，推进特大城市政府应对重大突发事件发生过程中由人口集聚—辐射效应所带来的一系列综合应急管理问题的能力提升。

1.5.2 研究方法

根据研究目的以及定性和定量研究方法的使用条件，本书从实际出发，借鉴经济学、政治学、社会学等多个学科的研究成果。以实证方法为主导做理论探讨。采用理论研究与实证研究相结合的方法，分析特大城市人口集聚—辐射风险与重大突发事件综合应急管理能力中存在的突出问题，从人口集聚—辐射效应评估、风险预警、风险评估以及风险治理等多个角度进行深入研究，主要涉及以下四种研究方法。

（1）文献研究法。通过文献综述，以 WOS 和中国知网数据库为基础进行文献综述，总结国内外关于基于人口集聚—辐射的特大城市重大突发事件综合应急管理能力提升模式的研究成果、发展趋势和存在的问题。

（2）理论模型构建法。基于新经济地理学理论为前提，构建出基于人口集聚—辐射的特大城市重大突发事件综合应急管理能力提升模式的静态、动态理论模型，得到基于人口集聚—辐射的特大城市重大突发事件综合应急管理能力提升模式的作用机理。

（3）实证模型检验法。基于威尔逊模型，计算特大城市人口集聚—辐射作用强度的高值区域识别，界定特大城市人口集聚的空间辐射范围和辐射强度，判断重大突发事件综合应急管理的难度与广度；划分特大城市人口集聚的风险分布体系分类，建立特大城市人口集聚风险的综合评估体系，构建预警模型，提升重大突发事件应急管理的反应灵敏度；基于特大城市人口集聚的社会风险，对特大城市人口集聚—辐射效应进行判定，获得其特征，并基于回归模型，探讨特大城市社会风险对其人口集聚—辐射产生的影响，提升重大突发事件应急管理的精确度；探讨公共政策对特大城市人口集聚—辐射效应的影响，获得特大城市人口集聚—辐射风险的政策敏感程度，从而帮助政府基于"人口集聚—辐射效应评估—风险预警—风险评估—风险治理"模式针对性制定应对特大城市人口集聚—辐射风险的治理措施。

（4）政策系统设计分析法。推动城市技术创新应用，优化应急管理制度系统；优化城市应急资源网络，提升应急管理保障能力；把握人口集聚辐射效应，提升人口风险防控水平；加强特大城市发展建设，提升城市资源配置效率；建设城市区域协调发展，提升综合承载能力水平。通过以上五个方面进行政策系统设计，构建起基于人口集聚—辐射的特大城市重大突发事件综合应急管理能力提升模式。

1.5.3　技术路线

本书的技术路线如图 1－12 所示。

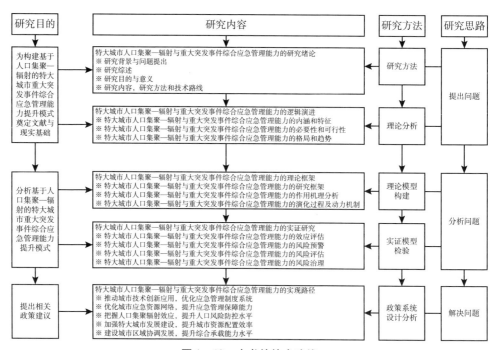

图 1－12　本书的技术路线

特大城市人口集聚—辐射与重大突发事件综合应急管理能力的逻辑演进

2.1 特大城市人口集聚—辐射与重大突发事件综合应急管理能力的内涵和特征

2.1.1 特大城市人口集聚—辐射与重大突发事件综合应急管理能力的内涵

2.1.1.1 特大城市人口的内涵

从人口内涵的角度分析,在特定的社会生产条件下,处于特定时空背景下的一类社会群体,这类群体实现其生命活动并形成社会活动的主体,称之为人口。人口群体的特性表现在其数量、质量和构成上,这是其基本特征。在社会科学的领域内,人口被理解为在特定的历史时期和地理空间中,通过复杂的社会关系网和文化联系而相互联结的人类集合,这种集合不单纯是数量的聚集,而是一种在社会结构和历史进程中形成的有机整体。人口的数量分析关注的是在某一时空维度下的群体规模,这种规模的变化能映射出社会发展和历史变迁的轨迹。

首先对于人口"内部"系统而言,在这个由人口构成的有机组合中,个体与个体间通过相互互动产生了特殊的连接。这些联系有的是实际存在的,有的则是由于历史原因所规定下来的。这种客观上的联系,是不论个体是否主观接受而所能够改变的,也就是说,只要两个事物是活跃的个体,他们之间就存在特定的联系,这种联系并不会因个体的意愿而改变。

其次从人口"外部"系统而言，人口与外部环境的联系主要体现在人口与社会的相互作用，以及人口与自然界的相互影响的关系中。人口构成了社会构造的中心，并在生产力的发展中起着决定性的作用。在马克思主义的理论框架下，生产方式的特定阶段决定了社会结构和个体间相互关系的性质，其中生产关系是这种社会结构的核心。这些生产关系不仅定义了个体和集体的相互作用，而且反映了某一历史时期社会的基本特征。在这一理论视角下，人口与社会的相互作用被视为人口结构与生产力及生产方式之间相互作用的结果。人口的演变和社会生产方式之间存在着动态的双向关系，社会生产方式提供了人口发展的框架和条件，而人口结构的变动，包括数量、组成和分布的改变，又会对生产方式产生影响，从而在更广泛的社会变迁中起到推动或制约作用。

总的来说，在探讨人口学问题时，必须认识到人口现象并不是孤立存在的，而是嵌入在一系列复杂的社会和生态关系之中。人口的内在特质反映了个体之间相互作用的内部结构，这构成了人群的基本组成单位。同时，这些个体集合成的人口在宏观层面与社会的多种结构形态相互作用，这种作用涉及人口与经济、政治、文化等社会子系统的交互，并构成了人口的第一层外部关系，人口与自然环境之间的相互依存和互动构成了人口的第二层外部关系，表现为人类对自然资源的利用和对生态系统的影响，以及自然环境对人类社会的反馈和制约。将这两层人口关系及其与个体内部关系相结合，可以揭示出人口作为一种社会现象的全面图景。人口因此不仅是数量统计的对象，更是社会科学研究中具有丰富内涵和外延的研究对象。随着人口学研究的深入，便能够揭示出"一个拥有多种规定和关系的复杂的整体"的多维特性，并为社会发展策略和环境管理政策提供科学的依据。

2.1.1.2 特大城市人口集聚—辐射的内涵

从人口集聚的内涵角度分析，人口集聚是一种反映人口空间分布特性的重要概念。然而，学术界对于人口集聚的内涵并没有统一的理解，多种解读和观点并存。一部分学者主张，人口集聚指的是在国家或地区内，人口分布显现出的不均匀状态。在这种状况下，某一特定区域内的人口数量占有相对较大的比例，表现出明显的人口规模优势。这种优势可能是由于该区域的特定条件，如经济发展、社会稳定、环境优美等，吸引了大量人口的迁入。另一部分学者则将人口集聚视为人口流动和人口迁移的结果。他们认为，人口集聚不仅是人口分布的现状，也是人口动态变化的结果。从静态的角度看，人口集聚现象可被视为一种特定的空间分布现象，它揭示了人口在地理空间上非均衡的分布特征。以中国为例，其人口分布格局呈现出鲜明的区域差异性，即沿海东部地区由于经济发展水平较高、基础设施较完善和就业机会较多等原因，吸引了大量人口聚集，而内陆西部地区则因自然条件和经济发展水平相对较差，人口密度较低。同时，城市化进程的加速也推动了人口向城市集中，特别是在一线城市如北京、上海、广州和深圳，这些城市作为经济、政治、文化和国际交流的中心，成为人口流入的"高压"区。从动态的角度看，人口集聚的动态特性体现了人口流动性的本质，它是人口数量随时间变化的直接体现，同时也是社会经济动态变化的反映。人口集聚的过程是人口迁移和流动模式的综合结果，这种模式反映了个体和家庭在特定社会经济环境下空间选址的偏好。追求更佳的就业前景、教育资源、医疗服务和总体生活条件，是驱动人口迁移的主要动力。学术讨论中经常将人口集聚分为自然增长和迁移增长两个主要组成部分。迁移增长更多地受到宏观和微观经济条件、社会政策以及个体对于生活质量预期的影响，这些因素往往具有高度的可变性，并能引起人口分布格局的剧烈变动。

在探讨人口集聚现象时，有观点提出，人口集聚的膨胀仅是表象，其背后还伴随着人口动态的多元变化。这些变化不局限于数量的增减，而是涉及人口的质量和结构层面。地域的人口流动性带来的是一系列深刻的人口变迁，包括年龄构成的重塑、性别比的调整以及教育层次的提升等方面的影响。

在本书中，人口集聚被视为一种复合型社会经济现象，是指不同年龄层、性别、职业背景的个体出于对更高生活品质的追求而持续涌向某些区域的动态过程。这一过程不仅增加了特定地区的人口总数，还密集化了人口分布，引发了人口空间分布的异质性。它是一个由分散到集中、由稀疏到密集的复杂转变。在对城市化现象的探讨中，本书将城市人口集聚的形成机制归结为自然增长和机械增长两个主要维度。出生率和死亡率的渐进式变化导致自然人口增长相对平缓，而人口的迁移和流动则因其规模和速度，在城市人口结构的变化中占据了决定性的地位。这种机械增长是对就业机会、教育资源、医疗设施和其他社会服务的不断追求所催生的，它不仅改变了城市人口的数量，更重塑了城市的社会结构和经济面貌。因此，特定地区的人口集聚变化主要是由于个体和群体的有向移动所驱动的。

从特大城市辐射内涵角度分析，特大城市凭借其地理位置优势、丰富的自然资源和坚实的经济基础，通常拥有更多的就业发展机会。在其发展历程中，不断地吸引各类要素向其汇集，同时，它也通过辐射效应推动区域发展。作为一个地理区域内发达的增长极，特大城市利用其优势促进自我发展。当城市自我发展到一定阶段，资源开始向周边地区溢出，从而推动周边地区的发展，实现城市群的协同发展。

特大城市的功能是指在经营管理过程中所表现出的各种实施要素的性质，这些要素在城市运营中对城市本身和区域发展具有重要影响。特大城市的功能属性和效力是静态的，而功能的作用则是动态发展的。"集聚—辐射"理论认为，集聚与辐射是特大城市功能作用的本质和发展过程。在集聚过程中会产生辐射效应，在辐射过程中又会产生集聚效应，这两者相互作用，推动特大城市和周边地区走向经济和空间一体化。

特大城市的辐射功能指的是，特大城市通过其自身的各种优势，如丰富的就业机会、发达的经济、优质的公共服务等，吸引大量的人口聚集。然而，随着城市规模的扩大和生活成本的提高，部分人口会选择向周边城市、乡镇或者农村地区流动或迁移，这就形成了人口的辐射。

从特大城市人口集聚—辐射的内涵角度分析。党的二十大报告对促进区域协调发展作出安排部署，"加快转变超大特大城市发展方式"是其中重要内容。城市是我国经济、政治、文化、社会等方面活动的中心，是贯彻新发展理念的重要载体，是构建新发展格局的重要支点，是实现高质量发展的重要区域。特别是超大城市，既是全国城镇体系的"龙头"，又是辐射带动区域发展的动力源。自20世纪90年代末期起，中国经历了迅猛的城镇化浪潮，城镇化率不断攀升，特大城市数量不断增加，特大城市在国家经济结构中占据举足轻重的地位。特大城市的迅速崛起显著推动了国家的经济与社会进步，对中国的现代化建设起到了至关重要的作用。尽管特大城市已经成为了经济增长的引擎，但它们的发展也暴露出了与城市规模膨胀相关的一系列挑战，即所谓的"城市病"。这一现象是由城市扩张速度远远超过其可持续发展能力所致。随着大量农村居民迁徙进入城市，城市的基础设施和服务设施面临着前所未有的压力，交通拥堵、资源短缺、环境污染等问题日益严重，这些问题共同挑战着特大城市的长期可持续性。如不及时应对，这些问题将严重阻碍城市的健康发展，影响居民的生活质量、城市的经济效率以及生态平衡。

城市人口集聚—辐射的发展，尤其是在特大城市中，带来了经济效益与社会风险的双重影响。在理想状态下，人口的适度聚集能够催生规模经济，促进资源优化配置，进而带动经济增长和技术创新。然而，特大城市的发展往往在不经意间超越了这一平衡点，导致人口的过度集中，这种集聚效应的负面影响开始凸显，体现在居住空间的拥挤、基础设施的过载、资源的过度消耗和环境污染等诸多方面。从国际经验来看，发达国家的城市化进程与人口集聚—辐射模式表明，特大城市的发展遵循其内在的规律性。若要有效治理，必须深入理解特大城市人口集聚—辐射的内在规律，并据此制定和实施科学的调控策略。这意味着需在政策制定中考虑人口密度、城市空间结构、经济活动布局等多方面因素，从而引导人口动态平衡，优化城市空间布局，实现特大城市的健康发展与长期可持续性。具体来说，特大城市人口集聚具有明显的规模经济效应和集聚经济效应，一方面，规模效应使企业和居民能够共享城市的公共设施，降低生产和生活成本，提高生产率；另一方面，集聚效应使企业和人才资源得以高效集中，创新要素流动性加强，提升全要素生产率。这两大效应共同推动了特大城市经济的蓬勃发展。同时，大量人口向特大城市的集聚也使其形成强大的辐射力和带动力。特大城市所集聚的各类资源向周边地区辐射扩散，能够带动周边乃至全国的发展。特大城市如果人口规模过度膨胀，也会显著降低城市综合生产率。此时，合理引导人口向中小城市分散，发展城市群，可以有效缓解特大城市的拥挤压力，提高整个地区的发展效率。因此，科学研判特大城市人口集聚—辐射的效益和风险，对人口流动实施精准调控，使特大城市人口保持在合理规模，既能发挥集聚效应，也能避免过度拥挤，是实现特大城市高质量发展的关键所在。

2.1.1.3　特大城市重大突发事件综合应急管理能力的内涵

在现代都市生活中，特大城市因其庞大的人口规模和复杂的社会结构，面临着多种多样的突发事件风险。从自然灾害到人为事故，从公共卫生危机到社会安全事件，这些风险无时无刻不在考验着城市管理者的应急管理能力。在《中华人民共和国突发事件应对法》的框架下，我国已经建立了一套应对这些风险的法律和制度体系。突发事件是指那些无预警的、具有潜在的重大社会危害性，并且迫切需要动用应急管理资源以减轻影响的事件种类。这类事件的特征在于它们的非预期性以及对社会稳定和公共安全构成的威胁，它们可以是由自然力量引起的灾害，也可以是技术或人为因素引发的事故灾难，抑或是影响公共卫生的突发公共卫生事件，以及涉及社会秩序和安全性的事件。

在现代治理体系中，应急管理显现为一种全域覆盖的治理逻辑，其涵盖了灾害与危机的整个生命周期管理，强调在预防、响应、处置和恢复各个阶段的主动性与系统性。这一治理体系的构建基于多主体协同的原则，既包含政府机构，也涵盖民间组织及企业等非官方主体，目的是形成全社会参与的风险防范与危机处理机制。该管理体系旨在通过对潜在及实际危机的系统性认知，实施全方位的策略，从而为社会成员提供最大程度的安全保障。在这种管理模式下，应急管理不再是单一的事件反应机制，而是一个将常态化管理与紧急响应有效结合的持续过程。政府在其中扮演着不可或缺的角色，其核心职能体现在通过制定和实施公共政策来预防和减轻危机对社会秩序与公众福祉的影响，以及在危机发生时能迅速动员所有必要资源以应对和恢复正常状态。

在应对紧急情况的过程中，应急管理构成了一连串旨在全面缓解灾害影响的措施与程序，主要包括预防活动、响应活动处置阶段和恢复过程。预防活动包括但不限于制定并执行安全标准、建立预警系统与应急响应机制，以增强社会对突发事件的韧性。响应活动则侧重于快速有效地识别和评价灾害情况，并通过启动事先准备好的应急预案来实施救援。处置阶段主要关注动态管理危机事件，以限制灾难的扩散并最小化其损害。恢复过程则聚焦重建基础设施、恢复公共服务以及协助受影响群体重返正常生活轨迹的活动。

在危机管理理论框架下，一个完备的应急管理体系必须综合考虑危机的整个生命周期，即从潜在危机的识别到最终的恢复与重建，形成一个连续的管理循环。此体系的设计和实施旨在通过一系列系统性的措施和程序，提前规避潜在风险，迅速有效地应对突发事件的爆发，稳妥地处理事件进行中的各种复杂情况，并在事件结束后促进社会功能的迅速恢复和结构的重建，从而使得社会对未来可能的灾害具有更强的适应和恢复能力。

在灾害管理的预防阶段，整个体系的核心策略应侧重于灾害的预防，并为潜在的紧急情况制定周密的准备计划。此阶段的中心任务是通过持续的监测和评估来识别和降低风险，从而强化社会结构对未来可能突发事件的抗压能力。通过对关键区域的系统性风险辨识和隐患排查，结合对危险源的实时监控，可以构建一个前瞻性的风险管理框架。在此基础上，应当开展精确的风险评价，确保各项预防措施及应急准备活动的科学性和针对性。此外，应建立一个高效的预警机制，当风险因素有可能转化为实质性的突发事件时，能够及时发出警报，以便社会公众和相关机构能够采取适当的预防措施，从而最大程度地降低潜在损失。在这一过程中，不断完善的风险识别、评估与预警系统，将能加强社会应对突发事件的整体能力，为紧急情况下的快速响应和有效处置奠定坚实基础。

在危机事件的响应阶段，紧急响应的即刻启动是关键环节，其中，对于事件本身的信息进行迅速且精确的分析判断是决定反应效果的重要因素。危机管理负责人必须对接收到的事件信息进行实时的解析与评估，并基于此信息迅速激活预先设定的应急计划。此时，跨部门的资源协调与调动成为实施应急措施的关键步骤。不仅要求各参与主体之间的高效协同，还要在确保信息收集的全面性和准确性的同时，对信息进行有效的处理与传递，避免信息失真或延误，这对于缩短响应时间、提升应急行动的适应性与准确性均至关重要。在此阶段，危机管理团队必须展现出决策的敏捷性以及对于不断变化情况的适应能力，以确保所有应急行动都能够在最短时间内得到实施，避免因响应不当而加剧事件的负面影响。

　　在突发事件的处置阶段，危机管理者面临着对事件后果进行有效控制的挑战。这一阶段的主要任务是在对事件的深入了解基础上，快速、有序地实施救援行动，并采取措施以防止事件进一步恶化。在此过程中，管理者必须在有限的时间和资源约束内做出一系列非常规的决定。此时，必须能够灵活地运用应急预案，并在必要时进行创造性的调整。预案虽然提供了行动的基本框架，但它们需要根据实际情况的变化进行适时的修改。管理部门在这个过程中既要保持对预案的指导性依赖，以确保行动有序进行，又要有足够的适应性，以应对可能出现的任何非预期情况和挑战。处置阶段对危机管理部门提出了极高的要求，要求他们在巨大的压力下迅速做出判断和决策，同时确保这些决策能在动态变化的环境中保持有效。因此，这要求应急预案本身具备一定的灵活性，以便在不违背总体原则和目标的前提下，允许现场指挥者根据实际情况作出必要的调整。

　　在突发事件的恢复阶段，危机处理的活动转向了现场的清理工作，这是为了恢复社会的正常运行与秩序，并开始着手评估与重建。在此过程中，管理部门必须对现场进行彻底的清理，确保所有的潜在危险和影响都被妥善处理。清理工作是恢复阶段的首要步骤，它旨在为后续的评估和重建工作奠定基础。现场的清理工作不仅包括物理层面的清除碎片和废墟，还需要对环境进行净化，以及确保公共安全。在清理工作完成后，紧接着就是对整个应急响应过程的评估，这一评估不仅关注应急响应的效率和效果，还要考虑到对受灾群体的支持服务是否充分，以及社会基础设施的恢复情况。随后，危机管理者将着手重建工作，这包括修复或重建基础设施，恢复公共服务，以及提供社会支持以帮助受影响的个人和社区恢复正常生活。此时，重建工作的目标不仅是恢复到事故发生前的状态，更是在此基础上提高未来的抗灾能力，减少类似事件再次发生的风险。这一阶段的工作强调对事件的深入分析，以便从中吸取教训，改进未来的风险管理和应急响应策略。

　　综上所述，特大城市重大突发事件综合应急管理能力体现了现代城市治理的复杂性和前瞻性。这种能力要求城市管理者不仅对可能发生的危机有深刻的认识，还必须具备全面的管理和响应策略。在预防阶段，应急管理能力的核心在于风险评估和预警体系的建立，以降低潜在风险并提前准备；在响应阶段，关键是迅速有效地激活应急预案，并且协调跨部门资源以确保及时反应；在处置阶段，更多侧重于危机现场的控制和救援行动的有序执行；在恢复阶段，关注点转向对受影响区域的重建和对应急管理体系的反思与改进。这一全周期的应急管理体系强调了政府、企业、民间组织和公众的合作，每个阶段都要求高效的信息共享、资源配置和行动协调。通过这种全面的应急管理，特大城市可以在面对自然灾害、公共卫生事件、技术或人为事故等各种危机时，最大限度地保护人民的生命财产安全，并确保城市的快速恢复和长期稳定。这不仅是对城市应对突发事件能力的全面提升，也是对城市可持续发展能力的一种重要体现。

2.1.2 特大城市人口集聚—辐射与重大突发事件综合应急管理能力的特征

2.1.2.1 特大城市风险的特点分析

在深度探索特大城市风险的根源时，会发现这种风险在很大程度上源自社会生产力的快速发展。特别是在市场经济的推动下，社会需求呈现爆炸式增长，然而，公共政策的制定和公共管理服务的供应却未能跟上这种速度，从而形成了特大城市内部优质公共资源的分布不均衡。比如，基础教育、公共医疗、就业机会等在特大城市和外围城市之间的配置存在显著差异，这种差异导致了一系列复杂的问题，对社会稳定和居民生活产生了深远影响。具体来看，主要有以下特点：

第一，在经济发展的大背景下，特大城市与地区之间，以及城市与农村之间的发展存在显著的不平衡性。特大城市作为区域经济的核心动力，具有促进产业升级、提供就业机会、加速经济增长的重要作用。然而，特大城市对优质资源的集中吸引，往往导致了人口和资本的过度集聚，从而促成了区域发展不均衡的格局。这种情况进一步加剧了地区间社会经济资源分配的效率不均。这种区域发展的不均衡性，特别是在资源配置上的失衡，通常在经济较为薄弱的地区表现得尤为明显。这些区域往往遭遇人才流失、资本外流以及资源的枯竭，这不仅削弱了当地的生产效率，而且还可能导致区域性的结构性问题，例如"空心村"现象的出现。在这些地区，尽管土地和基础设施依旧存在，但由于缺乏必要的人力资源和经济活力，其发展潜力和社会经济结构受到了严重影响。此外，个人的发展机会和资源在地域上也呈现出不均等的状况，大部分优质的发展机会和资源都集中在特大城市和部分地区，使得其他地区的经济发展受到限制，人力资源的发展也无法得到充分的支持。

自改革开放政策实施以来，中国的社会经济结构经历了根本性的变迁。这一转型过程涉及多个层面，其中一个显著的变化是从高度集权的计划经济向以市场机制为主导的经济体制的过渡。在这个过程中，市场在资源分配中的决定性作用日益增强，而政府的角色相应地转变为市场监管和服务。其次，服务业和工业作为国民经济的支柱，其产出和就业比例的快速提升，反映了产业结构的深刻调整和非农行业的扩展。这种调整不仅促进了劳动力的跨行业流动，也带动了职业结构的演进，体现在劳动力素质的提高和就业形态的多样化。再次，所有制结构的变革是市场经济改革进程中的关键一环。随着私有经济和外资经济的兴起，多元化的所有制结构成为推动经济增长和提升市场活力的重要因素。这些变化显著提高了经济效率，促进了国内市场的竞争和国际市场的融合。最后，中国的城镇化进程随着经济的发展而加速。城市人口的增加以及城市功能的完善，不仅反映了人口迁移和就业模式的变化，也是社会经济进步和生活水平提升的体现。中国经历的社会经济变迁，尤其是向市场经济体制的过渡，极大地加速了社会结构的分化与个体在社会层级中的上下流动。自 20 世纪 80 年代中叶起，随着对于城乡人口迁移限制的放宽，全国范围内的改革开放措施得以深入实施。这一政策变动促进了城市化进程，为城市发展注入了新的动力。在此背景下，城市化进程中出现的新特点包括城市功能的扩张与区域发展的不均衡。农村地区与城市在经济发展水平、基础设施建设以及公共服务资源配置等方面的差距，成为推动农村人口向城市迁移的重要因素。这一人口流向不仅促进了城市人口数量的增长，同时也引起了城市地理结构的变化。城市人口的增长和空间结构的调整，反映出城乡间经济与社会资源的重新分配。大量农村居民进入城市，不仅为城市劳动力市场带来活力，同时也对城市的住房、教育、医疗等公共服务设施提出了更高的要求。这种人口流向变化，既带来了城市社会经济结构的多样化，也对城市规划、基础设施建设以及社会治理模式创新提出了挑战。

第二，在市场经济作用下，城镇化的快速推进为建筑业、服务业等经济部门创造了增长的新空间。特别是在最近几年，得益于国家层面对"互联网＋"政策框架的大力推行，以及数字经济中线上至线下（O2O）商业模式的兴起，服务业尤其是数字服务业，已稳固其在经济结构中的主导地位。特大城市因其集中的人口密度、先进技术与产业知识集群，已经成为多层次劳动力的汇聚点。这些城市的独特经济生态，特别是对高收入回报的期望，以及社会福利与资源配置的优势，促使了其他区域的产业向其转移。这种流动在很大程度上是市场经济力量的直接结果，市场机制通过对收益潜力的信号发送，有效地促进了劳动力以及其他关键资源向这些经济中心的再分配。这种人口流动不仅对城市化进程产生了深远影响，也对特大城市的社会经济结构产生了重要影响。当前，特大城市如北京、上海等地面临的老龄化问题日趋严重，这不仅对社会保障体系带来压力，更对服务行业的劳动力结构产生了深远影响。市场需求的推动下，大量服务型产业的工作人口汇聚于这些特大城市。根据官方统计数据，北京市的高龄人群占比已经形成了一个显著的人口分布特征，这一现象揭示了一个关键的社会挑战，即老龄化速度的加快。在这种背景下，与老年生活质量直接相关的服务行业，如养老护理、家政服务、快递配送等，面临着空前的市场需求增长。尤其是养老服务领域，受到高速老龄化进程、独居老人比例的上升以及失能老年人口的增加等多重因素的影响，对专业护理人员的需求急剧攀升。与此同时，北京在这一劳动力密集型行业中呈现出劳动力供应不足的现状，这个矛盾预示着未来养老护理的需求将进一步扩大。为应对这一挑战，养老服务、家庭健康护理以及家庭清洁服务等行业的发展，将不可避免地依赖于流动人口的大量涌入和参与。

第三，在制定政策时，有必要实施旨在激发经济活力的制度改革，这些改革应致力于消除制度性的障碍。通过实施改革措施，确保每个个体在社会经济结构中通过勤奋与贡献获得上升流动的机会，这样才能有效降低进入特大城市的障碍，从而促进个体在不同社会阶层之间流动的活跃性。这样的流动性不仅是经济增长的催化剂，而且也是优化社会结构的激励机制。通过这种平等的竞争环境，调节和激发了人口的社会流动性。这意味着，社会流动不仅对个体的生活和工作产生影响，也在宏观层面上对经济增长和社会稳定产生重要作用。通过优化社会流动渠道，可以改善人才配置，优化经济结构，从而提升整体社会的经济活力。在这个过程中，政策制定部门面临着一个两难的选择：一方面，他们需要通过改革措施来推动经济活力，打破体制机制的弊端，降低特大城市的准入门槛，以鼓励人口流动，提高经济效率；另一方面，他们也需要考虑到人口流动可能带来的社会问题，如城市人口过密、社会公共服务压力增大等，需要在保障经济发展的同时，也要确保社会稳定，这无疑是一个需要深思和探索的问题。在特大城市的快速扩张与演变中，存在一个普遍现象，即城市规划与建设往往跟不上居民数量增长和服务需求的扩大。尤其是在人口吸引力方面，城市规划面临的挑战在于如何预测和应对人口流入带来的各种社会经济压力。当前特大城市的人口增长模式表现出输入远大于输出的趋势，这导致了基础设施的负担加重和公共服务的供给不足。旨在分散人口密度的"疏散"政策很难达到预定目标，因为这些政策未能从根本上解决人口集中的核心因素。在这一复杂背景下，设计和实施符合科学原则的城市治理策略显得尤为迫切。中国当前面临的城乡发展不平衡现象根深蒂固，农村地区在多个方面处于劣势，包括但不限于生产力水平、经济结构以及公共服务的质量和可及性。相对之下，特大城市因提供更为优越的生活条件和更多样的发展机会，对农村人口展现出强烈的吸引力，继而产生了农村劳动力大规模向城市迁移的现象。这种人口迁移不单是社会阶层流动的反映，更是城乡发展不均衡状况的直观体现。特大城市作为国家发展的重要节点，集中了政治、经济、科技、文化及教育等多方面资源，因此成为人口流向的核心区域。当前的户籍政策和就业体制面临着对这种大规模人口流动适应性的挑战，这种制度的僵化性在一定程度上阻碍了劳动力市场的灵活调整以及社会资源的合理分配。大量来自农村和其他城市的人口涌入，使得特大城市的人口增长过快，这也客观上提高了特大城市的人口管理难度。在这种情况下，传统的户籍调控手段已经难以发挥真正的作用，需要寻找新的治理策略和手段，以应对特大城市的人口管理和服务保障等问题。

第四，人力资本在经济增长研究中被广泛认为是促进发展的关键动力之一。在特大城市的经济体系中，人口红利发挥了举足轻重的作用，为城市的繁荣提供了必要的劳动力和创新潜力。这些城市的经济增长并非孤立发生，而是一个复杂的系统过程，其中城市的经济规模和集群效应与城市的拥堵成本相互制衡，共同塑造了城市增长的最优规模。在这种动态平衡中，人口流动的自由度成为一个关键的变量，它直接关系到城市能否保持其经济动力和市场效率。对人口流动的过度限制可能会导致特大城市失去其内在的活力，进而影响其作为经济增长引擎的功能。累积的实践和研究成果揭示，人口集聚和流动性的管理必须与区域的经济、社会及生态发展相融合，确保与新型发展理念——创新性、协调性、环境友好性、开放性以及共享性的要求一致。这种整合需要在经济结构调整、政治治理、文化繁荣、社会公正以及生态可持续发展等多个维度上实现协同增效。中国的城镇化进程显示出一个明显的结构性特征：许多城市的规模较小，尚未有效利用规模经济的潜力，而一些特大城市则因为体制机制的不完善，例如城乡发展的二元政策，而未能实现其潜在的发展潜力。这导致了城市化进程中的不均衡，特大城市规模的增长与中小城市、小城镇的发展不成比例，甚至在后者中存在人口净流出现象，显示出二元化的趋势。这些问题都需要采取相应的政策和措施进行有效应对和解决。同时，一些学者提出了根据特大城市功能定位进行人口和功能疏解的建议，对于缓解特大城市功能过度集中所带来的诸多社会经济问题，疏解与功能转移策略被认为是一种可行的解决路径。通过此策略，特大城市的某些服务和产业功能被有策略地迁移至周边城市或地区，这样的转移不仅可以减轻原有特大城市的发展压力，还能促进区域内其他地区的经济增长，实现区域发展的均衡。对于特大城市来说，其核心区的人口和经济活动的集中度往往会导致公共资源的稀缺和交通拥堵，进而影响居民的生活质量和城市的整体可持续性。因此，功能疏解策略在实施过程中需要同步提升目的地城市的就业能力、公共服务水平和基础设施建设，以确保疏解的效果。但这种方法可能导致了核心区以外地区的发展不足，人口和就业机会继续向中心集中，造成了特大城市疏解的实际成效并不理想。为了承担特大城市的疏解功能，城市规划者通常会在城市的外围规划新的卫星城、新城或新区。但是，由于这些新城的公共服务设施通常不完善，导致新城往往只能成为"睡城"，这导致了大规模的通勤流，从而加剧了特大城市的交通拥堵，同时也导致了特大城市的空间分隔和环境污染等问题。

第五，在政策制定中，资源制约被普遍认为是影响政策制定和实施的核心因素。有效的公共政策应当公平分配社会资源，以响应公共利益的需求。特别是对于人口稠密的特大城市，政策决策部门面临的挑战在于如何平衡经济增长与生态及环境的可持续性。这种平衡的缺失往往源自对未来发展缺乏精确预测、对政策影响缺少全面评估以及在制定执行政策时未能有效协调不同利益相关方的责任和义务。要克服这些挑战，需要采取远见卓识的政策制定方法，确保政策设计不仅针对当前的社会问题，同时深入挖掘问题根源，全面考虑长期的社会经济效应。这要求政策平衡多方利益，利用科学的方法进行预测分析，并确保政策执行过程中的透明度和公众参与度，从而提升政策的社会接受度和执行效率。在现代治理理论中，服务型政府的构建是推动社会治理现代化的关键。特大城市作为改革开放的前沿，肩负着吸纳人口流动、实现社会共享发展成果的双重任务。然而，随着人口集聚带来的服务需求日益增长，服务型政府的构建却面临着诸多的困难。例如：公共政策的反应性治理模式，即在社会压力和危机显现后才采取措施，往往导致政策响应延迟，难以及时有效地解决问题。可见，城市间公共服务质量的差异也是影响人口流向的重要因素。例如：中国东部沿海城市因其先进的经济基础和高水平的城市发展，提供了较为优质的公共服务，成为吸引人口流动的重要驱动力。与此同时，中西部地区虽在经济发展水平上相对落后，但其独特的自然景观和丰富的文化资源构成了该地区特有的生态文化服务优势，对特定人群具有吸引力。进一步地，城市规模和公共服务供给之间存在正相关关系。大城市，尤其是特大城市，因其综合服务功能的集中和多样性，能够提供更为广泛的就业机会、更高水平的教育资源和更完善的医疗设施。这种综合吸引力形成了强烈的规模效应，进而成为人口流动的重力中心。

2.1.2.2 特大城市人口集聚—辐射的特点分析

特大城市的人口集聚—辐射实质上是一个中心地带通过特定的方式向其周围地区集聚人口的现象。具体来说，这种人口集聚—辐射的过程，实际上是特大城市人口动态变化和空间分布的一个重要表现形式。这种过程在很大程度上影响了特大城市的社会经济发展和城市规划。因此，在研究特大城市的人口问题时，不能忽视这种人口集聚—辐射的过程和其所表现出的特性。首先，辐射模式通常描述的是某个高能量中心，通过介质向外传播波动或粒子流的现象。该中心或称为辐射源，具备将能量转移至其周围空间的特性。能量的传播效果及其影响范围，受限于一定的距离阈值，该阈值在专业术语中被称作辐射有效半径。对于特大城市人口集聚—辐射而言，特大城市常被视作区域发展的核心动力源，这些特大城市的人口集聚现象可类比于辐射过程中的能量源点，其向外传递的"能量"在这个语境下代表着人口动态，包括劳动力流动、人才迁移和人口结构变化等多种形态。特大城市通过多种机制，如区域发展援助、产业联盟构建以及人才交流平台等，将其人口动态的影响扩散至周边地区。每个特大城市的影响力和吸引力范围（人口辐射半径），受多种因素影响。这些因素共同决定了特大城市对周边区域的人口吸引和输出能力。人口辐射半径的大小和影响力的强度也是衡量特大城市区域影响力的重要指标之一。其次，在探讨特大城市的人口集聚—辐射效应时，城市不仅向外输送技术、文化和社会创新的成果，还通过经济联系、教育培训和产业扩散等渠道，对周边地区产生深远的影响。反过来，较小或不发达的城市也对特大城市提供支持，诸如劳动力供应、原材料供给以及作为商品和服务市场的作用。尽管如此，本书在人口集聚—辐射效应的分析中，将主要的辐射能力归于特大城市，这基于它们在经济规模、资源集中度以及创新能力上的显著优势。特大城市的辐射效应通常被视为主导性的，而其他地区由于其辐射能力相对较弱，其在整体区域发展中的作用被认为是边缘的，可以忽略不计。因此，特大城市的人口集聚—辐射是一个深层次且动态变化的过程，包括人口的聚集以及人口的辐射两个方面。特大城市不仅引导了大规模人口的汇聚，还通过各种手段向周边地区输送人口。这个过程不仅揭示了城市的发展趋势，同时也预示了城市的未来发展路径。这个过程突出了特大城市在人口流动中的核心地位，以及它对周边地区的深远影响。

特大城市的核心地位体现在其强烈的辐射和带动效应。特大城市通过集聚效应，在区域内部以及与外围地区的互动中扮演着关键角色。通过创造和扩散知识、技术和创新，以及通过资本和信息流的优化配置，促进了经济的多样化和高级化。这些流动性的因素不仅包括物质资源，如资金和自然资源，也涵盖非物质要素，诸如文化理念、管理知识以及生活方式等。特大城市由于其人口规模和经济活力，常常被视为发展的先导。高度集聚的人力资本和社会资本对周围地区展现出明显的辐射和引领作用，这种作用力不仅是单方面的资源输出，也是一种动态的、双向的交流，使得资源可以在更广泛的区域内得到重新配置和优化利用。这种集聚—辐射模式与经济发展和社会现代化的相互作用催化了周边地区的发展，促进了区域内经济活动的整体提升和结构优化。特大城市人口集聚的辐射效应具有以下特性：

第一，时间差异性。城市辐射效应在不同地区之间表现出时间差异性，也就是说，它不会在所有地区同时发生。通常人口在特大城市中的集聚产生了一种核心效应。这种核心效应使得这些城市能够集聚如信息、资金、人才等优质资源，并通过辐射作用将这些资源向周边地区扩散。

第二，双向性。特大城市的人口集聚—辐射是一个双向过程。换句话说，在特大城市中，人口不仅会集中在城市的核心区域，同时也会向城市的周围地区蔓延或"辐射"。随着城市的持续发展，城市核心区域的人口密度、交通压力和环境负担逐渐增长，同时房价也相应升高。这种压力促使一部分人口选择向城市的周边地区迁移。这种人口的辐射能够缓解特大城市中心的压力，推动周边地区的发展，进而形成特大城市与其周围地区的互动。

第三，地域关联性。城市间的空间亲近性及其交互行为在促进区域辐射动力中扮演着至关重要的角色。这一理念根植于空间经济学的基本原理，即空间位置和距离对于资源流动和信息交换的效率具有决定性影响。因此，紧邻的城市群体，因其地理邻近性，往往具备更加紧密的经济联系和社会互动，从而形成一个强有力的区域网络，使得资本、技术、人才和创新等资源的互动和流动更为迅捷和高效。这种地理上的连接和经济上的相互依存，经常促使区域增长极的形成，其中一个或几个城市成为推动周边城市和地区发展的核心动力。然而，当考察地理距离较远的城市之间的相互作用时，通常会发现，由于物理距离的增加，以及相应的交通成本和信息传递成本的提高，这些城市间的辐射作用相对减弱，资源流动的频率和强度都可能下降。

第四，动态性。人口集聚—辐射效应是一个动态变化的过程，其形态和强度会随着时间和社会经济条件的演变而发生变化。例如，随着城市化进程的推进，人口可能会从乡村地区向特大城市的核心区域集聚；然而，随着特大城市核心区域的压力增加以及周边地区的发展，人口又可能开始向周边地区辐射。

从特大城市人口集聚的特点分析。人口集聚的方向性特性可以从静态和动态两个维度来解析。这意味着，人口在空间上的分布和流动不仅体现了一个地区的当前人口状况，也反映了随时间推移人口结构和流动模式的变化。

在静态维度中，人口集聚是人口在空间分布状态的一种结果。例如，在我国存在一个明显的趋势，即人口更倾向于在经济活力充沛、生活环境优越的省份进行集聚。这些地区，如珠江三角洲的广东，长江三角洲的江苏和浙江都吸引了大量的人口。同样，在城市级别、经济实力雄厚的城市，如北京、上海、广州和深圳，也成为了人口流动的主要目标地。进一步地，在乡镇层面，县城通常是吸引周边农村人口的主要区域，而特色显著、基础设施完善的乡镇也会吸引大量的农村人口。不同规模的地理单元都可能成为人口集聚的目标，这取决于多种因素。在动态维度中，关注且强调的是人口向指定地区流动的过程，这实际上是一种空间范围内劳动力资源的再分配行为。这个过程是基于人们对于各地区综合条件的评估，以及自身状况与各地状况的匹配程度，从而选择了他们认为最适宜的集聚地点。这种在空间范围内的劳动力资源重新配置，反映了一种优化过程，即在市场经济机制的作用下，高效的部门会吸引低效部门的生产要素，从而实现资源使用效率的最大化。因此，可以将经济增长看作资源和生产要素优化配置的过程。由于人口集聚导致的劳动力重新配置，对于经济增长有着显著的推动作用。这种视角不仅提供了对于人口流动和经济增长关系的深入理解，同时也为如何更好地管理和引导人口流动提供了理论支持。人口集聚受到诸多因素的影响，这些因素包括但不限于地区的经济繁荣程度、城市基础设施的完备程度、医疗卫生设施的健全程度、教育资源的丰富度、对外开放的广度以及地理环境的适宜度等。这些因素的优化可以增强一个地区对人口的吸引力，从而提高该地区的人口集聚程度。因此，深入理解这些影响因素，并从中寻找出优化策略，对于推动地区经济发展、提升城市竞争力、优化人口分布结构等方面具有重要的实践意义。这不仅可以帮助构建更有效的人口政策，还能为实现经济社会可持续发展提供支持。

人口集聚的核心特征在于集聚地的人口组成，这主要由两大群体构成：一是劳动力群体，二是非劳动力群体。

劳动力群体的集聚主要涵盖了两大类群体：一类是具有高知识和高技能的劳动者，另一类是主要依赖体力的劳动者。高知识、高技能的劳动者这一群体拥有深厚的知识储备、卓越的专业技能以及出色的创新和创造能力。这些人才在各自的专业领域中发挥着关键的作用，他们的存在和活动对于提升地区的核心竞争力、推动科技创新，以及构建创新驱动的经济体系具有极其重要的影响。他们的贡献不仅体现在直接的经济产值上，更在于他们对于知识创新和技术进步的推动，这对于地区乃至国家的长期发展至关重要。而另一类以体力工作为主的劳动者，他们在城市生活的各个方面都扮演着关键的角色。他们参与基础设施的建设和维护，提供各种日常生活服务，保障城市的正常运行。他们对于城市生活的贡献同样不可忽视，他们的存在和工作，确保了城市的正常运作，是城市生活不可或缺的一部分。

非劳动力群体的主要构成部分是已经退休的老年人群。这些人可能是为了和子女团聚，或者享受城市提供的优质公共服务以及便捷的生活环境，从而选择到城市中集聚。他们的存在不仅使城市的人口结构更加多元，同时也对城市的公共服务提出了新的要求，带来了新的挑战。综上，特大城市的人口集聚主体特征反映出城市的多样化和包容性，也为城市的发展注入了丰富的人力资源和多元机遇。例如，老年人群的集聚可能会推动城市公共服务的改进和创新，包括医疗、养老、文化娱乐等服务的提供。同时，他们的丰富生活经验和智慧也为城市的社会文化发展提供了独特的资源。因此，尽管他们不再直接参与经济生产，但他们的存在和活动仍然对城市的社会经济发展具有重要影响。

2.1.2.3 特大城市重大突发事件综合应急管理能力的特点分析

应急管理承担着至关重要的公共服务职责，反映了政府在行政管理上的关键作用，并同样被视为公众依法应尽的义务。在这一领域内，活动的开展遵循法律制定的规范，并受到相应法律监管体系的规范。这种管理活动由于其紧急性和预防性的双重特质，与传统的行政过程有着明显的区分。

第一，应急管理涉及多个参与者，包括政府、企业和其他公共组织，其中，政府是责任主体，扮演着关键的领导角色。政府在应急管理中的主导地位表现在以下两个方面：首先，政府的主导地位在法律中得到了明确的规定。例如，根据《中华人民共和国突发事件应对法》，县级政府机构负有首要责任，以确保对本辖区内发生的突发公共事件进行有效响应。在跨行政区域的事件发生时，责任将上移至涉及区域的共同上级行政机关。此项法律安排确立了政府层级间应急管理职责的分工，以及在面对区域性危机时跨区域协同应对的机制。其次，政府的领导作用是由其在行政能力和资源整合方面的固有优势所决定的。政府机构作为社会治理的枢纽，掌握着综合的行政资源和广泛的社会资本，同时，政府亦具备强大的社会动员能力，这是其相较于非政府组织和个体所独有的。在政府的引领之下，能够实现各类资源及社会各界的有效整合，确保应对突发事件的措施得以迅速和有序地实施。

第二，根据现行的法律框架，政府承担着应急管理的核心职责，法律同样也规定公民、法人及其他社会组织必须参与到突发事件的预防和应对中，确立了应急管理为社会全体成员的共同责任。这一法律规定体现了多元主体协同参与的应急管理理念，意味着在政府领导下的应急响应体系中，缺乏全面社会支持和合作将可能削弱应急响应的整体效能。

第三，应急管理在处理突发事件时，需要依赖公共权力的行政强制性。公共权力的特性在于其强制性，社会成员必须对其绝对遵从。在应对重大突发事件状态下进行的政府管理活动往往呈现出与平常状态下不同的特征，这通常表现为权力的更集中行使、决策过程的加速以及行政程序的简化。此外，行政机关在紧急状态下可能采取更有力的措施以应对危机。尽管如此，这些措施仍然要在法律框架内操作，确保权力的行使不超越法律授权的边界。法律和法规在这一过程中既是授权的来源，也是对权力行使的限制和监督，以保障应急管理的措施得以合法、合理地实施。总的来说，行政强制性和法律规定之间的平衡，对于确保应急管理的有效性至关重要。

第四，应急管理所追求的目标具有广泛性，其核心是维护公共利益和社会大众的利益，以保障社会秩序、安全和稳定。这意味着，应急管理的目标并不仅局限于某一个具体的领域，而是涵盖了经济、社会、政治等多个方面的公共利益和大众利益。在应急管理的各环节中，核心目标是维护和优先考虑公众的福祉，最大限度地保障民众的生命安全与财产的完整。该原则强调在突发公共事件的应对中，政府及相关机构的一系列行动和决策都应以促进社会稳定、保障公民的基本生活需求和安全为最终目标。这种对公众利益的强调，不仅体现在对公共安全的保障上，也体现在为全社会提供全面、高质量的公共产品和公平、公正的公共服务上。因此，应急管理的目标广泛性，既体现在其关注的问题的多元性和复杂性上，也体现在其坚持以人民群众的利益为中心的原则上。

第五，应急管理在面临突发事件时，一定程度上受到了其自身局限性的影响。首先，突发事件本身的不确定性就使得应急管理的局限性成为一个无法避免的问题。由于突发事件的性质和影响范围常常难以预测，这使得应急管理的预案和响应策略难以做到完全准确和无误。其次，在突发事件应对的初期阶段，管理者面临的挑战主要集中在迅速而有效的协调指挥以及确保必要物资的供给。这一任务在遭遇前所未有的危机时尤其艰巨，因为对于新型的突发事件，缺乏先前的经验可能会导致对物资需求预测的不准确与供应链的应变能力不足。紧急情况之下，社区及广大公众的反应也构成了应急管理的一大挑战。最后，这类事件会引发公众的高度紧张和情绪波动，这些反应的不可预测性为应急管理的复杂性增添了额外层次。

尽管突发事件的种类繁多，每种类型的突发事件都具有其独特的特性，但总体而言，这些事件都共享一些普遍的特征。这些普遍的特征贯穿于各类突发事件中，为理解和处理这些事件提供了一种通用的框架。通过深入研究这些共享的特征，能够更好地理解突发事件的本质，从而更有效地制定出针对这些事件的应急管理策略。

第一，突发性是突发事件的核心特征，这与非突发事件形成了鲜明的对比。大多数突发事件发生的时候，人们并没有做足准备，这就导致了其对居民稳定生活的影响和对社会发展的干扰。突发事件的无预警性质对于居民心理层面造成冲击，会触发群体中普遍的不适应反应，如焦虑和恐慌情绪。其广泛影响了社会资源的动员效率，迫使应急机制启动多方面的资源调配。对于管理层而言，必须迅速地适应形势，创造性地解决问题。即便某些事件在发生前有所征兆，但其实际爆发的具体时刻和位置往往无法事先做出准确判定和预测，这种不确定性增加了应对突发事件的复杂性，使得应急管理工作在实际操作中面临着多维度的困难挑战。

第二，突发性事件在其本质上携带了一种固有的不可预见性，尤其体现在事件的具体发生时刻与地点无法被提前确切地知晓，其爆发的具体方式与程度同样难以预料。首先尽管现代科学技术的进步和累积的经验对于预测自然灾害提供了一定程度的支持，降低了部分不可预知性，但对于决定性因素往往仍旧缺乏明确的侦测能力。这种复杂性导致即便在有预警系统的情况下，仍然存在着难以充分预防和准备的情况。这种不确定性的存在，使得突发事件的性质变得复杂且难以预测，也使得预先做好充分的准备工作成为一项挑战。其次，在突发事件的后续演变中，信息的不完备性及决策时效性的要求造成了对传统决策模式的挑战，决策者常常需依赖于非规范化的决策过程。事件发展的多变性受到多方面因素的影响，包括但不限于现场应急人员的即时反应、公众的行为响应以及媒体的实时报道等。这些因素本身就充满不确定性，它们相互作用，可能引发连锁反应，从而影响事件的走向。最后，不同利益相关者的决策和行为也可能因各种新出现的信息而调整，进一步加剧了事件进程的不可预测性。因此，应急管理在这种不断变化的环境下，其策略和操作必须具备高度的适应性和灵活性，以应对不断演变的危机情景。

第三，突发事件在本质上带有显著的破坏性质，这种性质不仅表现为对个体生命安全的直接威胁，还涉及对社会公共资产的广泛损毁，以及对多样化环境的广泛影响。此外，这种事件还可能对社会秩序产生深远的扰动。在紧急情况下，普遍存在的防灾准备不足常常导致了人员的伤亡和物质财富的损毁，这些损害对于自然与社会各个生态系统的平衡都是一种冲击。这种影响不仅局限于物理环境的破坏，还包括社会层面的混乱和公众心态的动荡。突发事件下的这些破坏可能是短暂的，可以通过有效的干预和恢复措施得以修复；然而，在某些情况下，它们可能留下长远的后果，影响的时间跨度可能从数年到数十年不等，甚至延绵到数百年。若是应急响应措施处理不力或者反应滞后，可能会触发更广泛的经济、社会及政治层面的危机，带来连锁反应和难以控制的负面结果。

第四，突发事件的级联效应是其关键特质之一，指的是突发事件（初发事件）可能触发一系列次级事件。这种级联现象存在两种主要趋势：当次级事件的破坏性相对较弱时，它们通常不会成为应急管理中的中心，社会资源和公众的关注将继续集中于初发事件的响应和恢复工作。相对而言，当次级事件的破坏性超过初发事件时，它们就成为新的焦点，要求应急管理体系对策略和资源分配进行重大调整，以适应新的紧急状态。在这种情况下，有必要重新评估及配置资源，以应对最迫切的挑战。大多数此类级联事件是可以通过更精细的风险评估和更周全的事前准备来预防的，但也有一小部分是不可预期且不可避免的。因此，在制定应对初发突发事件的策略时，必须全面考虑潜在的级联风险，以减少由于初期应对不足或失误而造成的进一步风险放大。这进一步强调了应急管理在应对突发事件时需要具备高度的警觉性和灵活性，以便能够有效地应对可能出现的各种复杂情况，包括那些可能带来更大危害的衍生事件。

第五，随着全球化程度的加深以及交通与信息通信技术的飞速发展，地理界限对突发事件的限制作用日渐减弱。这种趋势促进了区域间的互联互通，加剧了突发事件的横向扩散潜力。突发事件往往不再是孤立的，其通过复杂的社会经济网络和快速的传播手段影响着更广阔的区域。这种跨区域的传播可能导致事件影响的范围和深度远超预期。在此背景下，某些突发事件展现出其跨国界的特性，由于具有国际背景的支持或与全球性问题的关联而导致影响范围的进一步扩大。这类事件可能会触发一系列跨国界的连锁反应，如恐怖袭击和大规模社会动荡，不仅对单一国家构成挑战，还可能对区域乃至全球安全与稳定构成威胁。这种现象强调了在应对突发事件时，不仅要考虑事件本身，还需要考虑其可能产生的广泛的地域性和国际性影响。

第六，突发事件对社会构成的冲击，远超其直接造成的物理损害，其深远的影响还可能渗透到社会心理和文化层面中。突发事件在触发广泛社会关注的同时，也促使公众对既有的价值体系和行为准则进行深刻反思。在应急管理的过程中，集体的价值观念和社会规范常常面临重新评估的需求，有时甚至需要根本性的重构。面对灾难与危机，传统的社会观念可能会受到挑战，而新的理念和行为模式往往在危机过后的恢复与重建过程中孕育而出。公众对于安全、健康、环境保护以及社群团结等基本价值的重视程度可能会有显著提高，这些新的关注点随后可能转化为更具韧性的社会行为模式和政策导向。这种社会性的特征意味着，突发事件可能会对社会的基本结构和运行方式产生深远的影响，这也强调了应对突发事件的策略需要考虑到其可能对社会价值观和行为规范的影响，以便更好地维护社会的稳定和和谐。

第七，尽管突发事件在其表现形式和具体类型上呈现多样化，但它们的演进路径普遍遵循一定的模式，这一模式反映了事件从生成到消亡的整个生命周期。该生命周期可被划分为几个连续的发展阶段，包括事件初始的潜伏期，紧随其后的爆发期，接着是事件的影响扩散期，最终是事件的结束期。潜伏期是突发事件生命周期中的一个关键阶段，通常持续一段较长的时间。在这个阶段，突发事件的潜在因素正在积累，但尚未达到触发事件的临界点。这个过程可以被视为一个潜在风险的积累阶段，一旦这些风险因素达到一定的累积量，事件就可能立即爆发，对社会造成伤害。爆发期是突发事件生命周期中的另一个关键阶段，通常这一阶段的持续时间较短，但其强度非常高。爆发期的实质是潜伏期内累积的风险因素遭遇某一触媒而迅猛释放，导致事件能量的剧烈扩散与放大，从而给社会造成了广泛且深远的影响。这一阶段的特点是事件的冲击力达到顶峰，对社会结构和功能造成急剧而严重的打击。随后的影响扩散期标志着事件效应的延续与蔓延，其间破坏力虽有所减弱，但灾难性后果仍在不同层面上展开。不少情况下，爆发期与影响扩散期之间的界限并不明晰，它们之间的过渡可能相互交织、叠加。事件进入结束期是指其负面效应开始得到有效遏制，社会秩序与功能逐渐恢复至常态。管理层面上，结束期的到来往往以社会运作秩序的恢复作为评判标准，即公共服务、经济活动及日常生活回归正轨。但从过程维度分析，仅有当事件所产生的所有破坏影响被彻底消除，事件才真正走向闭幕。需注意的是，事件的物理结束并不代表社会心理与文化层面的完全恢复，后续可能还需长期的社会心理重建与文化修复工作。

2.2 特大城市人口集聚—辐射与重大突发事件综合应急管理能力的必要性和可行性

2.2.1 特大城市人口集聚—辐射与重大突发事件综合应急管理能力的必要性

第一，特大城市人口集聚—辐射与重大突发事件综合应急管理能力的提升是高质量发展的必然结果，党的二十大报告强调，以新安全格局保障新发展格局。推动公共安全治理模式向事前预防转型。防范化解重大风险、提升综合风险治理能力，可在灾害风险形成之前的潜伏期就采取针对性风险管控措施化解灾害风险、降低灾害损失，应以城市综合风险治理推动高水平安全，构建高质量发展和高水平安全的良性互动关系，实现在更高层面上统筹发展和安全。

当前，城市作为现代社会资源集聚与经济活动的枢纽，承担着日益增加的灾害风险。城市密集区特有的资源集中与人口聚居特征，使得其在面临重大自然或人为灾害时的脆弱性上升。因此，加强城市对于灾害的防御与风险解除能力，变得尤为迫切，这是保障城市可持续发展与居民安全的核心要求。创新城市风险管理模式对于支撑城市的高质量发展至关重要。城市风险防控体系亟须通过科技力量的注入来提升其效能，这包括运用前沿技术来强化风险识别、评估与处置的各个环节。通过技术赋能，城市管理部门能在风险的全周期内部署先进的监测预警系统，构建综合性风险评估模型，并将这些创新工具应用于实际的风险管理实践中，以期实现风险的早期发现与预防。此外，这种赋能还将促进风险信息共享平台的建设，提高风险管理的透明度和公众参与度，从而在提高风险应对效率的同时，最大限度地减少灾害可能造成的损失。在这一过程中，不断优化的技术手段与管理策略相结合，将进一步加强城市抵御灾害风险的韧性，为城市的安全与高质量发展提供坚实保障。

第二，特大城市人口集聚—辐射与重大突发事件综合应急管理能力的提升是打造韧性城市的关键部分。在国际社会中，构建具备弹性的城市已经上升为一项全球性的发展战略。《2030 年可持续发展议程》作为联合国的一项重要倡议，将建设具备包容性、安全性、弹性及可持续性的城市作为一项核心目标，促进全球范围内城市的可持续发展策略。这一理念逐步被全球城市规划、城市灾害防治、基础设施建设和社区发展等多个领域接纳并加以实施。城市韧性，从宏观角度来看，指的是城市作为一个自然与社会的综合系统，在遭遇各类风险和冲击时，能够维持其基本功能稳定，并能迅速恢复至初始平衡状态的能力。在全球城市化迅速发展的进程中，特大型城市的人口密集度以及其对周边地区的影响力不断增长，这不仅带来经济发展的辐射效应，也带来了一系列系统性风险。这些风险在特大城市的治理中表现为一系列的薄弱环节和制约因素，对城市的弹性构成了挑战。城市规划部门和管理部门需要识别并强化这些薄弱环节，以增强城市系统的弹性，确保在面对突发事件或长期变化时，城市能够有效地维持运行，并及时适应和恢复。这种韧性建设涉及多方面的策略调整和资源配置，包括但不限于更新城市基础设施、优化应急管理体系、加强社区参与和支持机制的建立等，它们共同构成了城市弹性提升的综合体系。首先，在对待特大城市发展战略的过程中，存在一种倾向，即将经济发展和城市建设作为首要任务，而对城市风险防控与安全发展的关注相对较弱。这种现象体现在多个层面，例如，风险预防和减灾的资金投入不足，相关的政策和制度建设不够完善，以及在实际操作中缺乏严格的风险控制措施。在此背景下，又因特大城市对于可能发生的重大灾害的警觉性不强，应对措施往往缺乏前瞻性和针对性，这会导致特大城市在面临重特大灾害时的应急响应能力和减灾救灾效率低下。其次，在中国，虽然针对应急管理的制度体系已基本形成，核心法规和政策已基本确立，为城市应急管理提供了长期的框架支撑。然而在基层层面，应急管理体系尚处在不断优化和适应的阶段，在具体实践中尚存在诸多挑战。例如，基层管理部门日常工作负担重，人员流动频繁，导致专业技能难以累积和传承，这在面对突发公共事件时尤为明显，常常难以做出迅速而有效的应对。同时，社会组织在参与应急管理和公共安全体系建设中的角色和作用还未得到充分发挥。虽然相关的制度框架正在建立中，但在确保社会组织有序参与、提升其参与能力与质量方面，仍需进一步的制度创新和能力建设。最后，尽管基层政府组织在社会动员方面表现出较强的能力，但在社区自我组织和微观治理方面的能力仍显不足，这限制了社区在应急管理中发挥更大作用的潜力。因此，要健全特大城市突发事件应急管理体系，科学合理地制定应急管理规划和预案，针对城市面临的各类安全风险，建立统一领导、权责明确、响应迅速的应急管理机制，从而提高特大城市的韧性能力。

第三，特大城市人口集聚—辐射与重大突发事件综合应急管理能力的提升是治理能力现代化的主要手段。随着我国城镇化步伐的加快，特大城市面临的运行挑战与安全风险日益增长，这种情况下，城市的快速发展与其安全管理能力之间的矛盾逐渐凸显。在这一背景下，特大城市的应急管理需求日益迫切，它不仅包括对风险源的有效治理，还涵盖了风险预防与控制。通过采用积极的风险管理策略，例如运用物联网技术进行全面的风险隐患监测、评估和精细化管理，可以实现对安全风险的系统性认识和科学化响应。同时，为了提升特大城市的公共安全治理能力，应依托现代信息技术，构建以数据为核心的智能安全管理平台。这包括通过数字化手段收集和整合城市运行中的各种数据；通过网络化实现信息的实时流通和共享；利用智能化技术进行数据的深度分析和预测；以及通过交互化设计提升用户体验和参与度四个维度。通过这四个维度的融合，可以打造一个全面的、多维度的公共安全网络，为城市安全管理提供科学决策支持。此外，特大城市安全治理的现代化还需在建立一套科学严谨的管理体系上下功夫，这涉及安全政策的制定、执行和监督，以及公共安全服务的供给。通过这些举措，旨在提升城市应急管理的整体效能，确保在面临各类突发事件时，能够做出快速、有效的响应，提升公共安全的保障水平，从而为城市的可持续发展提供坚实的安全基础。

第四，特大城市人口集聚—辐射与重大突发事件综合应急管理能力的提升有助于缓解"大城市病"的问题。为了治理这些城市问题，各级政府高度重视提升大城市的突发事件综合应急管理能力。中央和地方政府先后制定了相关的规划纲要，强调要增强重特大突发事件的应急处置能力，各区县也相继制定了突发事件总体应急预案。主要的应急能力建设举措包括：建立健全应急管理体制机制、提高监测预警和风险评估能力、加强应急队伍和装备建设、健全应急资源调配体系、强化跨部门和跨区域协调配合、提升基层社区应急能力等。这些举措可以增强政府应对重大突发事件的响应能力，保障公共安全，提升城市治理水平，从而有助于缓解大城市存在的诸多问题，实现更高质量的城市发展。因此，继续提升大城市的综合应急管理能力，对于缓解"大城市病"，实现可持续发展具有重要意义。

第五，以特大城市人口集聚—辐射为核心的重大突发事件的综合应急管理能力的增强，对于形成高效组织体系以实现区域性突发事件应急管理能力进步的基础具有十分重要的推动作用。特大城市对于区域内其他城市的突发事件管理能力具有重要的引领作用。随着特大城市建成区的面积扩大，其可以容纳的人口数量提升，辐射能力加强。在区域发展策略的框架下，特大城市可视作增强区域影响力与推动周边城市协同增长的关键节点。这一过程中，特大城市不仅作为经济和文化的中心，在辐射带动作用上也应发挥其战略性功能，通过优化资源配置，提升其在区域发展中的核心作用。对于那些地理位置上未受特大城市直接影响，但已具备一定的人口规模、经济基础和产业结构优势的城市，应当激发其内在活力，挖掘其发展潜能，以达到更加平衡和谐的区域发展格局。以特大城市为核心的重大突发事件的综合应急管理能力，可以有效缩小区域城市突发事件应急管理能力的差距，保障区域城市发展的安全，提升国家突发事件的综合应急管理能力。

2.2.2 特大城市人口集聚—辐射与重大突发事件综合应急管理能力的可行性

第一，特大城市重大突发事件综合应急管理能力的提升是一个极为艰巨的过程。在特大城市现代化发展的潮流中，城市功能的增强及其建设速度的加快并未与其应对重大紧急事件的管理能力形成有效的同步发展。特大城市的基础设施和自然景观不仅仅是物理空间的组成部分，它们在城市居民的日常生活中具有深远的意义，影响着居民的行为模式、生活方式以及社会互动。特大城市作为一个持续演进的社会经济实体，其生命力表现在不断的建设与更新中。在这个过程中，城市内部的社会构架、经济活动的转型以及文化的创造与再创造等多维度因素交织影响，共同推动了城市的复杂演变，并带来连续的风险与挑战。随着人口的密集与城市规模的扩张，资源的集中以及市场与信息流快速汇聚在城市中，特大城市的内在结构可能出现不稳定的征兆，其中包括社会秩序的潜在失衡问题、人口对资源环境的过度索求以及公共服务系统的过载压力。在特大城市经济动能减弱，进入发展的滞缓阶段时，城市面临的公共风险可能会日益凸显，其中包括但不限于劳动市场的萎缩可能导致社会经济分层加剧，基础设施陈旧可能威胁到市民的生活安全。特大城市因其经济的高度集中和社会的广泛开放性，风险的累积呈现出集中爆发的可能性，并且因为风险因素的互相叠加，使得管理难度加大。比较国际上特大城市的演进路径，我国的特大城市在相对较短的时间内便面临了复杂的风险结构，这一点在城市化快速推进的背景下尤为显著。与此同时，随着"全球城市"战略的推行，与城市的流动性、开放性相关联的风险也在不断累积和显现，城市的可持续发展面临新的挑战。这些挑战将攸关人类生活的基本保障体系，包括但不限于生命支持系统的医疗卫生保障、城市的交通运输网络、能源维系系统的稳定供应以及食品与清水资源的持续可用性和信息通信的安全性。随着全球化进程的不断深入，上述系统性风险在全球范围内的传递速度和影响范围日益扩大，而特大城市作为全球化最为集中的空间载体，其风险传导和扩散机制尤为显著，城市内部可能因此形成更高密度的风险集聚区域。特大城市作为国际交流的枢纽和国家经济的重要引擎，更容易暴露于跨国和跨域的系统性风险之中。

我国经济社会的发展呈现出明显的分阶段性和地区差异性，这种发展模式孕育了多层次、多维度的风险体系。在不同历史发展阶段孕育的传统风险与现代社会中新兴的非传统风险在时空上交织重叠，形成了一个复杂且动态的风险结构。这种结构不仅蕴含了多元风险要素，而且其相互作用增加了预测与应对的难度，带来了更大的不确定性及潜在的破坏力。对于我国的特大城市而言，这一风险结构的复杂性对社会治理提出了新的、严峻的考验。在这一背景下，特大城市的社会治理策略需充分认识到传统风险和非传统风险并存的新现实，并以此为基础构建应对机制。需要综合运用系统科学、社会学和风险管理等多学科知识，对城市的风险因素进行精准识别、评估和分类。此外，特大城市应当采取更为灵活和动态的治理模式，强化风险预警和应急管理体系，同时推动政策的科学决策和公众的广泛参与，以增强城市系统对于内外部风险的适应性和韧性。

第二，人口集聚—辐射进入新的发展阶段。第七次全国人口普查数据显示，人口会继续进一步向特大城市集聚。在现代城市化进程中，都市圈的形成与发展已成为城市空间扩张和人口动态集中的必然趋势。它在国家城市体系中扮演着至关重要的角色，不单是区域内部城市之间协调发展的战略平台，更是推动区域经济共同体竞争力提升的重要载体。随着城市化进程的加速，特大城市的人口集聚—辐射带动作用进一步凸显，与之相伴随的是，周边区域与核心城市之间的相互作用加剧，形成了人员的大规模迁移、信息的高速交换以及商品的连续流通等现象。在这一过程中，都市圈作为城市发展的新模式应运而生，它突破了传统单核心城市的空间格局，转向形成多核心、多层级的城市群落结构，以更好地配合劳动力市场的需求，促进一体化进程。从城市的角度来看，城市化作为现代社会发展的显著特征，其核心体现在人口从农村向城市的转移及其在城市间的再分配，尤其是以特大城市为引擎的劳动力市场一体化进程，标志着城市化向更高层次的演化。中国的城镇化率不断攀升，揭示了城镇化已迈入新阶段，并显现出城市形态转型的必要性。在此背景下，都市圈作为一种新型的城市发展形态，显现出其对未来城镇化道路的引领作用。从经济发展的角度来看，人口密集程度的提高将对城市经济产生深远影响，尤其体现在劳动力市场的高度集中。人口的聚集带动了劳动力资源的丰富，从而降低了企业的用工成本，增强了区域竞争力。同时，人口规模的扩大为城市提供了更大的内需市场，成为推动生产力提升和创新活动频繁发生的催化剂。在一定门槛之上，人口集聚还催生出规模经济和集聚经济的效益，这些效益是通过生产者和消费者之间的互动，以及企业之间的协同合作实现的，进而为经济增长注入动力。人口集聚—辐射作为发展都市圈的关键因素以及原动力，必然在以后的发展中扮演着举足轻重的角色。

2.3　特大城市人口集聚—辐射与重大突发事件综合应急管理能力的格局和趋势

特大城市具有独特的城市分类和规模特征，是地理、政治、经济、社会和文化功能融合在一起的地域实体。这种类型的城市既拥有大量的优质资源，又要应对人口压力和资源利用的挑战。在中国的政策框架中，对特大城市的概念有明确的指向。目前，符合此定义的城市主要有北京、上海、广州、深圳、天津和重庆等 21 个城市。人口集聚从概念界定的角度看，国际上通常只有"人口迁移"的提法，但是，"人口集聚"这个词却常见于中国的情景，因为它与中国特有的城乡二元结构和相关的户籍人口管理制度有着密切的联系。换句话说，诸如"人口集聚"或"聚集人口"等表述更频繁地出现在中国的社会和文化对话中。在全球的研究领域中，"人口集聚"通常被视为人口在空间上的分布变化，其中，"时间"和"空间"被认为是人口集聚的关键因素。

在当前阶段，中国特大城市所承受的人口规模和压力已经达到极大的程度。这些特大城市的人口集聚动态呈现出明显的加速趋势，人口膨胀的问题也日益严重。根据"三普"数据的推算，1982 年，中国的流动人口为 657 万人，只占全国总人口的 0.66%。但到 2016 年底，中国的流动人口总量已经激增至 2.45 亿人，几乎是 1982 年的 38 倍，占全国总人口的 18% 左右。[①] 最近的统计数据揭示，特大城市的常住人口规模庞大，并且增长速度迅猛。按照第七次全国人口普查统计，我国城区人口 1000 万人以上的超大城市有 7 个，500 万人以上 1000 万人以下的特大城市有 14 个。这些超大特大城市的人口规模和经济体量巨大，对社会经济发展具有日益重要的引领作用和标志作用。从人口规模看，21 个超大特大城市的人口占全国人口规模的比重超过 20%。从经济规模看，这 21 个城市经济总量占全国 30% 以上，其中有 17 个城市的 GDP 过了万亿元门槛，经济规模最大的城市甚至已逾 4 万亿元[②]。随着产业和人口向优势区域集中，以城市群为主要形态的增长动力源越发强劲，进而带动经济总体效率提升。特大城市作为社会经济发展的增长极和火车头，不仅具有难以抵挡的人口聚集效应，无可比拟的巨大规模经济效应，同时是社会文明进步的重要标志，日益成为国家现代化进程的强大引擎，同时对城市人口规划也提出了巨大挑战。

2.3.1　形成以特大城市为核心的人口集聚—辐射格局

由于地理位置，自然资源等要素禀赋不同，改革开放以后，各地区发展逐步扩大，我国做出了西部大开发、东北振兴、中部崛起、东部优化发展的一系列部署。伴随着市场化和科技化的发展，区域发展不充分不平衡的现象更加显著，人口和产业不断涌向特大城市，特大城市的综合承载能力和资源优化配置能力受到了严峻的挑战，城市综合应急管理能力不足的现象在中国特大城市的发展中逐步显现。自 20 世纪 90 年代起，中国的人口迁移模式经历了显著的转变。在此期间，中国经济的对外开放与沿海地区工业化的加速，催生了大量农村劳动力向城市集聚的现象。随着国家经济结构的持续优化和产业升级，高技术和具有多样社会属性的人群成为城市人口迁移的新组成部分。随着工业化和城市化进程的深入，城市之间的人口流动日益频繁，城市人口结构也日趋多元化。这种多元化的人口结构促进了城市服务业和高技术产业的发展，而这些产业的发展又进一步吸

---

① 中国卫计委流动人口司. 中国流动人口发展报告 2016，https：//www.chinaldrk.org.cn/wjw/#/home.
② 国家统计局. 第七次全国人口普查公报，https：//www.stats.gov.cn/sj/zxfb/202302/t20230203_1901087.html.

引了多样化的人口群体。在这个过程中，城市间的人口流动和社会属性的变迁反映了经济发展的不均衡状态，东部地区由于其发达的经济和优越的地理位置，吸引了大量人口的迁入，导致国内人口在东部地区的高度集中。随着沿海地区的劳动密集型产业逐步向中西部地区转移，人口的集聚—辐射方向也逐步从东部地区转变为向中西部地区转移，区域尺度下人口的分布呈现出高度的流动性和动态性。中西部地区一些特大城市的省内流动和近距离流动最为突出，推动了中西部地区的人口城镇化过程。虽然国家层面已经实施了西部大开发、中部崛起、东北振兴以及乡村振兴等一系列区域发展战略，旨在实现区域经济的均衡发展，并通过相关政策尝试引导人口流向，但这些措施尚未形成足够的吸引力来有效改变人口向特大城市集聚的传统趋势。

随着中国经济发展进入以信息化为核心的新阶段，传统的生产因素如资本、土地和劳动力在城市经济发展中的边际效应递减，与此同时，科技创新和网络连接等新型生产要素日益成为推动城市经济增长的决定性力量。科学技术和信息网络的快速发展引领了知识密集型产业的兴起，这些产业的集聚和发展趋向于在特大城市形成新的经济增长点，而低端制造业和劳动密集型产业则逐步向中小城市或城市群的边缘地带转移。在此背景下，研究城市经济地理的位置选择和产业聚集的内在机制，尤其是科技和网络联系在其中的作用，对于理解和引导产业空间布局至关重要。城市创新体系的发展不仅需要关注那些能够连接不同网络、促进信息流动和资源共享的关键节点，还应深入探究它们在促进知识创新和产业升级中的核心作用。进一步而言，针对第四次产业革命和双循环新发展格局这两个国家战略的研究，对于构建和完善特大城市都市圈的增长极，以及创新发展模式具有极其重要的意义。这不仅涉及如何在都市圈内部优化资源配置，提升产业链的整体效率和创新能力，还关系到如何在全球产业链和供应链中提升中国城市群的竞争力。

人口、投资等经济要素的集中，促进了聚集经济产生，提高了要素资源分配效率。产业间的高度协调和资源高效利用，有助于提升产业合作的质量，使得具有高技术水平、深加工能力、高市场潜力、低耗环保、可持续有序的协调发展的产业部门占有更高比重。这是产业从低级化转向高级化、从不合理转向合理化的一个升级过程。此外，信息科技的发展对特大城市知识的积累和城市规模以及层次的提高具有促进作用。未来的城市会形成相互联系、相互促进的发展模式和产业结构，并成为核心动力推动特大城市的高质量发展。中国的特大城市如上海、北京、深圳、武汉等特大城市未来将在国际竞争中占据举足轻重的地位。特大城市承载着都市圈和城市群的增长极。以特大城市为核心的城市人口集聚—辐射是城市治理与区域经济协调发展的有机统一，也是城市在空间格局上行政等级分布与经济联系强度的有机统一。人口集聚—辐射的效用需要以特大城市为载体，明确特大城市人口集聚—辐射方式，发挥特大城市的带动作用，推动特大城市加快转变发展方式，统筹优化产业结构、空间布局、人口规模，并对国土空间的总体规划、核心功能定位、调控人口规模密度、国土开发强度等方面问题提供方向，引导特大城市推动城市组团式发展，建成多中心、多层级、多节点的网络型城市群结构，形成以特大城市为核心的人口集聚—辐射格局。

2.3.2 形成以特大城市为核心的重大突发事件综合应急管理能力格局

在社会领域的风险研究中，特大城市的人口集聚—辐射导致的突发事件风险形成了一种独特的风险类别和表现形式。这种风险的存在是社会活动中必须关注的要素，并与社会发展的进程密切相关。在这些庞大的城市中，人口集聚所引起的风险与城市的各类风险交织在一起。当风险发生时，其影响随着城市网络扩散到整个社会环境，可能加剧城市社会风险的级别。突发事件风险既具有现实性，也有建构性的特质。人口集聚所引发的风险本质是潜藏在社会中各种可能引发损害的事件或行为的可能性，这种可能性同时也充满了不确定性。这种不确定性不仅源于风险行为主体触发社会风险的随机性，也源于风险相关各方对突发事件风险的认知和理解上的不确定性。因此，风险从识别、感知、预警、评估到规制的整个流程，每一环都是客观现实与主观价值判断的综合结果。

特大城市人口集聚所带来的突发事件风险构成了一种特定的社会风险形态，其主要源于人口过度集聚，并以庞大的城市作为风险的核心场所。这类风险不仅仅体现在人口的集中和无序迁移对城市交通、商业、物流、住房、医疗、疾病防控、消防、教育以及环境保护等多个领域产生的系统性风险，同时还体现在人口在"融入"城市的过程中产生的社会分层和风险分配的不均衡，从而形成一种社会结构性风险。当前，中国的人口集中现象是在城市化的大背景下由当前主要的社会矛盾所决定的，这就是人民日渐增长的对美好生活的需求与发展的不平衡、不充分之间的矛盾。人口的集中在创造财富和价值的同时，也在聚集本身中隐藏和累积了风险。这种风险的源头在于：一方面，人口集聚行为本身增加了触发风险源的概率，这极可能引发危机和灾难；另一方面，由于人口集聚可能引发的群体利益冲突或矛盾纠纷的可能性增加，如果没有得到及时的预防和有效的管理，很可能引发群体性事件或社会对抗行为，进一步导致社会的混乱和无序。由特大城市人口集聚引发的突发事件风险是一种系统性和结构性风险的融合体，在实际生活中展现出多元化和多层次的风险形态。在特定环境下，这些风险可能彼此交织，形成共生关系，并相互影响。这些风险主要包括制度性风险、主体性风险和技术性风险等。

（1）制度性风险。由于公民权益和社会福利在"人—户"分离背景下的制度性"隔阂"，以及城市资源和公共服务对本地居民的倾斜导致的公平性缺失，在客观上形成了对流动人口的制度性阻碍和偏见。因此，大批在特大城市集聚的流动人口无法享受与本地居民相等的社会公共服务，从而催生了被称为"半市民"或"准市民"的特殊社会群体。这些人群不仅在经济活动中往往从事以体力为主的工作，其社会身份和职业地位也不高，这种情形进一步加重了社会阶层分离，使得社会分化的现象愈发突出，社会的冲突和矛盾也因此积压并逐步升级。

（2）主体性风险。主体性风险主要关注风险调控主体和风险行为主体的相互影响。一方面，特大城市的风险调控主体，通常是政府实施一系列的风险管理措施，如识别、分析、评估、预警、疏导和化解风险。然而，目前这些主体在处理大规模人口集聚引发的突发事件和社会风险时面临一系列挑战，包括风险信息来源的单一性和阻塞现象，信息"鸿沟"效应，风险调控体制的碎片化，以及权责不明、风险参与度不足和协同作用不足等问题。另一方面，人口作为风险行为主体，在特大城市中存在的"年轻化、低学历、低技能"等特征使得他们在风险感知和识别上处于劣势地位，这增大了引发城市潜在的传统风险（如自然和人为灾害）以及工业化和后工业化阶段叠加性风险的可能性。与此同时，主要从"乡村到城市"的流动人口在离开他们的传统社会结构后，他们原有的社会约束正在被解构，而在进入特大城市之后，由于社会阶层的固化和社会流动的不足，他们的边缘化倾向更为明显，使他们难以融入新的社会环境，从而可能引发重构性的社会失序风险。此外，由于特大城市存在的人口压力，政府利用"户籍"作为人口调控的手段，这加重了"制度不公"的现象，进一步加剧了资源和风险的逆向分配。而社会保障制度作为风险防控的最后防线，对人口的覆盖和基本保障严重不足，使得流动人口更容易处于被动的高风险环境中。因此，特大城市出现了"风险调控主体和风险行为主体"的双重错位风险。

（3）技术性风险。特大城市人口密集的环境催生了一种被称为"差序格局就业"的现象，这种现象以其鲜明的"亲缘"和"地缘"特性为特征，并伴随着就业规范不足和低保障率等问题。这些问题不仅增加了居民就业和失业的风险，也在客观上提高了人口流动性。对于特大城市而言，这种"差序格局就业"

的现象，进一步加强了特大城市的人口流动性，其影响力给特大城市的人口集聚—辐射管理环境带来了复杂性。为了有效地规制人口集聚—辐射的风险，特大城市需要及时、准确、全面地掌握人口信息。然而，当前的特大城市流动人口信息管理仍然落后，信息收集和数据分析的技术化程度不高。这不仅使获取流动人口基本情况的速度和效率降低，而且对社会心态的变化更是难以准确把握。因此，特大城市流动人口集聚—辐射风险在本质上是一个由人口集聚—辐射引发的社会风险问题，这个问题以特大城市为特定场域。更为具体地说，这个风险是指在特大城市中，由于人口集聚—辐射的过度发展而给个体、家庭或群体带来损失的不确定性，或者对特大城市的社会稳定秩序构成威胁或破坏的可能性。

"十四五"时期是我国全面建成小康社会、实现第一个百年奋斗目标之后，乘势而上开启全面建设社会主义现代化国家新征程、向第二个百年奋斗目标进军的第一个五年，是中国建成现代化国际化创新型城市的关键时期，也是机构改革以后，绘制重大突发事件综合应急管理能力事业宏伟蓝图的第一个五年，必须深刻认清当前特大城市安全发展所面临的新局势、新机遇、新挑战，充分借鉴国内外重大突发事件综合应急管理能力的先进经验，完善应急管理法治保障体系，健全风险防范化解长效机制，提升灾害事故预防应对能力，加快推进特大城市重大突发事件综合应急管理能力的现代化建设，并大力提升特大城市突发事件综合应急管理能力的科学化、专业化、智能化、精细化水平。

2021 年 12 月，为全面贯彻落实习近平总书记关于应急管理工作的一系列重要指示和党中央、国务院决策部署，扎实做好安全生产、防灾减灾救灾等工作，积极推进应急管理体系和能力现代化，制定了《中华人民共和国国民经济和社会发展第十四个五年规划和 2035 年远景目标纲要》。特大城市作为国家发展的核心单元，提升特大城市突发事件综合应急管理能力，构建以特大城市为核心的城市重大突发事件综合应急管理体系，是特大城市发展到一定阶段的必然选择，是特大城市高质量发展的重要保证。因此，构建以特大城市为核心的城市重大突发事件综合应急管理体系，加强整合特大城市空间，进一步提升对于突发事件的预警、评估以及治理能力，构建起"人口集聚—辐射—风险预警—风险识别—风险治理"的特大城市重大突发事件应急管理模式，对于进一步激发特大城市的经济活力、提高特大城市的整体综合承载和资源优化配置能力具有十分重要的意义。

第 3 章

特大城市人口集聚—辐射与重大突发事件综合应急管理能力的理论架构

3.1 特大城市人口集聚—辐射与重大突发事件综合应急管理能力的研究框架

3.1.1 作用机理的理论框架构建维度依据

机理，原意本指机器构建和工作原理，在本书中指以特大城市人口集聚—辐射为核心的重大突发事件综合应急管理能力形成所需要的条件构成及其相互作用的关系。而现代意义上的"突发事件"更多地源于人类活动的不确定，当前特大城市重大突发事件在一定意义上也是在城市化过程中被"人造出来的风险"（邓彩霞，2013）。以特大城市人口集聚—辐射为核心的重大突发事件综合应急管理能力的分析分别从静态以及动态两个角度进行分析。从静态的角度来看，特大城市人口的高度集聚，使得特大城市对周边地区的辐射带动作用逐渐增强。因此，必须纳入对整个特大城市辐射区域的综合评估，才能准确判断特大城市自身的应急能力。从动态角度看，特大城市与周边城市通过人口流动、资源配置、基础设施建设等不断加强互联互动，逐渐形成网络化的区域突发事件综合应急管理体系。同时，在此过程中特大城市的应急能力建设和管理，也会对周边城市产生积极的辐射带动作用，周边城市的支持也可提升特大城市的综合应对能力。综上所述，静态和动态视角有助于我们立体、全面地看待特大城市突发事件综合应急能力建设，以便做出系统化的布局规划，在区域范围内提升整体抗风险能力，更好地应对可能出现的各类突发事件，这对推进特大城市高质量发展具有重要意义。

从时空互动维度对以特大城市人口集聚—辐射为核心的重大突发事件综合应急管理能力进行分析。从时间角度看，特大城市人口集聚带动了产业结构升级和经济增长，这为提升应急管理能力建设提供了资金保障；与此同时，提高资源配置效率也能给应急管理创造良好条件。因此，时间因素是支持和保障特大城市应急能力建设的关键所在。从空间角度看，特大城市向外辐射扩张形成都市圈，使得应急管理需面向更广域的范围。特大城市及其周边城市通过交流联动，可以形成区域性的应急协同体系，共享信息资源，建立起覆盖面更广的应急管理网络。从时空互动维度来看，由于人口的辐射效应，特大城市与外围城市和地区相互影响，不同的城市和地区之间相互交流，进一步强化了特大城市的人口集聚效应，特大城市的综合应急管理能力也随着人口的辐射效应扩散到外围城市，实现区域共性安全。

以特大城市人口集聚—辐射与重大突发事件综合应急管理能力提升的关键重点在于：如何对特大城市人口集聚—辐射效应与突发事件综合应急管理能力进行评估？如何提升特大城市突发事件综合应急管理能力使得与特大城市的人口集聚—辐射相匹配？我国特大城市人口集聚—辐射与重大突发事件综合应急管理能力提升的过程中，主要参考的理论包括城市化理论、协同治理理论、集聚—辐射理论、城市人口风险理论、城市复杂性理论、城市生态学理论、灾难管理系统、城市治理理论和风险社会理论。

第一，基于城市化理论的角度分析。城市化理论作为一个关键的理论框架，它提供了深入理解和研究特大城市人口集聚和提升重大突发事件的应急管理能力的方法。首先，城市化理论的基本原理阐述了城市的发展和改变是由一系列相互关联的因素所决定的，包括人口集聚、经济发展、技术进步和环境改善（韩少秀，2021）。理解这些因素及其相互作用对于理解特大城市突发事件综合应急管理能力至关重要。其次，城市化理论强调特大城市需要根据人口分布的动态变化和不同区域的特性，制定出符合实际情况的应急管理策略。因此，需要深入理解不同区域的特性并制定出差异化的应急管理策略。最后，城市化理论也强调城市与农村、城市之间的相互联系和影响（王柳，2012），这对于特大城市应对突发事件具有重要的启示。当特大城市发生突发事件时，其影响可能会迅速扩散到其他城市和农村。因此，特大城市的应急管理必须具有全局观念和协调能力，能够有效地与其他城市和农村协同应对。这就需要打破行政区划的界限，建立起更为紧密的合作机制，以实现资源的优化配置和协同应对。城市化理论提供了一种研究城市发展和变迁的框架，通过研究城市的发展，可以更好地理解和预测特大城市的应急管理能力的变化趋势。例如，随着城市化的进程，特大城市突发事件综合应急管理能力可能会因为经济的发展、科技的进步、社会制度的改革等因素而得到提升。同时，也应该警惕那些可能降低突发事件应急管理能力的因素，如人口过度集聚、环境质量的恶化、社会矛盾的激化等。综上所述，城市化理论为分析特大城市突发事件应急管理能力，提供了系统化的视角和研究范式。运用该理论，有助于从人口、经济、环境等多个角度提升特大城市应对突发事件的能力，使应急管理体系更加科学化。

第二，基于协同治理理论的角度分析。协同理论是 20 世纪 70 年代德国物理学家麦尔曼·哈肯创立的，主要研究外在参数驱动下子系统之间的相互作用、结构特点及其演化规律（于克旺，1989）。本书的协同治理主要指的是特大城市公共生活中，运用法律、行政、科技、知识等手段，使一个无序混乱的系统中的诸多子系统间相互协调、共同作用，从而产生一个有序的协同系统，实现力量的整合与增值，提升城市突发事件综合应急管理能力，维护和保障社会公共利益。由于特大城市人口集聚—辐射的效应，特大城市与周边城市的关联性逐渐紧密，加上特大城市人口和生产的高度集聚和流动，社会和经济系统在重大突发事件下的高度敏感性以及脆弱性日益突出，使得特大城市的任何一个地方发生重大突发事故，都可能对其辐射区域内其他地方的经济社会发展产生重大的影响。基于协同治理理论的视角，可以更好地理解和应对特大城市人口集聚—辐射效应带来的突发事件应急管理的挑战。协同治理理论强调必须突破行政区划限制，实行区域协同的应急管理模式，同时各相关方面应当加强沟通协调，共享信息资源，统筹规划布局，形成合力，建立起高效的区域性突发事件应急管理网络。这不仅能够提高特大城市自身的应对能力，也能够增强整个城市群的抗风险能力，实现区域共性安全。协同治理理论为特大城市突发事件应急管理提供了宏观的视野，有助于从组织协调和资源整合的角度提升应急管理水平。运用协同治理理论指导特大城市突发事件应急管理，对于维护特大城市安全发展和社会公共利益具有重要意义。

第三，基于集聚—辐射理论的角度分析。首先，特大城市的集聚动力体现在资源和要素向具有区域优势的城市空间汇聚的过程中，旨在通过地理集中营造更为高效的经济运作模式。此过程伴随着由分散向集中的空间经济转型，其特征是空间分布的均衡性逐步向集聚性的不平衡状态演变（许政，2010）。在此转型过程中，特大城市内部的人口、工业、资金以及科技等关键经济要素的集中，催生了规模经济的形成与扩张。随着规模经济的拓展，城市的基础设施建设、社会福利体系以及城市安全等领域对于更高水平的要求日渐凸显。这种要求驱动城市进一步优化其社会经济组成要素，以形成更为完善的发展路径。然而，在经济聚集至一定规模后，可能出现聚集不经济现象，即规模扩张带来的边际效益递减，这导致城市发展向外围地区蔓延，以寻求新的增长空间。这种向外围扩散的城市影响力，促使城市与外围地区形成了中心与边缘的互动模式，既推进了城市的进一步发展，也带动了外围地区的经济社会进步。其次，在城市经济的空间演变中，产业结构的调整与重组不断在城市中心与外围地区之间展开。随着城市中心的生产与运营成本的上升，传统的制造业等第二产业开始寻求成本较低的地区进行地理转移，进而在城市郊区或周边地区形成新的工业聚集区域，如产业园区，以此再次触发集聚效应的新循环。与产业迁移相伴随的是人口分布的空间变化，城市核心区域因第二产业的迁出以及第三产业的兴起，成为人口集聚的高密度地区，这一现象进一步推动了城市核心区域的社会经济结构向服务化、信息化转型。然而，这种过度集聚带来的副作用是居住成本的上升、生活质量的潜在下降以及社会矛盾的增加。与此同时，周边地区随着产业链的完善和第二产业的崛起，其经济实力逐步增强，吸引劳动力向外转移，形成城市化的新趋势。随着城市经济的空间转移，产业与人口流向的变迁引导了城市边缘区域资源与劳动力的重新配置，进而促成新的城市增长点的形成。城市的蔓延进一步推动了城市规模的扩张，使得某些原本属于郊区的区域也被纳入城市发展的版图之中，从而改变了城市的空间结构，使得辐射效应表现为一种区域内部要素之间的空间动态重构现象。这种重构呈现出从中心向外围递进的格局，形成了分层次、阶梯状的区域结构。各城市要素的互动和流动，逐渐从向特大城市的集中转变为更加广泛地向外围地区传播与影响。再次，城市间交通网络的完善和升级，不仅缩短了城市之间的物理距离，也强化了经济要素的流动性和效率。城市的辐射力得到进一步增强，其对周边城市及区域的经济带动作用也显著提升，这种经济动力的传递和分散，推动了区域内多极化发展趋势的形成，促进了区域经济的整体性增长。在这一过程中，城市间的相互作用和联系由原先的单一重力场模型，转变为更复杂的网络型结构。受到辐射影响的城市在新的外部环境和要素资源下开始进行新一轮的集聚效应，从而使得地区内不断形成集聚—辐射—再集聚—再辐射的循环和转化模式（殷培伟，2022）。基于集聚—辐射理论的视角，可以更深入地认识特大城市人口集聚—辐射效应与突发事件综合应急管理之间的内在关联。这种动态的集聚—辐射循环，使得区域经济得以整体提升。因此，研究城市人口集聚—辐射规律，对于科学预测区域发展趋势、提前布局应急资源、建立区域应急协作网络、实现区域应急管理能力的整体提升具有重要意义。

第四，基于人口风险理论的角度分析。特大城市作为人口与经济活动的高密集区，其所承受的人口压力与风险正在不断显现。特大城市的人口结构和需求模式随着时间的推移和城市化进程的深入也在发生复杂性的转变。在多元化因素驱动下，特大城市面临的人口风险对城市的可持续发展构成了严峻挑战（木永跃，2018）。首先，特大城市的人口系统是一个综合体，这些内部要素之间存在着密切的联系和相互作用（杨子慧，1993）。在此系统中，人口风险涉及多方面的潜在威胁，包括人口过度集中引发的城市资源紧张、基础设施不足、环境恶化、社会服务供给缺口等问题。这些问题的出现和加剧，反过来又会影响城市人口的素质和结构，形成一种复杂的互为因果的关系。同时，人口系统并非封闭的。外部环境的变化，如经济波动、政策调整、科技进步、文化交流等，都会对城市人口系统产生深远的影响。其次，特大城市作为复杂的社会经济系统，其人口问题是城市规划与管理中的核心议题。特大城市人口风险不仅源于人口系统内部的各种潜在不稳定因素，还与外部环境因素紧密相连。特大城市人口风险的形成是一个多元化的成因过程，不仅仅涉及人口数量的增减和人口质量的变化，还与人口系统外部环境相适应的能力有关。当特大城市的承载力、资源配置、环境容量等外部因素与人口增长的趋势不匹配时，便可能导致各种社会问题的出现，从而构成对城市发展的潜在威胁。人口集聚—辐射本身并不直接导致城市问题的产生，人口集聚—辐射与突发事件综合应急管理能力之间的错配，才是导致风险形成的根本原因。再次，以人口风险理论研究特大城市，超越了前人研究人口内部结构与数量变化的单一视角，转而采取一种系统性的研究框架。这一框架全面融合人口学、社会学、经济学和环境科学的理论与方法，侧重识别和解释人口风险的多维成因。人口的每一个内部变量，如生育率、死亡率、迁移率以及教育水平，都在与经济发展水平、社会福利政策、环境质量等外部条件相互作用中，共同决定着城市的人口风险状况。最后，人口风险理论中城市人口的变动具有惯性。这些惯性导致特大城市人口风险一旦启动，便可能在城市社会经济结构中产生连锁效应，从而影响城市的整体稳定与发展（冯解忧，2014）。基于人口风险理论研究特大城市人口集聚—辐射与重大突发事件综合应急管理能力，具有重要的理论价值和实践意义。从理论上看，人口风险理论可以使我们更加立体和全面地认识特大城市复杂的人口动态变化及其对于城市发展的影响。同时，人口风险理论为剖析人口风险的成因机制、演变规律和治理路径提供了独特的视角。运用该理论开展研究，不仅有助于深入理解特大城市面临的人口挑战，也可以丰富和发展人口风险理论在特大城市研究中的应用。从实践上看，这种研究对于提升特大城市的风险治理和应急管理能力具有重要的指导意义。它可以帮助特大城市更好地把握人口发展与城市发展之间的平衡，提前识别人口风险，并采取有效的政策进行治理，以确保城市的有序和可持续发展。同时，这种研究也为特大城市改进重大突发事件的应急预案提供了理论依据，有助于增强城市抵御突发事件的能力。

第五，基于城市复杂性理论的角度分析。作为一种研究城市生态系统内部相互关系和影响的理论工具，对于理解和引导特大城市在人口聚集和应对重大突发事件的综合应急管理能力方面有着重要作用。首先，从系统性的角度看，城市是一个复杂的系统，其中包含了众多的子系统，这些系统之间相互影响、相互制约，共同构成了城市的复杂性。因此，应急管理就不仅仅是应对突发事件本身，还需要从整体上考虑城市系统的复杂性和动态性，以及这些因素对应急管理能力的影响（容志，2023）。其次，城市复杂性理论强调了城市系统的不确定性和可变性。特大城市综合应急管理不能仅仅依赖于事前的规划和预设，而应更多地依赖于灵活的响应和适应。这就需要建立一个能够及时收集和分析信息，快速做出决策，且有足够的灵活性来适应不断变化情况的应急管理体系（栾宇，2023）。再次，城市复杂性理论还强调了城市系统的自我组织性和适应性。这意味着，在应对突发事件时，特大城市不仅可以通过顶层设计来提高应急管理能力，还可以通过促进城市内部的自我组织和适应，以提高城市的整体抵抗力。最后，城市复杂性理论提出了对城市系统的动态观察和研究方法。这对于特大城市的应急管理具有重要的指导意义。城市系统是一个动态变化的系统，其状态和行为会随着环境的变化和内部因素的变化而变化。因此，对于特大城市的应急管理，不能仅仅关注当前的问题和挑战，还需要关注城市系统可能出现的未来变化和新的挑战，以及这些变化对应急管理的影响（易承志，2023）。总的来说基于城市复杂性理论，可以更全面、深入地理解特大城市面临的人口聚集问题和突发事件的应急管理问题，同时，能够更好地揭示这些问题的本质，更准确地预测未来可能出现的新问题，从而为特大城市的应急管理提供科学的理论指导和政策建议。同时，城市复杂性理论也提供了一种新的视角，可以从系统、动态和整体的角度去理解和应对城市复杂问题。

第六，基于城市生态学理论的角度分析。特大城市作为城市生态系统的重要组成部分，其人口集聚现象和重大突发事件的应急管理能力，都与城市生态学理论有着紧密的关联。特大城市人口集聚带来了城市的高度发展和繁荣，但同时也带来了许多环境和社会问题。城市生态学理论为理解和解决这些问题提供了重要视角。首先，城市生态学理论强调城市是一个生态系统，人口、资源、环境等各种要素在其中相互影响、相互制约。因此，人口集聚不仅对城市的经济发展、社会变迁有影响，也对城市的环境质量、资源使用、生态平衡等产生了深远的影响

（任远，2005）。理解这些影响有助于城市管理者制定相应的政策和措施，促进城市的可持续发展。其次，城市生态学理论强调城市的开放性和动态性，这为理解特大城市的人口集聚提供了新的视角。特大城市的人口集聚是一个动态的过程，受到自然条件、经济发展、政策制度等多种因素的影响。城市生态学理论强调，应该从一个动态的、全局的角度去理解和研究人口集聚，而不是仅仅从静态的、局部的角度去看待。这样，才能更准确地把握人口集聚的规律，更有效地应对人口集聚带来的挑战。最后，城市生态学理论强调城市的复杂性，这对于理解和提升特大城市的应急管理能力具有重要的启示。城市是一个复杂的系统，任何一个突发事件都可能引发系统内部的连锁反应，使得应急管理的难度大大增加。而城市生态学理论提供了一种研究城市复杂性的方法，即通过研究城市内部的关联性和反馈机制，来理解和预测城市的动态变化。这对于提升特大城市的应急管理能力，尤其是在应对复杂、多元、不确定的突发事件时，具有重要的参考价值。城市生态学理论还强调城市与其周边环境的相互影响。特大城市的突发事件可能会影响城市周边的环境，相对地，城市周边环境的变化也可能引发城市内部的突发事件。因此，需要充分认识到城市与环境的相互联系，将城市与环境作为一个整体来考虑应急管理问题。这既包括保护环境，防止环境变化引发的突发事件，也包括利用环境资源，提升城市的应急管理能力。综上所述，基于城市生态学理论研究特大城市人口集聚—辐射与重大突发事件综合应急管理能力，具有重要的理论价值和实践意义，为理解特大城市这一复杂生态系统及其内部相互作用提供了独特的视角。运用该理论进行研究，可以增进对特大城市人口动态变化规律及与城市可持续发展之间关系的认识。不仅丰富了城市生态学理论在特大城市研究中的应用，也为分析城市内部的复杂性和系统性提供了新的理论工具，为提升特大城市的应急管理能力提供了重要借鉴。

第七，基于灾难管理系统理论的角度分析。首先，特大城市由于其规模大、人口多、复杂性高，应对灾难的能力需要通过系统的应急管理程序来提高。这包括提高应急响应的速度和效率，提高救援和恢复的能力，提高灾后重建和恢复的能力等（李晓翔，2010）。基于灾难管理系统理论，可以研究和应用各种应急管理的方法和技术从而提高特大城市的应急管理能力。其次，灾难管理系统理论也强调了社区参与的重要性。特大城市的社区由于其地理位置、社会结构、经济状况等因素的不同，面对灾难的风险和应对能力也会有所不同。因此，基于灾难管理系统理论，充分调动社区的参与，利用社区的资源和能力，提高特大城市的灾难应对能力。总的来说，基于灾难管理系统理论来研究大城市人口集聚与重大突发事件综合应急管理能力研究的作用机理，不仅可以帮助更好地理解和预测灾难风险，还可以帮助建立有效的应急管理体系，增强特大城市的灾难应对能力，从而减少灾难对人民生命和财产的影响，保护社会的稳定和发展。

第八，基于城市治理理论的角度分析，可以更深入地理解特大城市人口集聚与重大突发事件综合应急管理能力的关系。首先，城市治理理论强调了多元化的决策过程，特大城市由于其人口数量庞大、种族文化多元、经济活动繁复，使得城市治理的复杂性和难度大大增加。人口集聚所带来的多元化和复杂性使城市治理面临着巨大的挑战，这包括如何公平地分配城市资源，如何有效地解决城市问题，如何满足不同群体的需求等（赵孟营，2018）。基于此，城市治理理论提供了一种全面性和参与性的治理方式，它强调了公众参与的重要性，这对于处理人口集聚带来的问题和挑战具有重要的指导意义。其次，城市治理理论也强调了应对突发事件对于城市安全发展的重要意义。特大城市由于其人口密度高、空间独特性和经济活动的集中性，使得其在面对突发事件时对于城市发展的冲击力更强，同时在应对和处理突发事件时面临更多的挑战。例如，如何在短时间内有效地疏散大量人口，如何在面对突发事件时保持城市的正常运行，如何在灾后迅速恢复和重建等。城市治理理论通过强调多元决策过程和公众参与，提出了一种更加开放和灵活的应对突发事件的方式，这对于提高特大城市的应急管理能力具有重要的参考价值。最后，城市治理理论还指出了城市治理的动态性，城市治理不是一个静态的过程，而是一个不断适应和变化的过程。特大城市人口集聚和应急管理能力的关系也是动态的，它会随着人口变化、城市发展、技术进步等因素的变化而变化（夏志强，2017）。因此，需要持续地关注和研究这种关系，以便更好地理解和应对城市的挑战。总的来说，城市治理理论提供了一种理解和研究特大城市人口集聚与重大突发事件综合应急管理能力的新视角，不仅能够帮助城市管理者理解人口集聚对城市治理的影响，也提供了一种提高特大城市应急管理能力的新方式。通过开放性和多元性的决策过程，可以更好地应对城市的挑战，提高城市的韧性和可持续性。

第九，基于风险社会理论的角度分析，风险社会理论是由德国社会学家乌尔里希·贝克提出的，它认为在现代社会，风险已经成为社会结构和社会变迁的主要驱动力。基于这个理论，可以理解特大城市人口集聚与重大突发事件综合应急管理能力的关系。首先，在特大城市中人口集聚引发了一系列的社会风险。例如，人口密度的增加可能导致疾病的快速传播，高楼大厦的密集可能加剧火灾的蔓延，交通拥堵可能阻碍应急救援的进行，以及大规模的人口流动可能引发社会秩序的混乱。这些风险不仅威胁到城市居民的生活质量和安全，也对城市的应急管理能力提出了极大的挑战（齐二石，2008）。风险社会理论指出，面对风险时社会需要制定出一套全面的风险管理策略，包括风险的识别、评估、控制和应对等。在特大城市中，需要建立起一套有效的应急管理系统，以应对由人口集聚引发的各种风险。这个系统包括早期预警、应急响应、后期恢复等各个环节，以确保城市能够在面对突发事件时，最大限度地降低损失，保护城市居民的生命安全和财产安全。其次，风险社会理论也指出，风险的管理并不能完全依赖技术或制度，更重要的是社会的参与和公众的教育（冯昌道，2022）。在特大城市中，由于人口众多、文化多元，如何让所有人都了解并参与到风险管理中，是一个极大的挑战。因此，城市应该积极开展公众教育，提高城市居民的风险意识，培养他们的风险应对能力。总的来说，风险社会理论提供了一个理解特大城市人口集聚与重大突发事件综合应急管理能力关系的新视角。它揭示了人口集聚所带来的风险，强调了风险管理的重要性，提出了公众参与和教育的重要性。这不仅对理解城市人口风险具有重要的理论指导意义，也提供了提高城市应急管理能力、增强城市居民风险应对能力的有效途径。在面对日益复杂的城市风险时，需要从风险社会的视角出发，积极应对、不断探索，以期构建一个更加安全、有韧性的城市。

3.1.2　作用机理的理论构建框架

本书的主要焦点是对特大城市人口集聚—辐射与重大突发事件的综合应急管理能力之间影响的深入剖析。本书试图从静态和动态的视角以及从空间和时空交互的维度，揭示特大城市人口集聚—辐射与重大突发事件应急管理能力之间的作用机理。特大城市的人口集聚—辐射对于应对重大突发事件的综合应急管理能力产生了深远影响，这种影响在促进特大城市经济的稳定增长和提高资源配置效率方面显得尤为突出。然而，基于人口集聚—辐射的特大城市应急管理能力提升模式在现实中面临着一些问题。因此，对其逻辑演进、相互关系、作用机理以及实现路径的深入研究显得尤为重要。通过识别特大城市人口集聚—辐射的空间范围，以及评估城市的突发事件综合应急管理能力水平，并据此引导特大城市在人口集聚—辐射和应对重大突发事件的综合应急管理能力之间找到最佳的匹配点，这样就可以更有效地解决基于人口集聚—辐射的特大城市应急管理能力提升模式中存在的问题，从而最大限度地提高城市的应急管理能力。

本书基于城市复杂性理论、城市化理论、城市生态学理论、协同理论、集聚—

辐射理论、城市人口风险理论、城市治理理论、风险社会理论，提出特大城市人口集聚—辐射与重大突发事件综合应急管理能力的匹配过程：特大城市人口集聚→特大城市经济增长和资源配置效率提高，人口风险加剧→特大城市人口辐射→人口向卫星城市转移，特大城市空间范围发生变化→特大城市与卫星城市突发事件综合应急管理调整→特大城市人口集聚—辐射与重大突发事件综合应急管理能力相匹配。

以特大城市人口集聚—辐射与重大突发事件综合应急管理能力相匹配为目的，本书对以特大城市人口集聚—辐射为核心的突发事件综合应急管理能力的实现路径进行分析，通过对特大城市人口集聚—辐射效应的范围测度、特大城市人口集聚—辐射危险性的测度、特大城市人口集聚—辐射风险影响因素分析、特大城市人口集聚—辐射风险政策评估四个层面的演化过程分析，认为以特大城市人口集聚—辐射为核心的突发事件综合应急管理能力提升的核心作用区域均在特大城市，需要通过人口集聚—辐射效应来提高特大城市的辐射带动作用和大中小城市（镇）的发展水平，以促进特大城市和大中小城市（镇）的协调安全发展，提升整体的突发事件综合应急管理能力。以辐射效应为核心构建以特大城市为中心的都市圈，通过促进大中小城市（镇）的经济发展水平不断提升，进而提高特大城市以及辐射区域的整体综合风险承载能力和资源优化配置能力。

具体而言，其路径为：特大城市的人口集聚→人口流动增大→人口在特大城市及卫星城市集聚扩散→集聚—辐射理论，特大城市人口集聚→特大城市人口规模增大→特大城市人口风险性提高→城市人口风险理论，特大城市人口辐射→特点城市空间载体扩大→特大城市与卫星城市风险要素流动→城市治理理论，特点城市人口辐射→特大城市行政管辖权利扩大→特大城市行政区位优势提高→协同理论。随着特大城市人口集聚—辐射发展格局的形成，促使特大城市建成区空间不断扩张，形成特大城市与卫星城市的协同关系，根据中心—外围理论，在此过程中，以特大城市人口集聚—辐射为核心的重大突发事件综合应急管理能力不断成熟，且这一过程中以特大城市为主体的区域内大中小城市（镇）发展不断加快。在特大城市人口集聚—辐射效应的不断影响下，不仅提高了城郊地区的发展水平同时也提升了区域内整体的突发事件综合应急管理能力。综上所述，构建出关于特大城市人口集聚—辐射与重大突发事件综合应急管理能力作用机理的理论框架，如图 3 - 1 所示。

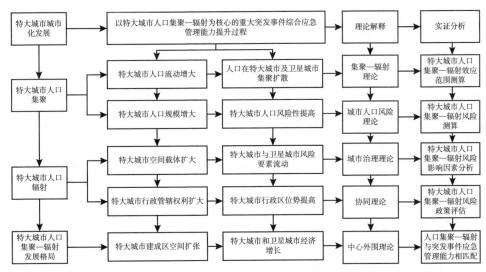

图 3-1　特大城市人口集聚—辐射与重大突发事件综合应急管理能力作用机理的理论框架

3.2　特大城市人口集聚—辐射与重大突发事件综合应急管理能力的作用机理分析

3.2.1　特大城市人口集聚—辐射与重大突发事件综合应急管理能力静态与动态维度分析

研究特大城市人口集聚—辐射与重大突发事件综合应急管理能力的理论框架，可以从多个维度对特大城市人口集聚—辐射与重大突发事件综合应急管理能力进行理论框架的构建。特大城市人口集聚—辐射对重大突发事件综合应急管理能力影响的静态维度，包括特大城市人口集聚—辐射效用的测度、范围界定，以及特大城市人口集聚—辐射风险的发展态势研判。特大城市人口集聚—辐射对重大突发事件综合应急管理影响的动态维度，包括特大城市人口集聚—辐射效应的影响因素测算，以及政策效应对于特大城市人口集聚—辐射效应的影响。在规划和建设上，运用相关政策和治理方法提升特大城市突发事件综合应急管理能力，形成高效率的特大城市重大突发事件综合应急管理体系，实现特大城市良性的人口集聚—辐射效应；通过特大城市人口辐射效应机制，重塑特大城市与周边中小城市之间的关系，破解我国区域不充分不协调的发展问题，以及区域整体应对突发事件冲击的能力较弱的现实问题。下面结合特大城市人口集聚—辐射以及重大突发事件综合应急管理能力的现状，对特大城市人口集聚—辐射与重大突发事件综合应急管理能力的适用性和科学性展开论证。

第一，特大城市人口集聚—辐射与重大突发事件综合应急管理能力的静态维度分析。

随着城市化发展和人口流动政策的逐步放松，使得特大城市人口流动的规模也在不断扩大。随之出现了一种新的矛盾，即人口集聚—辐射与应对重大突发事件的综合应急管理能力之间的不匹配。为了解决这个问题，需要调整特大城市人口集聚—辐射效应，以发挥人口辐射区域内各大中小城市（镇）的发展潜力，扩大其规模并提高其整体发展水平，促进特大城市和卫星城市的高质量发展和突发事件综合应急管理能力的协同提升。特大城市是中国人口集聚—辐射的核心，通过强化对特大城市人口集聚—辐射的调控并正确引导，可以进一步发掘特大城市的人口辐射作用，实现城市间的互联互依，进而推动周边城市的发展，实现城市群的协同发展，提高区域应对重大突发事件的综合应急管理能力。

首先，对于突发事件综合应急管理能力提升需要强化特大城市对其周围地区的人口辐射动力，从而推动城市群中大中小城市（镇）的发展。对特大城市自身而言，人口辐射能力的增强进一步加强了特大城市辐射区内的城市间的经济和政治联系（史安娜，2019），这不仅有助于推动特大城市人口辐射范围内的大中小城市（镇）的发展，而且对于提高突发事件的综合应急管理能力也具有重要的推动作用。在人口集聚—辐射的影响下，特大城市辐射范围内的各类城市（包括大中小城市和镇）受到特大城市人口集聚—辐射的推动，得以持续发展。这加强了城市间的经济联系，而且进一步增强了特大城市与辐射范围内的各类城市（镇）的经济关联性。因此，特大城市的人口集聚—辐射是提升区域整体应对突发事件的综合应急管理能力的重要途径。总的来说，特大城市的人口集聚—辐射既是推动城市群发展的重要手段，也是提升区域整体应对突发事件的综合应急管理能力的重要方式。这种方式的实施和发展需要基于深入的理论研究和实践探索，以确保在推动城市群发展和提高应急管理能力方面的有效性和效率。

其次，特大城市人口集聚为创新活动提供了充裕的人力资源保障。大量的专业技术人才和具有创业精神的群体汇集在城市，他们是科技创新的主力军，丰富的人力资源奠定了创新型城市建设的基础。这些人才不仅具备丰富的专业知识和技能，而且拥有创新思维和创造力，可以对现有的知识和技术进行深入研究和改进，产生新的创新思想和创新成果。同时，也可以通过教育和培训，将自己的知识和技能传授给其他人，从而形成一个持续不断的创新链条。随着城市人口的不断积聚，与之形成的规模效应，促使更多创新要素向城市聚集。庞大的人口群体带来了巨大的消费需求和丰厚的税源收入，这促使企业和政府加大科研投入力度。同样，浓厚的创新氛围也吸引了更多投资机构将资金投向创新项目。资金、人才、技术等要素向城市及周边地区不断集聚辐射，从而实现可持续的人口集聚规模（谭静，2012）。这种规模效应不仅可以吸引更多的创新要素，也可以提高创新的效率和效果。例如，大规模的研发活动可以实现经济规模效益，提高研发的效率和产出；大规模的创新活动也可以吸引更多的关注和支持，提高创新成果的社会影响力和市场价值。这对于构建城市创新能力产生了重要影响。随着特大城市创新能力的不断发展，其与突发事件综合应急管理的联系也逐渐紧密，使得特大城市人口集聚—辐射还对构建城市应急管理智慧平台产生了深远的影响。党的十九届四中全会中，"科技支撑"被看作完善社会治理体系的关键元素。智慧城市不仅在创新城市管理方面起到支撑作用，还在风险治理中发挥着重要作用（陈冠宇，2022）。依靠 5G 通信、云计算、大数据分析和人工智能等前沿技术的应用，为特大城市管理带来了革命性变革。这些技术的综合运用，不仅极大提升了特大城市管理智能化水平，也为处理各类紧急事件提供了高效的工具和手段。特别是在公共安全领域，技术的融入使得特大城市应急管理工作更加科学化和精细化。利用大数据分析，能够实现对潜在风险的预测和预警，而人工智能的决策支持系统则能够在事故发生时提供快速的响应方案。通过云计算平台，能够保证信息处理的高效率和应急响应的时效性。在此基础上，5G 技术的高速传输能力确保了信息流的实时性，这些信息技术的融合应用，极大地提高了特大城市突发事件综合应急管理能力。城市应急管理智慧平台通过对特大城市居民流动、物资分配等动态信息的实时分析，结合大数据为特大城市管理者提供决策支持，增强了对突发公共事件响应的时效性和精准性，从而显著提升了特大城市应急管理的整体效能。

最后，城市行政层次多样化，资源配置和决策权限严格遵循行政级别的顺序（江艇，2018），诸如税收补贴政策和行政垄断壁垒等制度性因素，对资源配置效率有着深远的影响。然而，随着特大城市人口集聚—辐射效应的出现，城市资源利用的模式已经从过去分散的、各自为政的状态转变为统一的、集中的规划。这一转变改变了城市应对突发事件综合应急管理能力的发展格局，并突出了城市资源在过去的利用中存在的不足。以前，各城市在科教、文化体育以及医疗卫生等公共服务资源的发展上存在不平衡，尤其是高等教育资源主要集中在中东部地区的核心城市，造成了区域内的发展不均衡。然而，随着特大城市人口集聚—辐射效应的逐渐增强，优质的城市资源得以整合，进而推动了特大城市基础设施以及公共服务设施的均衡布局。人口与经济在特大城市集中，而后逐渐向周围区域辐射扩散，这种现象对特大城市以及卫星城市的资源整合配置产生了深远影响。这些人力资源包括各种专业技术人才和广大的志愿者。例如，有应急管理专业知识的专家学者和实践者、医疗护理专业人员、心理援助专家、法律援助专家等。他们可以在灾难发生时，根据自己的专业知识和技能，快速参与到应急救援工作中，提高应急响应的速度和效果。同时，广大的志愿者可以在灾难发生时，提供各种非专业但同样重要的帮助，如疏导人群、提供生活援助、收集信息等。特大城市的人口的高流动性使得应急信息可以快速传播，使得更多的人可以在短时间内了解到应急信息，从而做出正确的应对，对于受灾人口的救援和突发事件的整体应对具有重要意义。

第二，特大城市人口集聚—辐射与重大突发事件综合应急管理能力的动态维度分析。

随着我国城市化进程的持续推进，城市已经演变为人口、资源、财富以及信息的交汇点，同时也成为各类安全风险的交织区（王林，2008）。在经历了改革开放以来的快速工业化和经济发展之后，中国城镇化进程显著加快。这一时期，城市数量显著增加，城市规模不断扩大，城市等级体系也日渐完善。经过数十年的发展，到2020年底，中国已形成了包括多个超大城市、特大城市在内的多层次、多类型的城市群落。这些城市群的快速扩张，既是经济发展和社会进步的直接体现，也是人口迁徙和地域资源重新配置的结果。尽管地级及以上的城市在国家国土面积中所占比例较小，但它们在人口集聚和经济活动方面发挥着巨大作用。这些城市成为经济增长、技术创新和社会消费的主要引擎。未来，随着城市化率的进一步提升，城市对国家发展的贡献预计将进一步加强。预计2030年，中国的城镇化进程将继续深入发展，城镇常住人口的规模将达到一个新的里程碑，城市群将成为人口集中和经济产出高度集聚的地区。届时，城市群将成为中国发展的核心单元，城市作为城市群的组成部分，不仅是推动城市群经济增长和技术创新的动力源泉，更在维护城市群稳定发展中扮演着重要的地位。

首先，人口集聚—辐射现象导致人口规模的膨胀，这种人口规模的扩张和辐射范围的不断蔓延，对城市抵御危机和从经济打击中恢复的能力有着重大的影响。这种影响体现在两个层面：由人口集聚—辐射带来的规模效应可以提升城市的经济弹性，使得城市在面临突发事件时具有更强的应对能力（陈安平，2022）；人口集聚—辐射也可能引发资源的过度集中和人口的过度流动，这可能加剧城市突发事件的风险（吴晓林，2021）。因此，有必要结合区域空间资源和环境空间承载能力，进行人口集聚范围的合理调控，在发挥规模优势的同时控制人口规模，以提升特大城市应对重大突发事件的能力。这需要把握好城市的功能定位，发挥好城市之间的互惠作用，为建设覆盖更广泛地区的区域性突发事件应急联合体系奠定基础。

其次，人口集聚—辐射为特大城市经济集聚提供了关键的劳动力支撑（王彦开，2023）。经济集聚对于特大城市的安全稳定发展以及城市韧性具有十分重要的影响作用。在经济危机发展的敏感时期，特大城市因其高度的经济集聚特性往往展现出显著的抗风险能力。特大城市凭借自身优良的经济基础和强劲的经济增长动力，能够依赖其全面的产业链条和高效的生产效能创造出规模效应，从而抵抗突发事件对城市的冲击。同时，特大城市的优质经济环境也形成了丰富的就业市场，这进一步吸引了大量人口的集聚。随着城市人口的进一步集聚，城市经济也得到了更大的推动力，凭借人口的辐射效应，提高了周边城市对人口的吸引力，进而促进区域内整体的抵抗经济风险冲击的能力的提升。在这种循环积累的因果效应下，人口集聚对特大城市突发事件抵抗能力的影响也逐渐显著。从劳动力供给的角度来讲，人口集聚—辐射的核心动力在于寻求就业机会的劳动年龄人口向特大城市的迁移活动，这一过程为特大城市的经济发展提供了稳定的劳动力供给，从而产生了劳动力池效应（王智勇，2021）。这种富集的、多元化的劳动力集聚促进了劳动力与企业间的匹配效率，为特大城市在风险危机后的修复与调整提供了必要的劳动力保障，进而提高特大城市突发事件综合应急管理能力。此外，特大城市的人口集聚所产生的劳动力池效应也同样吸引了各类企业的集聚，这种多元化企业的相互作用促进了城市产业结构的升级和多样化。产业多样化与人口集聚互为因果，共同提升了特大城市抵御重大突发事件经济冲击的能力。人口集聚是产业多样化的基础，为特大城市提供了充裕的劳动力资源支持。产业多样化是人口集聚的保障，产业多样化通过构建灵活的共享劳动力体系，有效增强了各产业间的协同互利，降低了个别产业受到冲击的风险，为劳动者提供了稳定的收入支持。这种多样互补的产业结构促进了城市经济的快速调整能力。受益于人口红利，特大城市得以架构起一个深层次的产业链网络，这不仅有利于经济持续活力，还有利于提升城市面对突发冲击的韧性。可见，人口集聚和产业多样化的共同促进作用，是提高特大城市突发事件综合应急管理能力的重要机制。

最后，人口的辐射效应有助于形成有效的区域协同应对机制（黄海军，2018）。特大城市是周边地区的经济和社会中心，拥有丰富的应急资源和强大的突发事件应急能力。通过人口的辐射效应，这些应急资源和能力可以迅速传递到周边地区，形成有效的区域协同应对。这不仅可以提高整个区域的应急响应效率，还可以减少灾难对周边地区的影响。同时在此基础上，特大城市作为经济、科技和文化中心，通常拥有丰富的物资资源和高度发达的信息技术，这些物资资源和信息技术是应急管理的重要工具，可以用于应急预警、应急救援、灾后恢复等各个环节。例如，物资资源可以用于应急救援，如医疗器械、食品和水等；信息技术可以用于应急预警和指挥调度，如地震预警系统、应急指挥系统等。由于特大城市人口的集聚，对于特大城市内部的组织和协调能力要求也随之变高，特大城市可以通过组织和协调，迅速动员和调配应急资源，组织有效的应急响应。由于人口的辐射效应，特大城市的组织和协调能力也可以扩展到周边地区，形成区域内的应急协调。在预警方面，特大城市综合应急管理部门根据人口规模，预估可能的应急需求，如救援人力、物资、设备等；通过分析人口流动、人口增长等动态指标，预测未来的风险和挑战，如灾害风险、应急压力等。这对于提高以特大城市为核心的区域综合应急响应的效率和效果、减少灾害的影响、保护人民的生命安全和财产安全具有重要作用。

3.2.2 特大城市人口集聚—辐射与重大突发事件综合应急管理能力的时空维度分析

对特大城市人口集聚—辐射与重大突发事件综合应急管理能力的作用机理进行研究，可通过构建一个以空间和时间两个维度为基础的理论框架来进行。这种框架可以帮助理解和解释特大城市人口集聚—辐射如何影响和改善对重大突发事件的应急管理能力。特大城市人口集聚—辐射对重大突发事件综合应急管理能力的影响在空间和时间两个维度上表现出特殊的特征。在空间维度上，这种影响体现在城市均衡化格局和城市协调发展两个方面。城市均衡化格局是指通过人口集聚—辐射，特大城市与其周边的大中小城市（镇）形成一个均衡的城市系统，从而促进城市间的经济和政治联系。城市协调发展是指在这种人口集聚—辐射的过程中，城市之间的发展不仅需要保持各自的独立性，还需要实现协调和互补，以形成一个整体的发展格局。在时间维度上，特大城市人口集聚—辐射对重大突发事件综合应急管理能力的影响主要体现在特大城市韧性的提高和城市资源分配效率的提升。特大城市韧性的提高是指在人口集聚—辐射的过程中，特大城市能够适应和应对各种变化和挑战，从而增强其在面临重大突发事件时的应对能力。城市资源分配效率的提升是指在这种人口集聚—辐射的过程中，城市之间的资源分配和利用效率得到提高，从而更好地应对重大突发事件。因此，从空间和时间两个维度出发，对特大城市人口集聚—辐射与重大突发事件综合应急管理能力的深入研究和分析是非常必要的。这不仅有助于理解特大城市人口集聚—辐射的机理和影响，也有助于更好地理解和提升城市应对重大突发事件的综合应急管理能力。

研究特大城市人口集聚—辐射与重大突发事件综合应急管理能力，拓展了对于城市应急管理规划和建设的理解，即通过以人口集聚—辐射效应为核心构建一种高效的组织体系来增强特大城市在应对突发事件时的综合管理能力。这种研究方法不仅能有效地应对我国特大城市在人口集聚—辐射与重大突发事件综合应急管理能力方面的不匹配问题，同时也能通过人口辐射效应推动大中小城市（镇）的发展，进而提高中国城市的整体综合承载力和突发事件综合应急管理能力。在这个研究框架下，可以从两个方面来评估和论证特大城市人口集聚—辐射与重大突发事件综合应急管理能力作用机理的科学性和适用性。首先，可以从特大城市人口集聚—辐射与重大突发事件综合应急管理能力的发展现状出发，探讨这种作用机理在现实中的应用情况。其次，可以从理论角度出发，探索这种作用机理的科学基础和理论支撑。这种研究方法将有助于更好地理解和评估特大城市人口集聚—辐射与重大突发事件综合应急管理能力作用机理的科学性和适用性，从而为实践提供更好的理论指导和策略建议。综上所述，通过构建一个以空间和时间两个维度为基础的理论框架，可以更深入地理解特大城市的人口集聚—辐射与重大突发事件的综合应急管理能力的作用机理。

第一，特大城市人口集聚—辐射与重大突发事件综合应急管理能力的时间维度分析。

特大城市人口集聚—辐射与重大突发事件综合应急管理能力的时间变化包含韧性治理、城市资源分配效率。首先，韧性治理在当前的应急管理领域中占据至关重要的地位，被视为实现应急管理目标——即安全韧性的关键工具。在安全风险不断变化和升级的背景下，韧性治理的理念在应急管理研究中的重要性日益凸显（房亚明，2020）。作为一种有效的安全风险应对策略，韧性治理已经成为提升应急管理和公共安全韧性新的发展动向和趋势。韧性治理的推动力不仅在于它的实用性，更在于它为探索应急管理新方向和路径提供了重要手段。通过韧性治理，可以更好地理解和应对各种安全风险，从而更有效地实现应急管理的目标。在特大城市中，通过对人口集聚—辐射效应进行合理的调控，可以在经济、社会和生态等多个方面提高城市的韧性发展。这一过程不仅需要复杂的战略规划和具体的实施措施，也需要广泛的社区参与和强大的公众支持。人口密集和经济活动的活跃为城市打造了坚实的经济基础，这种基础在外部动荡时有助于维持经济稳定，最大程度地抵御潜在的破坏。强有力的经济韧性不仅可以减轻外部冲击的负面影响，更能确保城市在灾难后能迅速恢复正常，进一步促进社会稳定和长期发展。在城市韧性的框架中，社会韧性的角色重在强调人的发展和社会稳定（李雪伟，2021），人口集聚—辐射现象能够通过提升人的发展水平来增强社会韧性。在特大城市，人口集聚—辐射能够创造更多的就业机会，从而提升居民的生活标准。大规模的人口和充满活力的经济活动也可以催生多样化的社会活动，从而丰富居民的生活经验，增强社会的稳定性。这种多元化的社会活动不仅提供了各种各样的机会，也有助于建立更加稳定、包容和有韧性的社会。基础设施韧性依赖于基础设施的质量与维护水平（廖英泽，2022），特大城市通过人口集聚—辐射的调控，可以增加对基础设施的投资，进而提升其质量和维护状态。人口集聚—辐射现象会带动大量的基础设施投资，从而提升基础设施的质量和维护水平。这种投资不仅对增强城市的基础设施韧性至关重要，同时也为持续的社会经济发展提供了必要的物质基础。生态韧性作为一个自我修复的维度，构成了城市韧性的关键组成部分（徐耀阳，2018），特大城市通过调控人口集聚—辐射效应能够改善环境质量来增强生态韧性。这种韧性的提升不仅能够引导公众更加尊重和珍惜自然环境，也能够使公众更加积极地参与到环保行动中来。总的来说，在特大城市中，人口集聚—辐射现象通过提升经济韧性、社会韧性、基础设施韧性和生态韧性，有助于加强城市韧性的整体发展。此外，人口集聚—辐射能够带动大量的资源流动，为城市的持续发展提供了强大的支撑。可见，人口集聚—辐射现象是增强城市韧性的关键途径，城市韧性的提升也直接推动了特大城市在应对突发事件时的综合应急管理能力的提升。这种能力的提升不仅有助于城市有效应对各种突发事件，也为城市的稳定和长期发展提供了重要的保障。

其次，从城市资源配置效率的角度来看，在当前的城市化进程中，特大城市因其经济、文化和行政等优势，成为人口和资源集聚的中心（项继权，2018）。这种集聚现象不仅促进了特大城市自身的发展，还通过人口的"辐射效应"推动了周边地区的成长。特大城市对人口辐射区内的城市（包括大、中、小城市和城镇）起到了"引擎"作用，带动了区域内部多中心的协同发展。人口的持续流动和集聚不仅强化了特大城市的比较优势，同时也增强了对周边地区的辐射作用。随着城市内部各类要素的积累规模增长，这种调整对城郊区域和辐射内欠发达地区的发展产生了积极影响，改善了这些地区的突发事件应急管理能力。这些进步又反过来使得特大城市与卫星城市之间的发展更为协调，从而促进了以特大城市为核心区域整体的空间承载能力和综合应急管理能力，为特大城市和卫星城市提供了长期发展的坚实基础。具体而言，随着特大城市产业结构的优化和高端产业的集聚，一些劳动密集型或者低端制造业可以向周边城市转移，既减轻了特大城市的环境与社会压力，又促进了卫星城市产业基础的建设和就业机会的增加；特大城市通过吸引高端人才和先进技术，优化资源配置，而这些资源通过人口辐射效应向外扩散，带动区域内其他城市的资源配置能力提升。可见，以特大城市为中心的人口辐射不仅增强了卫星城市的发展潜力，还实现了区域间城市的协同发展，形成了互补的经济结构。特大城市与卫星城市之间的资源流动和合理分配减轻了特大城市的负担，提高了人口辐射区域的空间承载能力，进而增强了整个区域面对突发事件时的应急反应和管理能力。综上所述，特大城市人口集聚—辐射效应，通过提升特大城市与卫星城市的资源配置效率，加强了区域整体的空间承载能力和应对突发事件的综合应急管理能力。在长远发展中，这种优化调整将有助于形成一个稳定、高效、动态平衡的区域发展新格局，使得特大城市和卫星城市之间能够在资源配置效率和综合应急管理能力方面实现互补和共赢，进而推动区域一体化和可持续发展。

第二，特大城市人口集聚—辐射与重大突发事件综合应急管路能力的空间维度分析。

首先，随着城市化进程的不断深入，中国已经形成了一系列规模庞大的城市群和初级城市群（王士君，2019），这些城市群主要包括联合都市区、准都市连绵区和都市连绵区（曾伟平，2017）。在理论上，城市群的界限是以特大城市为中心，通过现代化的交通网络和信息网络将各城市实体或虚拟网络连接起来形成的缓冲区域。至今，中国已经形成并确认了 19 个城市群，同时以此为基础，按照人口数量划分出了特大城市和超大城市，这些都是中国城镇体系层次中的"塔尖"。在当前中国的特大城市中，人口的集聚—辐射效应与应对突发事件的综合应急管理能力有所脱节，人口流动的速度明显滞后于区域经济布局的调整（陆铭，2019）。由于高级行政区城市对低级行政区城市具有显著的辐射效应，且行政区划的改革，将县级市和县划归为市辖区，进一步推动了周边地区与特大城市的协同发展，促进了特大城市对周边地区的影响能力。这使得特大城市的人口集聚—辐射范围实际上决定了其应对重大突发事件的综合应急管理能力的空间范围。特大城市的发展方向在很大程度上影响了大、中、小城市的发展方向。这种新的发展模式可以创新特大城市人口集聚—辐射效应的体制机制，形成以特大城市为核心的卫星城市空间格局均衡化发展，这对于提升特大城市以及卫星城市的综合实力和应对突发事件的能力具有重要意义。自改革开放以来，中国的人口流动模式经历了重大变化，这一变化对特大城市的城市化发展产生了深远影响。在优化特大城市人口集聚—辐射的过程中，对行政空间进行重新配置，并完善特大城市的人口规划，有助于提升城市公共产品的人均使用效率，并且优化城市空间资源配置（王青，2018）。通过优化和构建特大城市人口集聚—辐射，特大城市的规模得以不断扩大，其影响力也逐步扩大。这不仅促进了大中小城市的经济发展，也提高了这些城市的突发事件综合应急管理能力。相对的，这种模式可以进一步推动特大城市的发展，使其在经济和社会发展中发挥更大的作用。特大城市区域的经济发展和突发事件的综合应急管理能力并不总是同步提升，而是常常由发展较为成熟的特大城市作为增长极，借助人口集聚—辐射的机制来推动整体的发展（柳卸林，2022）。因此，在特大城市人口集聚—辐射的初期阶段，增长极的存在对于培育特大城市的自我发展能力极其重要。在特大城市具备了优势产业的经济条件、自然条件和政策条件后，可以进一步通过人口的辐射效应来带动区域内大、中、小城市的经济发展以及突发事件的综合应急管理能力的提升，从而推动特大城市区域的协调发展，提升区域整体的突发事件综合应急管理能力。通过适当的政策引导和技术支持，可以大幅度扩大特大城市人口集聚—辐射范围，并对周边地区和特大城市进行统一的规划和管理。这种方式可以提升整个区域内的突发事件综合应急管理能力，从而实现特大城市和周边地区的共同发展和共赢。这种模式将特大城市的发展与周边地区的发展紧密地结合在一起，有助于实现区域经济的持续和稳定发展。

其次，城市群人口空间结构演变是在城市间的互动关系中形成的，这种互动关系在推动城市群的空间结构扩展和互联、城市群城镇化体系质量以及人口向中小城镇的转移方面发挥了重要作用（王振坡，2016）。这是人口集聚—辐射发展理论在空间结构方面的实践路径。随着特大城市人口集聚—辐射效应的提升和合理优化，将对周边地区的产业和人口产生引导和驱动作用。这种效应使各种要素倾向于沿着连接网络进行集聚，从而形成城市带、都市圈和城市群。随着人口辐射效应的不断增强，形成了阶梯式的突发事件综合应急管理能力提升模式，这对带动周边地区的发展和区域一体化的建设非常有利。通过构建城市交通网络，可以推动区域内的经济互联、政策互联，从而促进协调发展。这种模式将城市群的发展视为一个整体，通过优化交通网络、人口集聚—辐射效应及其周边地区的协同发展，实现区域经济的高级别协调，并带动整个区域内的突发事件综合应急管理能力提升，进而实现区域一体化。

最后，城市空间相互作用理论认为，由于社会经济的发展情况不同，相邻城市之间客观上必然存在着人口、产品、服务、信息、技术等要素的交换过程，从而城市之间势必会产生相互的吸引力和排斥力（赵正，2019）。城市之间的动态互动被认为是形成不同城市空间结构的重要驱动力。当合作优势和资源共享的动力胜过竞争和资源独占的趋势时，城市群体倾向于向外拓展，同时加深彼此间的经济和社会联系，这促成了特大城市与周边城市相互依存的中心—外围结构，或者是两个发展相当的城市共同发展形成的双子城结构。反之，当负面的相互作用如资源竞争和政策分歧成为主导时，城市间的关系可能转向分散化，导致以卫星城市模式为特征的网络体系出现，其中各个卫星城在保持自我特色的同时，与其他城市保持相对独立的发展态势。随着特大城市人口集聚—辐射和重大突发事件的综合应急能力提升将引发特大城市城郊空间结构的逐步变化。一方面，特大城市人口集聚—辐射规模的扩张将推动城市群的空间布局结构变动（颜银根，2017），另一方面，城市发展的不均衡性也将对城市群的空间结构施加影响，从而推动城市空间布局的重塑（李瑞鹏，2023）。这种转变将影响城市群的发展格局，使得城市的空间布局结构可能需要进行重塑以适应人口集聚—辐射规模的扩张和城市发展的不均衡性。在这个过程中，重大突发事件的综合应急能力的提升也将是一个重要因素，可以帮助城市更好地应对各种挑战。通过优化特大城市人口集聚—辐射策略，平衡城市群的发展，以实现更加有效和可持续的城市群发展体系。特大城市人口集聚—辐射面积的扩大，增强了城市聚集和承载人口的能力，进而使得特大城市的空间承载能力与人口集聚能力相匹配。通过链接特大城市与周边地区的基础设施，并在城市用地上协调地方规划和产业布局，可以拓展特大城市的增长空间，同时对外围城市产生辐射效应，这将推动城市群内经济发展从集聚转向平衡发展，进一步优化城市群的资源配置，形成了以点（特大城市）带线（外围城市）—以线（外围城市）带面（城市群）的网络结构。

第三，特大城市人口集聚—辐射与重大突发事件综合应急管理能力的时空互动维度分析。

首先，特大城市人口集聚—辐射与重大突发事件的综合应急管理能力的提升，加强了特大城市对于人口、自然资源以及技术等要素的集聚。这一过程形成了以特大城市为中心的分层结构（邢志平，2017）。这种结构中，特大城市作为核心，吸引并集聚了大量的人口、自然资源和技术要素，形成了人口密集、资源丰富和技术先进的城市中心。同时，这种高度集聚的环境也为特大城市提供了优越的条件，以提升其对重大突发事件的综合应急管理能力。这一能力的提升，进一步加强了特大城市的吸引力，使得更多的人口、自然资源和技术要素向其集聚，形成了一个良性循环，同时也推动了以特大城市为核心的城市圈层结构的形成。随着特大城市人口集聚—辐射尺度的逐渐扩展，特大城市在经济发展及应急管理能力方面的提升，对城市周边地区的经济增长与突发事件的综合应急管理能力产生了正向的影响。这一过程进一步形成了以特大城市为中心、卫星城市环绕的都市圈及经济走廊的结构框架（李松霞，2018）。因此，随着特大城市人口集聚—辐射规模的不断扩大，特大城市的经济发展和应急管理能力的改善，不仅对自身的发展产生了积极影响，也对周边地区产生了正向的推动作用，从而形成了卫星模式下的都市圈和经济带的结构体系。

其次，作为城市要素流动的主要驱动力，人口流动可以有效地提升城市发展的效率。人口向特大城市和城市群，尤其是经济发达地区的迁移，是由特大城市、周边城市以及整个城市群的共同作用所促成的（鲍龙生，2020）。在这个过程中，人口要素在特大城市和周边城市之间的流动构成了一个扩散—极化的动态过程。这意味着人口要素不仅从特大城市流向周边城市，也会从周边城市流向特大城市，从而形成了特大城市与周边城市之间的互动关系。这种人口的流动不仅影响和推动了特大城市和城市群的发展，同时也影响了特大城市与周边城市之间的关系（岳辉，2018）。随着特大城市内部及其之间信息交流的增多，特大城市的综合应急管理能力的提升将跨越特定的空间系统界限，推动周边城市应急管理能力的发展。同时，城市要素的集聚和流动受到城市群、特大城市以及城市群内部各级城市（包括大、中、小城市和镇）的共同影响，这种影响进一步影响了城市群的资源配置效率，从而提高了城市群整体的风险承受能力和应对突发事件的能力。在这个过程中，特大城市的综合应急管理能力的提升，不仅提高了特大城市自身的风险承受和应对能力，同时也通过信息交流和要素流动，推动了周边城市的突发事件综合应急管理能力的发展。

再次，在城市群、特大城市以及城市群内部各级城市的共同作用，进一步促进了城市要素的集聚和流动，提高了城市群的资源配置效率，从而提高了城市群整体的风险承受能力和应对突发事件的能力（倪鹏飞，2014）。通过城市群的基础设施建设以及要素集聚和流动，可以发挥各地区的比较优势，调整城市人口集聚—辐射的空间形态（王翔，2013）。以特大城市辐射区域的突发事件综合应急管理能力为着眼点，优化要素的集聚和流动，有助于提升特大城市的竞争力和突发事件综合应急管理的能力，进一步扩大特大城市的人口辐射范围。这样，通过优化人口集聚—辐射与重大突发事件综合应急管理能力的匹配，可以实现大小城市间的帕累托改进，即在不损害任何一方的情况下实现所有参与方的共赢，从而保障城市的发展进程，并推动城市群的健康发展。因此，分析特大城市的人口集聚—辐射与重大突发事件综合应急管理能力，实际上是探讨以特大城市的人口集聚—辐射效应为主导的特大城市重大突发事件综合应急管理能力的提升。

最后，特大城市人口集聚—辐射现象增强了其规模经济的优势，让特大城市在技术创新和生产效率等重要领域与其周边城市产生了显著的差异，这进一步巩固了特大城市作为区域经济增长关键枢纽的角色（肖挺，2020）。在提升应对重大突发事件的综合应急管理能力方面，特大城市这种增长极地位发挥了至关重要的作用。特大城市人口集聚—辐射现象推动了城市的持续发展，进一步加强了其对经济要素的吸引力。同时，特大城市在调整其空间布局的过程中，面临产业转型和升级的需求，将人口、资本和产业向边缘城市扩散，从而加速了要素的集聚效应。人口集聚—辐射现象有助于特大城市在技术设施和全要素产业生产效率方面形成优势，从而提升整个区域在应对重大突发事件时的综合应急管理能力。这一过程也促进了周边城市在人口集聚—辐射和重大突发事件的综合应急管理能力之间找到平衡。

总的来说，特大城市的人口集聚—辐射特征在中心—外围理论的指导下，以特大城市作为中心，驱动外围城市的繁荣发展。在这种人口集聚—辐射的影响下，特大城市空间范围得以拓宽，周边城市也在特大城市的引领下，成功提升了自身在应对重大突发事件时的综合应急管理能力。

3.3　特大城市人口集聚—辐射与重大突发事件综合 应急管理能力的演化过程及动力机制

3.3.1　特大城市的演化过程

20 世纪 50 ~ 70 年代，中国特大城市的发展仍然处在初期阶段。中国的城市发展在很大程度上受到了计划经济的影响，城市规模和人口分布主要由中央政府进行规划和调控。在这一阶段，虽然一些大城市如北京、上海、广州等已经开始显示出其特大城市的地位，但是由于户籍制度的限制，城市的人口增长和扩张相对较慢。

1978 年中国的改革开放政策对中国特大城市的发展产生了深远影响。在经济发展方面，改革开放政策使中国的经济体制开始转型，从计划经济向市场经济过渡。特别是设立了一系列的经济特区，如深圳、珠海、厦门等，这些地区吸引了大量的外资和内资，使得城市的经济得到了迅速发展。这种发展模式逐步扩展到了其他城市，如上海、北京、广州等，促使了这些特大城市经济规模的快速扩大。对城市的人口集聚而言，改革开放政策放宽了对人口迁移的控制，使得大量的农村人口开始涌入城市。这些人口主要是寻求更好的就业机会和生活条件，这种现象进一步推动了城市的人口集聚和扩张。尤其是在一线城市和经济特区，人口增长尤为迅速，使得这些城市成为中国的人口大都市。

随着改革开放发展的不断深化，特大城市人口集聚—辐射效应逐渐显现，为了减轻特大城市环境负担和社会问题以及促进特大城市区域协调发展，2014 年党的十八大提出实施《国家新型城镇化规划（2014—2020 年）》（以下简称《规划》），提倡 "以人为本" 的城市化道路，强调人的全面发展和社会公正。对于特大城市发展来说，这意味着更加重视城市居民的生活质量和生活环境，通过改善公共服务设施、优化居住环境、提升公共交通等方式提高城市居民的生活质量。《规划》提出了绿色发展的理念，强调城市的可持续发展。这代表要在发展经济的同时，注重环保和资源节约，例如，提升城市的能源效率，推广清洁能源，加强环境保护等。《规划》提出了城乡融合发展的理念，旨在缩小城乡差距，实现城乡协调发展。对于特大城市来说，这意味着要在推进城市化的同时，注重农村的发展，例如，提升农村的基础设施建设，改善农村居民的生活环境，提升农村的经济发展水平等。《规划》强调科学的城市规划和管理，注重城市的空间布局和功能布局。《规划》对中国特大城市的发展方向提出了新的指导，促使城市在追求规模和速度的同时，也重视环境保护和社会公正。

进入新发展阶段，中国特大城市区域发展不均衡问题日益成为制约社会经济进一步发展的瓶颈。为了应对这一挑战，2017 年党的十九大明确提出了区域协调发展战略，并在随后的时间里，相应地制定和发布了政策文件，旨在构建一个更高效的区域发展协调机制。中国的区域协调发展战略旨在缩小地区之间的经济差距，推动资源的优化配置，促进全国范围内的平衡发展。这一战略对于特大城市的发展有着重要影响，区域协调发展战略鼓励特大城市与周边地区的协同发展，形成城市群和城乡融合的发展模式。通过提高交通、信息等基础设施的连通性，特大城市的发展能量可以辐射到周边地区，推动区域内的整体经济发展。区域协调发展战略对于特大城市的资源配置问题也起到了关键的作用，由于政策的支持，部分产业转移到了中小城市和农村，从而缓解了特大城市的资源压力，提高了资源的使用效率。与此同时，区域协调发展战略也影响了人口流动和城市化的进程。通过改善农村和小城市的发展环境，减轻特大城市的人口压力，引导人口向中小城市和农村地区流动。总的来说，区域协调发展战略对特大城市的发展产生了深远影响，既带来了新的发展机遇，也提出了新的发展要求。特大城市需要在推动自身发展的同时，更加注重与周边地区的合作和协调，实现共享发展。这些政策对中国特大城市的发展产生了深远影响，不仅推动了城市的经济发展和人口集聚，也引导了城市的绿色发展和社会公正。在未来，政策的制定和实施将继续对中国特大城市的发展起到关键作用。

3.3.2 重大突发事件综合应急管理能力的演化过程

重大突发事件综合应急管理能力的发展历史可以追溯到 20 世纪 70 年代的美国。在那时，美国开始认识到各种灾害和突发事件的管理需要进行统一的协调和调配，建立了联邦应急管理局（FEMA），这标志着应急管理机制的初步建立。20 世纪 90 年代以后，随着全球化的发展，各种新型的突发事件开始出现，如金融危机、大规模恐怖袭击、全球性流感等。这些事件的影响范围和复杂性都超过了传统的应急管理能力。因此，很多国家开始探索新的应急管理模式，如综合应急管理、全面风险管理等。我国的重大突发事件应急管理发展在此背景下应运而生，经历了从无到有、由初级到成熟的发展过程。总体来看，我国的应急管理大致经历了三个发展阶段。

（1）早期阶段为 2003 年以前，在长期与自然环境的挑战中，公众已经积累了许多应对和抵御灾害的宝贵经验。1949 年以前，对于自然灾害的侵蚀，一般是由人民自发组织对抗，政府主要负责大型水利设施，提供灾后救助的作用。新中国成立后，政府逐步建立起了相应的经济体系和保障体系，政府和企业也加入应急突发事件的行列中，虽然加入的组织和人数变多，但是其主要保障方面也处在事后应对，仅仅是对一些存在高度危险的行业和企业制定了相应的应急方案，少数特定部门具备了一定的应急救援力量。在这个阶段，各种力量和资源都在各自的特定领域内发挥作用，职能相对分散，没有形成一个统一的体系。此外，人们对应急救援管理体系建设的重视程度不足，因此在这个时期，应急救援体系几乎无法发挥有效作用。

（2）形成阶段为 2003～2013 年，在 2003 年中国人口突发事件发生后，应急管理得到了我国政府和社会公众的高度关注和重视。中国对应急管理体制进行了战略性的重构，旨在更高效地动员和整合政府的行政管理资源以应对突发事件。政府办公厅下设的应急办公室被赋予了核心协调功能，它与其他协调机构及联合会议体系一道，共同拟定和执行了一系列跨部门、跨领域的应急管理措施。这一新式的管理模式在初步建立的基础上，不断地被审视和强化。到了 2006 年，我国进一步深化了应急管理工作，《国务院关于全面加强应急管理工作的意见》发布，进一步对优化应急管理体制提供了方向。随着这些政策的实施，不仅政府层面的应急管理机构得到了加强，而且在不同的行业部门中也相继建立起了相应的应急管理组织。这些组织涵盖了从自然灾害应对到公共安全保障的各个方面，包括防汛抗旱、地震灾害、森林火灾、灾难救援、安全生产、公共卫生等领域。同时军队在应急管理中的作用也得到了进一步明确和加强，其在应对重大灾害和突发事件中的专业能力和快速响应机制被提升至新的层级。2007 年，《国务院办公厅关于开展重大基础设施安全隐患排查工作的通知》进一步细化了应急管理执行层面的细则，以确保信息的及时准确传递和管理措施的有效实施，增强了整体的应急反应能力和管理效率。随着城市化进程的加速，中国各大城市针对本地特有的风险和城市规模发展出了差异化的应急管理体制。这些体制在结构和功能上表现出多样化特征，包括但不限于集权式、代理式、授权式和网络式的治理模式，旨在对应不同的管理需求和应急响应场景。尽管这个阶段的时间跨度并不长，但是应急管理的发展取得了长足的进步。这一阶段的特点是自上而下地推动应急管理的建设，这包括应急预案的构建、应急管理体制的完善、应急管理机制的搭建以及相关法制的建设。在这个阶段，应急管理的整体框架基本上已经形成。这种自上而下的推动方法有效地促进了各级政府部门、公众以及各类应急管理机构的参与，进一步强化了应对突发事件的能力。此外，这一阶段的发展还突出了法治建设的重要性，这不仅为应急管理提供了明确的规范和指导，也保障了应急管理工作的公正性和有效性。总的来说，这一阶段的发展使得应急管理的框架和基础得以基本形成，为应对未来的挑战打下了坚实的基础。

（3）完善阶段为 2013 年至今，中国在突发事件综合应急管理领域进行了一系列关键的改革和提升。2018 年是一个转折点，根据《第十三届全国人民代表大会第一次会议关于国务院机构改革方案的决定》，中国决定设立应急管理部。这一部门的成立整合了原先分布在多个部门的应急管理职责，比如防灾减灾、生产安全事故应急等，实现了应急管理工作的集中和统一。这一举措极大地提升了应急管理的协调性和效率，为各类应急情况提供有力的组织保障。应急管理部不仅负责日常的预防和准备工作，还负责在突发事件发生时进行统一的指挥和调度，以确保应急响应的迅速和有效。同时，它还承担了应急政策的制定和实施、应急资源的配置以及与其他部门和地方政府的协调工作。通过这些方式，应急管理部成为中国应急管理体系的核心部门，对提升中国的综合应急管理能力起到了关键的作用。为了构建健全的突发事件应急管理制度，政府进一步完善了应急管理相关的法律体系。这包括一系列重要的法律法规的出台和修订，如《中华人民共和国防灾减灾法》《中华人民共和国安全生产法》，政府还针对特定类型的突发事件，如公共卫生事件、环境突发事件、生产安全事故等，出台了一系列专门法规，如《突发公共卫生事件应急条例》《突发环境事件应急条例》《生产安全事故应急条例》等，这些法律法规的出台形成了相互补充、协同推进的应急管理法规体系，进一步细化了应急响应的具体措施和程序，使中国的应急管理工作有了更加明确的法律依据和指导方针，为有效应对和管理各种突发事件提供了坚实的法制保障。

除此之外，在此阶段中国各级政府致力于增强应急预案的质量并提升应对效能。这一过程涉及对现有应急预案的不断复审、更新和优化，同时也包含了定期举办各类应急演习，以确保相关人员和机构对突发事件有充分的应对准备。在制定预案的过程中，政府会根据各种可能出现的突发事件，如自然灾害、工业事故、公共卫生事件等，制定出具体、详细的响应方案。这些预案会明确各种突发事件的应急指挥体制、警报机制、救援步骤、资源调配、信息发布等关键环节，并根据实际情况和经验教训进行不断修订和完善。而应急演练则是把预案转化为实际操作的关键步骤。通过模拟实际的突发事件，各级政府和相关部门能够检验预案的有效性，发现并解决预案实施中可能出现的问题，提高应急人员的协调能力和操作技能，确保在真正的应急情况下，能够快速、准确地执行预案，最大限度地减少突发事件对于公共社会的损失。这种系统性的预案修订和应急演练，进一步提升了各级政府和相关部门的应急响应能力，为有效防止和处理各种突发事件提供了有力保障。总的来看，自 2013 年以来，中国在应对重大突发事件的应急管理能力方面取得了显著的进步和成就，主要特点和进步可概括为集中统一的管理机制、完备的法律体系和以预防为主导的策略。这些特点和进步共同构建了一个更强大、更有效的重大突发事件应急管理体系，为应对和处理各种可能的突发事件提供了强有力的保障。

3.3.3　特大城市人口集聚—辐射与重大突发事件综合应急管理能力的动力机制

动力机制是系统运动与发展的根本原理，可以从多方面考察特大城市人口集聚—辐射与重大突发事件综合应急管理能力的演化过程及动力机制。特大城市人口集聚—辐射与重大突发事件综合应急管理能力的相匹配对于促进特大城市安全以及经济的发展具有十分重要的意义和现实价值。

首先，从特大城市人口集聚要素来看，人口集聚是特大城市发展的重要驱动力。人口集聚不仅直接塑造了城市的规模，也对城市的经济、社会、文化等多方面产生了深远影响。城市规模的大小往往与其人口密度和数量直接相关，人口在特大城市中集聚，使城市面积不断扩大，城市功能和服务也随之增多，形成了日益复杂的城市系统。这种规模效应不仅在物理空间上体现，也在经济、社会等多个维度上展现。例如，人口集聚使得特大城市的经济规模迅速扩大，产业链更为完整，市场更加活跃；人口集聚推动了城市经济的发展；人口集聚带来了密集的劳动力资源，为城市的生产和服务提供了人力保障；人口集聚也引发了消费市场的扩大，进一步推动了城市经济的发展。同时，人口集聚引发的知识集聚和技术集聚也有力地推动了城市创新能力的提升和新兴产业的发展。除此之外，对于城市文化产业而言，人口集聚还有助于城市社会文化的多元化。在特大城市中，来自不同地方的人口汇聚一堂，带来了各种不同的文化、价值观和生活方式。这种多元化不仅丰富了城市的社会文化生活，也为城市的创新和进步提供了源源不断的动力。

其次，从特大城市辐射要素来看，特大城市的辐射效应对周边地区的发展产生了深远影响，并在应急管理中为周边地区提供了重要的支持。第一，特大城市是经济活动的重要中心，这种经济活动的集聚效应，通过各种渠道向周边地区辐射，推动了周边地区的经济发展。例如，特大城市的商品和服务可以通过交易网络向周边地区输出，带动周边地区的消费增长；特大城市的企业可以在周边地区设立分支机构或工厂，带动周边地区的产业发展；特大城市的技术和知识可以通过人才流动、信息交流等方式向周边地区扩散，提高周边地区的技术水平和创新能力。第二，特大城市的社会文化辐射效应也对周边地区的社会文化发展产生了重要影响。特大城市是社会文化活动的重要舞台，汇聚了丰富的社会文化资源。这些社会文化资源，通过各种方式向周边地区辐射，丰富了周边地区的社会文化生活。例如，特大城市的教育、医疗等公共服务可以通过各种方式向周边地区提供，提高周边地区的公共服务水平；特大城市的文化艺术活动可以向周边地区传播，引领周边地区的文化艺术潮流；特大城市的社会观念和生活方式也可以通过各种渠道向周边地区扩散，影响周边地区的社会风气和生活习惯。第三，在重大突发事件综合应急管理能力的提升上，特大城市的资源集聚和协调能力也为周边地区的应急响应提供了重要的支持。在面对自然灾害、公共卫生事件等重大突发事件时，特大城市可以快速调动和集中大量的人力、物力、信息等资源，为周边地区的应急响应提供支持。例如，特大城市的医疗资源可以在公共卫生事件中被迅速调动，为周边地区提供医疗援助；特大城市的救援队伍和设备可以在自然灾害中被迅速投入，为周边地区进行灾害救援；特大城市的信息平台和网络也可以在各种突发事件中发挥作用，为周边地区提供信息服务和协调支持。

最后，从突发事件综合应急管理要素来看，特大城市突发事件综合应急管理能力，在保护公众安全、维护社会稳定、促进经济发展以及提升城市形象等方面具有深远的意义。第一，突发事件，无论是自然灾害、公共卫生事件还是社会安全事件，都可能对城市居民的生命、健康和财产安全构成威胁。具备良好的应急管理能力，可以帮助特大城市有效地预防和减少这些威胁，从而保护公众的安全。城市突发事件可能导致社会秩序的混乱，影响社会的稳定。特大城市的应急管理能力可以帮助城市迅速、有序地应对突发事件，控制事件的影响范围和程度，防止社会恐慌，保持社会的稳定。例如，通过有效的信息传播和引导，可以避免谣言的传播，降低公众的恐慌情绪。第二，突发事件可能对城市的经济发展产生严重的影响。特大城市的应急管理能力可以帮助城市减少这些影响，保护城市的经济基础，促进城市的恢复和发展。例如，通过有效的资源调度和利用，可以减少经济损失；通过科学的恢复策略，可以促进城市的重建和发展。特大城市的应急管理能力也是城市形象的重要组成部分。一个城市能够有效应对突发事件，可以显示出其强大的组织能力、科技实力和人文关怀，从而提升城市形象，增强城市的吸引力。

第4章

特大城市人口集聚—辐射与重大突发事件综合应急管理能力的效应评估

4.1 研究目的与方法

4.1.1 研究目的

特大城市作为人口和经济活动的重要集聚地,对于国家和地区的发展具有重要影响。进行人口集聚—辐射测度,不仅可以帮助更好地理解和管理特大城市的发展,对于国家和地区的经济社会发展也有着深远的意义。从宏观角度来看,人口集聚—辐射测度可以帮助理解特大城市在国家和地区经济社会发展中的角色和地位。人口集聚是经济发展的重要驱动力,可以带来规模经济、网络效应和创新效应等多重优势。通过人口集聚—辐射测度,可以量化特大城市的人口集聚程度,评估其对于国家和地区经济的贡献,从而为宏观决策提供科学依据。从微观角度来看,人口集聚—辐射测度可以帮助解析特大城市的内部结构和功能。特大城市内部的人口分布、经济活动和社会服务等都与人口集聚有关。通过人口集聚—辐射测度,可以揭示特大城市的空间布局、功能区划和服务供给等特征,为城市规划和管理提供参考。特大城市作为区域经济发展的动力源泉,在人口分布与区域结构演化方面扮演着关键角色。这些城市的人口密集度和经济集聚效应不仅塑造了城市自身的成长轨迹,还显著影响着周边地区的发展态势,进而成为区域科学研究的核心议题。在城市地理学和区域经济学的理论框架下,中心地理论等传统模型对城市集聚现象的解释提供了宏观的视角,而增长极理论等则强调了特大城市在推动区域经济升级中的引擎作用。通过对熵权法的应用,对 2010~2020

年城市人口集聚特征及其对外辐射能力进行定量化分析，进而揭示城市对周边地区经济社会发展的影响力大小。结合断裂点理论和威尔逊模型，对这些城市的经济辐射范围进行界定，有助于科学判断其在区域网络中的作用域与边界。此类分析不仅能够为理解特大城市在区域发展中的地位与功能提供实证基础，也为制定相关的城市发展战略和区域规划政策提供了数据支撑。基于这些研究成果，可以为特大城市的持续发展和区域一体化进程提出具有前瞻性的策略和建议，优化城市的空间布局，强化其作为增长极的带动作用，平衡城市与周边地区的互动关系，共同促进区域经济的均衡与可持续发展。

4.1.2 测度方法

4.1.2.1 熵权 – TOPSIS

熵权 – TOPSIS 法是目前广泛应用于各项评价工作的主要方法，由熵权法与传统 TOPSIS 法组合优化而来，它首先由熵权法确定评价指标的权重，之后用 TOPSIS 法对项目发展水平进行评价，这样可以减少传统 TOPSIS 法存在的主观性缺陷。熵权 – TOPSIS 法的应用对象主要是多层次、多指标的决策问题，具有评价效率高、科学有效、应用便捷等优势，本书结合相关研究将人口集聚度划分为人口规模、人口医疗、人口教育和人口结构四个方面，建立人口集聚度的评价体系，见表 4 – 1。

表 4 –1 城市人口集聚度的评价体系

目标层	要素层	指标层	指标属性
人口集聚度	人口规模	人口密度	正
		常住人口	正
	人口医疗	每万人拥有的医院床位数	正
		每万人拥有的职业/助理医师数	正
	人口教育	每万人在校大学生数	正
		每万人财政教育经费支出	正
	人口结构	城乡人口占比	正
		第三产业从业人数/第一、第二产业从业人数	正

4.1.2.2 断裂点公式

断裂点公式最初是由康弗斯在 20 世纪 90 年代提出的，是在引力模型的基础上进行的经验性总结。该公式是指空间上的两个区域之间是存在引力的，当两区域之间的引力值达到平衡位置时，这时所算出的点就是断裂点所处的位置。断裂点的作用是判断哪个城市处在带领位置，将中心位置和周边位置相连便能描绘出中心区域向周边区域的辐射范围，确定中心位置的辐射区域，其公式可描绘为：

$$R_i = \frac{R_{ij}}{1 + \sqrt{\dfrac{M_j}{M_i}}} \tag{4-1}$$

其中，R_i 表示 I 区域和 j 区域的断裂点与 I 区域的地理距离；M_i 表示的是 I 地区的人口集聚度；M_j 表示的是 j 地区的人口集聚度。

4.1.2.3 威尔逊模型

威尔逊模型，作为区域空间分析中的引力模型，其核心在于通过量化城市间的相互作用力量，揭示了空间交互活动的潜在规律，与断裂点理论不同的是，该模型通过反映距离的变量指数衰减情况测定辐射范围。其模型表达式为：

$$T_{Ij} = A_I O_I B_j D_j EXP(-\beta R_{Ij}) \tag{4-2}$$

其中，A_I 和 B_j 为常数，归一化处理为 K 因子，得出：

$$T_{Ij} = K O_I D_j EXP(-\beta R_{Ij}) \tag{4-3}$$

其中，T_{Ij} 为特大城市 I 对其他城市 j 的辐射力；O_I、D_j 分别为特大城市 I 和其他城市 j 的人口集聚度的综合值；R_{Ij} 为运输成本，通常考虑其他因素不变，采用两地之间的交通距离来表示；β 为衰减因子，决定着区域影响力衰减的速度，该值越大衰减越快，其为 0 时无衰减，K 作为归一化因子，在大多数讨论中令 $K=1$。

由式（4-3）可知，影响一个城市接受其他城市辐射的主要因素是距离和衰减因子。因此，本书采用简化版的威尔逊模型，表达式如式（4-4）所示：

$$\theta = D_j^{-\beta R_{Ij}} \tag{4-4}$$

对式（4-4）取对数便可得到辐射半径的表达式，根据给定的 θ 值计算出 D_j 和 β，便可得出辐射半径 R：

$$R = \frac{1}{\beta} \times \ln \frac{D_j}{\theta} \tag{4-5}$$

$$\beta = \sqrt{\frac{2T}{T_{\max} D}} \tag{4-6}$$

其中，θ 为给定阈值，当某区域聚集指数衰减到该阈值以下时，就可以认为城市对该区域没有产生辐射效应；D 为相互作用域的域元；T 为区域内传递因子的总数；T_{max} 为区域内具有辐射功能最多的因子数。

4.1.3　数据来源

本书所使用的地级市及以上城市数据均来自《中国城市统计年鉴（2010—2020)》，部分数据来自各城市统计年鉴、各城市的国民经济与社会发展统计公报。城市间的距离数据均来自百度地图。为使得研究结果具有可靠性，选择在 2010～2020 年 269 个地级市为样本，港澳台地区不在本次选择范围之内。

4.2　特大城市人口集聚—辐射的效应评估

4.2.1　中国城市人口集聚—辐射效应的动态分析

根据表 4-1 的城市人口集聚度的评价指标体系，对全国 269 个地级市的人口集聚度能力进行测定。采用熵权－TOPSIS 分析法对指标体系中的重要信息进行赋权，最后进行综合评分，整理分析结果得到表 4-2。

表 4-2　　　　　　　　　　城市人口集聚度描述性统计

年份	观测值	最大值	最大值城市	最小值	最小值城市	中位数	标准差
2011	269	0.505	庆阳市	0.045	七台河市	0.1040	0.060
2012	269	0.348	庆阳市	0.054	保山市	0.1055	0.059
2013	269	0.361	兰州市	0.050	松原市	0.1060	0.059
2014	269	0.338	上海市	0.052	松原市	0.1070	0.059
2015	269	0.341	上海市	0.056	松原市	0.1080	0.060
2016	269	0.344	上海市	0.058	松原市	0.1100	0.060
2017	269	0.346	上海市	0.061	松原市	0.1110	0.060
2018	269	0.352	上海市	0.070	松原市	0.1120	0.060

年份	观测值	最大值	最大值城市	最小值	最小值城市	中位数	标准差
2019	269	0.364	上海市	0.077	晋城市	0.1140	0.060
2020	269	0.365	上海市	0.086	晋城市	0.1160	0.060

从表 4 - 2 可以看出，每年的最大值和最小值城市可能会发生变化，但上海市自 2014 年起连续多年保持着最大的人口集聚度，而松原市在 2013～2017 年反复成为最小值城市，之后晋城市在 2019 年和 2020 年成为了人口集聚度最小的城市。这可能反映了上海市作为一个大都市区对人口的持续吸引力，以及松原市和晋城市在人口集聚度方面面临的挑战。整体来看，最小值从 2011 年的 0.045 稳步上升至 2020 年的 0.086，表明人口分布的底部水平在提高，也就是人口集聚度最低的城市正在缩小与其他城市的差距。中位数从 2011 年的 0.104 逐年缓慢上升至 2020 年的 0.116，说明整体上城市人口集聚度有所增加。标准差在整个时间段内保持在 0.059～0.060，表明各城市人口集聚度的分散程度较为稳定，没有显著的波动。标准差是衡量数据分布离散程度的指标，稳定的标准差意味着尽管每年人口集聚度的具体数值有所变化，但城市间人口集聚度的相对差异保持一致。

根据城市人口集聚度结果，将特大城市 2011～2020 年的人口集聚度提取出来，进行描述性分析，并通过加权平均计算出特大城市的人口集聚度综合得分，如表 4 - 3 所示。

表 4 - 3　　　　　　　　　2011～2020 年特大城市人口集聚度

特大城市	2011年	2012年	2013年	2014年	2015年	2016年	2017年	2018年	2019年	2020年	综合得分	城市排名	特大城市排名
上海	0.324	0.326	0.332	0.338	0.341	0.344	0.346	0.352	0.364	0.365	0.3432	1	1
南京	0.328	0.290	0.328	0.329	0.334	0.340	0.341	0.343	0.353	0.338	0.3280	2	2
武汉	0.316	0.321	0.325	0.324	0.321	0.321	0.322	0.325	0.327	0.314	0.3216	5	3
济南	0.308	0.312	0.332	0.325	0.333	0.336	0.333	0.331	0.302	0.296	0.3208	6	4
广州	0.292	0.300	0.312	0.319	0.323	0.326	0.326	0.331	0.341	0.330	0.3200	7	5
北京	0.279	0.289	0.298	0.304	0.316	0.322	0.331	0.343	0.357	0.358	0.3197	8	6
郑州	0.293	0.302	0.303	0.312	0.311	0.326	0.326	0.326	0.326	0.299	0.3124	9	7

特大城市	2011年	2012年	2013年	2014年	2015年	2016年	2017年	2018年	2019年	2020年	综合得分	城市排名	特大城市排名
西安	0.289	0.298	0.306	0.312	0.331	0.326	0.314	0.311	0.313	0.282	0.3082	10	8
重庆	0.278	0.284	0.287	0.291	0.295	0.296	0.298	0.301	0.306	0.308	0.2944	12	9
长沙	0.259	0.263	0.279	0.271	0.277	0.283	0.276	0.275	0.277	0.253	0.2713	13	10
深圳	0.194	0.204	0.212	0.223	0.230	0.248	0.270	0.282	0.318	0.351	0.2532	19	11
昆明	0.203	0.227	0.223	0.234	0.244	0.255	0.254	0.254	0.257	0.229	0.2380	20	12
成都	0.238	0.246	0.260	0.260	0.272	0.276	0.277	0.281	0.285	0.288	0.2380	21	13
哈尔滨	0.197	0.202	0.207	0.212	0.256	0.237	0.239	0.243	0.256	0.264	0.2313	23	14
天津	0.210	0.217	0.224	0.229	0.232	0.234	0.234	0.240	0.243	0.243	0.2306	24	15
杭州	0.208	0.213	0.218	0.221	0.225	0.218	0.221	0.224	0.228	0.221	0.2197	25	16
沈阳	0.206	0.204	0.205	0.210	0.215	0.218	0.224	0.224	0.229	0.222	0.2155	26	17
青岛	0.171	0.175	0.179	0.184	0.191	0.197	0.200	0.202	0.209	0.208	0.1916	34	18
大连	0.168	0.173	0.176	0.180	0.184	0.186	0.185	0.194	0.193	0.189	0.1832	35	19
佛山	0.148	0.149	0.148	0.150	0.153	0.156	0.162	0.167	0.175	0.175	0.1591	50	20
东莞	0.150	0.150	0.135	0.137	0.144	0.146	0.150	0.157	0.166	0.175	0.1510	58	21

首先，可以观察到上海市在整个十年期间的人口集聚度一直在上升，且始终保持在所有城市中的最高值，这表明上海市对人口的吸引力持续增强。南京市在2011年和2013年具有较高的人口集聚度，但在2012年有所下降，从2014年开始，其人口集聚度逐渐增加，并在2019年达到一个较高峰值，但在2020年出现了小幅度的下降，尽管有一定的起伏波动但南京市的排名在特大城市中是第2位。武汉市、济南市和广州市的人口集聚度也展现出上升的趋势，尽管武汉市在2020年有所下降但依然处于人口集聚度的优势梯度内，这些城市由于各自的区域优势和发展策略，使得人口集聚度得以提高。北京市从2011~2020年的人口集聚度增长较为显著，显示了其作为国家首都以及文化、政治中心的吸引力，2020年北京市的人口集聚度接近上海市，位列第8位。深圳市和东莞市的人口集聚度增长速度较快，这反映了这些城市在科技、制造业和现代服务业方面的迅速发展，这吸引了大量人口迁入。昆明市、成都市和哈尔滨市的人口集聚度较低，且增长速度相对缓慢，这反映了这些城市与沿海发达城市相比在经济发展、就业机会等方面的差距。天津市、杭州市和沈阳市的人口集聚度在中等水平，随时间

有小幅上升，但增速较缓。青岛市和大连市的人口集聚度在所有特大城市中相对较低，且增长速度缓慢，表明城市的人口集聚能力相对较弱。佛山市和东莞市在表格的末尾，尽管 2011～2020 年他们的人口集聚度有所增长，但相比其他特大城市，仍然有较大的差距。

其次，根据综合得分，可以明显看出，上海市以 0.3432 的人口集聚度位居中国特大城市之首，紧随其后的是南京市和武汉市，其人口集聚度分别为 0.3280 和 0.3216。在前十名的城市中，深圳市以 0.2532 的人口集聚度位列特大城市第 11 位，略低于长沙市。而在特大城市中，东莞市的人口集聚度最低，为 0.1510。位于经济发达的东部沿海地区的城市，如上海市、南京市、广州市和深圳市，其人口集聚度相对较高，这些城市的地理位置优越，交通便利，经济活动频繁，吸引了大量的人口；而位于内陆地区的城市，如昆明市、成都市、哈尔滨市等，其人口集聚度相对较低，这与这些城市的地理位置、交通条件、经济发展水平等因素有关。经济发展水平是影响城市人口集聚度的重要因素。一般来说，经济发展水平较高的城市能提供更多的就业机会，因此能吸引更多的人口。例如，上海市和北京市作为中国的特大城市，其人口集聚度较高。然而也有一些例外，例如，深圳市虽然是中国重要的经济中心之一，但其人口集聚度并不高，这可能与深圳市的人口政策、房价水平等因素有关。城市规模也会影响其人口集聚度，一般来说，城市规模较大的城市，如北京市、上海市等，由于其丰富的资源和广阔的市场，吸引了大量的人口，然而，东莞市虽然是中国的重要工业城市，但其人口集聚度却相对较低，这可能与东莞市的城市规模、产业结构、人口政策等因素有关，城市的社会服务水平，包括教育、医疗、公共安全等方面，也会影响其人口集聚度。一般来说，社会服务水平较高的城市能吸引更多的人口，例如，北京市的社会服务水平较高，其人口集聚度也较高。然而，武汉市虽然是中国重要的教育中心，但其人口集聚度并不高，这可能与武汉市的城市规模、经济发展水平、房价水平等因素有关。总体来说，城市的人口集聚度受到地理位置、经济发展水平、城市规模和社会服务水平等多种因素的影响。这些因素互相作用，共同塑造了中国特大城市的人口集聚度格局。

4.2.2　特大城市人口集聚—辐射断裂点

在对中国特大城市的人口集聚度进行分析的基础上，本书采用区域化视角，将中国划分为东部、中部、西部和东北部四个经济地理板块。通过此方式，我们进一步探讨了各板块内部特大城市间的人口集聚度差异，并尝试识别各区域内部存在的人口集聚度的"断裂点",为了更精确地量化这种断裂点,本书引入了一系列统计学方法与指标。这些量化方法允许我们细致地描绘出特大城市在人口集聚程度上的分界线,进而分析这些分界线背后的社会经济动因,通过式(4-1)对特大城市断裂点进行测度和分析,可以揭示区域发展战略中存在的问题,为缩小区域发展差距提供依据,并对区域均衡发展政策的制定提供指导。此外,研究结果有助于了解特大城市人口集聚的空间分布特征,以及影响人口流动和分布的关键因素,为城市规划和区域发展提供科学参考。

根据表4-4数据可以看出,东部地区特大城市之间的人口辐射能力断裂点存在显著差异,这反映出不同城市的综合实力、区位条件和所处区域之间的发展不平衡。第一,上海作为国内核心城市,与其他东部特大城市的断裂点距离在90~900千米,充分显示出上海在经济、金融、航运、贸易等方面的强大综合实力,使其成为人口最集中的超级大城市。第二,北京与其他东部城市的断裂点距离在50~1300千米,值得注意的是北京与天津仅有73.97千米的断裂点距离,这表明北京与天津已形成高度一体化的城市关系,天津在一定程度上依赖北京的辐射力。第三,长三角城市群内部,以上海为核心,南京、杭州等城市与上海的断裂点在70~150千米,显示长三角城市群协调发展正逐步形成。第四,环渤海城市与北京的断裂点距离在60~300千米,显示出北京在环渤海区域内强大的辐射能力,但青岛等城市自身辐射力有限。第五,广州与邻近的深莞佛城市断裂点不到80千米,体现了珠三角城市高度融合的发展特征,但与长三角城市断裂点接近700千米,表明珠三角与长三角联动性较弱。第六,杭州与上海的断裂点距离不足100千米,表明杭州逐渐成为沪杭一体化的重要组成部分。综上所述,东部特大城市的辐射能力与城市自身综合实力和所在区域的经济发展水平密切相关,特大城市对周边的辐射带动作用最强,这需要在规划中加强城市群协调发展。

表4-4   **东部地区特大城市之间断裂点**   单位:千米

断裂点位置	深圳	北京	广州	天津	济南	青岛	南京	杭州	佛山	东莞	上海
深圳		1018.94	63.88	1093.21	880.31	1020.70	635.17	645.66	76.37	42.09	661.94
北京	1144.96		1060.20	73.97	200.58	365.98	504.60	683.77	1257.85	1279.18	596.14
广州	71.82	1060.70		1132.24	920.18	1059.26	673.81	680.85	19.94	39.54	702.74
天津	1043.29	62.83	961.16		150.13	294.53	405.22	568.55	1158.57	1171.45	489.47
济南	990.89	200.92	921.32	177.07		205.89	307.29	466.69	1082.01	1100.01	401.17
青岛	887.90	283.32	819.64	268.47	159.11		247.92	384.97	998.40	1004.64	309.23

续表

断裂点位置	深圳	北京	广州	天津	济南	青岛	南京	杭州	佛山	东莞	上海
南京	722.93	511.10	682.19	483.28	310.71	324.38		153.43	813.69	802.38	146.92
杭州	601.44	566.83	564.15	554.95	386.21	412.23	125.57		576.45	678.28	77.07
佛山	60.53	887.35	14.06	962.33	761.99	909.80	566.71	490.55		48.27	589.70
东莞	32.51	879.12	27.16	947.95	754.69	891.86	544.42	562.32	47.03		568.03
上海	770.66	617.66	727.76	597.13	414.93	413.87	150.28	96.33	866.10	856.37	

根据表 4 – 5 可知，郑州与武汉的断裂点在 250 ~ 260 千米，与长沙的断裂点在 380 ~ 420 千米，说明郑州和武汉之间存在较强的互动，而与长沙的联动性较弱。武汉与长沙的断裂点在 160 ~ 170 千米，显示武汉对长沙具有较强的辐射带动作用。将中部城市断裂点与东部城市进行对比，可以看出中部城市的辐射范围普遍小于东部城市，反映出中部地区城市化程度偏低，特大城市综合实力有待提升。但中部省会城市仍由于独特的区位优势，其辐射力强于东部许多次级城市，表现出中部地区"点—轴"式的发展特征。

表 4 – 5　　　　　　　中部地区特大城市之间断裂点　　　　单位：千米

断裂点位置	郑州	武汉	长沙
郑州		252.95	415.76
武汉	256.65		173.47
长沙	387.44	159.33	

根据表 4 – 6 可知，西安与昆明的断裂点在 690 ~ 800 千米，与重庆、成都的断裂点在 340 ~ 400 千米，说明西安对陕西周边城市的辐射更强。昆明与成都、重庆的断裂点在 400 ~ 440 千米，显示出西南地区城市之间联系更紧密。重庆与成都的断裂点不到 160 千米，两城市高度融合。

表 4 – 6　　　　　　　西部地区特大城市之间断裂点　　　　单位：千米

断裂点位置	西安	昆明	重庆	成都
西安		791.11	351.18	394.36
昆明	695.19		395.66	408.75

续表

断裂点位置	西安	昆明	重庆	成都
重庆	343.22	440.04		158.86
成都	346.54	408.75	142.84	

　　与东部城市相比，西部城市辐射范围普遍更小，显示西部地区城市化程度相对滞后，特大城市综合实力有限。但西安、重庆等由于区位交通优势及政策扶持，其辐射力相对较强。整体而言，西部城市群联动有待加强，未来应推动西部一体化进程，提升特大城市的综合服务功能。

　　根据表4-7可知，与东部发达地区相比，东北城市的辐射带动作用存在较大局限性。哈尔滨、沈阳、大连三城市的辐射范围都比较有限，最大不超过500千米，远远小于上海、北京等东部核心城市的辐射范围。这主要归因于东北地区产业结构长期以来过于单一，以重工业为主，新兴产业发展滞后，区域经济增长乏力。同时，东北三省之间的经济联动与合作也不够紧密，区域一体化程度有限，各城市发展相对独立和碎片化。东北地区的城镇化率低、人口外流严重，也削弱了特大城市的综合实力。可以看出，推动东北地区实现新型城镇化，优化城市空间格局，需要加快经济结构战略性调整，积极培育战略性新兴产业，深化省际合作，提升特大城市的公共服务设施和管理组织能力，全面增强其综合承载能力和对周边地区的辐射带动作用。同时，也要加强对资源型城市、中小城市和小城镇的扶持，实现各层级城市的协调发展。

表4-7　　　　　　　　　东北地区特大城市之间断裂点　　　　　　　单位：千米

断裂点位置	哈尔滨	沈阳	大连
哈尔滨		294.52	500.85
沈阳	284.28		197.76
大连	445.75	182.34	

　　根据中国东部、中部、西部和东北地区特大城市的人口辐射能力断裂点分析可以看出，我国不同区域特大城市的辐射能力和带动作用存在较大差异，主要反映了各区域城市化水平、经济发展程度和特大城市自身综合实力的差距。首先，东部地区特大城市的辐射能力明显强于中西部和东北地区，上海、北京的辐射范围远超500千米，带动了整个东部地区和周边城市的发展。这与东部地区改革开放城市化建设较早、经济高速增长直接相关。东部特大城市在各方面的综合实力均处

于国内领先。其次，中部和西部地区省会城市的辐射范围则主要局限在 300 ~ 500 千米，对本省和周边省份城市的带动作用较强，但跨省辐射力较弱。该现象反映出城市产业结构相对单一，以及区域内城市联动不足等问题。这需要提升中西部城市自身的综合服务功能加强与其他城市的合作发展。东北地区特大城市的辐射能力最为有限，范围普遍在 300 千米左右，与其工业化起步早但经济增速放缓、产业转型不足相关。这需要东北地区加快调整产业结构、深化区域合作、提高城市化水平。因此需要政府推动不同区域城市的协调发展，提高中西部和东北部特大城市的综合服务功能，以更好带动周边地区发展，逐步缩小区域发展差距。

在考量特大城市的人口集聚—辐射能力时，本书采纳了零售引力模型作为理论基础，对城市间辐射分割线的划分进行了定量化分析。该模型本质上依据城市间的物理距离以及各城市的人口集聚度来确定城市辐射范围的边界，从而推断出特大城市对周边区域的影响力及其辐射范围。然而，传统的断裂点理论在应对城市辐射力衰减现象时存在局限性，尤其是在表征城市辐射力的空间临界值方面。在此背景下，本书提出了对特大城市影响力边界的重新界定方法，即通过确定一个临界的辐射半径来界定城市辐射力的有效范围。此临界辐射半径是指城市辐射力能够有效影响的最大距离，超越此距离，城市的辐射能力急剧减弱，不再具有明显的市场引力。

4.2.3　特大城市人口集聚—辐射半径测度

根据上述对全国 269 个地级市人口集聚能力的评价结果，确定以特大城市为辐射城市，利用威尔逊模型测度 21 个特大城市人口集聚能力的辐射半径。根据威尔逊模型，确定 β、D_j 和 θ 的值。其中，D 表示各市平均建成区面积，T 表示城市数量，T_{max} 表示辐射源城市数量，代入式（4-6）即得到 β 值；θ 的取值一般选用人口集聚能力评价值中最小的数量级来确定，本书中取 $\theta = 0.0001$；用上述已测度各市人口集聚能力得分表示 D_j，则得到全国各地区特大城市人口集聚能力的辐射半径 R，表 4-8 为中国特大城市人口集聚—辐射半径。

表 4-8　　　　　　　　中国特大城市人口集聚—辐射半径

区域	特大城市	行政土地平均面积 （平方千米）	给定阈值	辐射半径 （千米）
东北地区	哈尔滨	19789.00	0.0001	232.32
	沈阳	19789.00	0.0001	230.20
	大连	19789.00	0.0001	225.33

续表

区域	特大城市	行政土地平均面积 （平方千米）	给定阈值	辐射半径 （千米）
中部地区	郑州	12092.90	0.0001	121.93
	武汉	12092.90	0.0001	122.37
	长沙	12092.90	0.0001	119.80
东部地区	北京	10566.26	0.0001	212.26
	天津	10566.26	0.0001	203.67
	上海	10566.26	0.0001	214.13
	南京	10566.26	0.0001	212.94
	杭州	10566.26	0.0001	202.40
	济南	10566.26	0.0001	212.35
	青岛	10566.26	0.0001	198.80
	广州	10566.26	0.0001	212.29
	深圳	10566.26	0.0001	206.13
	佛山	10566.26	0.0001	193.91
	东莞	10566.26	0.0001	192.53
西部地区	重庆	24128.10	0.0001	205.37
	成都	24128.10	0.0001	199.90
	昆明	24128.10	0.0001	199.90
	西安	24128.10	0.0001	206.54

　　从东北地区看，哈尔滨的辐射半径达到 232.32 千米。这与哈尔滨是东北地区最大的城市、中国重要的工业基地以及东北地区的交通中心有关。强大的产业基础和便利的交通条件，使哈尔滨对周边区域形成了较强的人口吸引力。沈阳的辐射半径达到 230.2 千米，也展现出较强的人口辐射能力。这主要源于沈阳是东北地区的政治、经济和文化中心，高校和科研院所云集，拥有电子信息、汽车制造等先进制造业，以及发达的金融、商贸服务业，这为沈阳提供了巨大的人口吸引力。大连的辐射半径为 225.33 千米，略低于哈沈两市。大连作为东北地区的港口城市，也汇聚了大量人口。但其地理位置相对孤立，加之自身的经济实力也低于哈尔滨和沈阳，因此大连的人口辐射能力略弱。从区域布局看，三大城市在

东北地区东西两翼，基本实现了对东北地区的双点支撑。但与华北和长三角等东部发达地区相比，人口辐射能力还存在一定差距，这与东北地区整体的社会经济发展水平均较低相关。

从中部地区看，郑州、武汉、长沙的辐射半径在 120 千米左右。其中武汉最高，为 122.37 千米；郑州次之，为 121.93 千米；长沙最低，为 119.8 千米。这说明中部地区特大城市的人口辐射和带动能力较为薄弱。与东部发达城市相比，中部三城市的人口辐射能力存在明显差距，如北上广等城市的辐射半径都在 200 千米以上。这与中部地区经济基础较为薄弱、城镇化水平偏低、城市综合实力不足等因素有关。中部地区城市人口向特大城市聚集的动力不足，也制约了特大城市的辐射能力。中小城市自身发展动力较弱，核心城市的辐射带动作用发挥受限。从区域分布看，郑州、武汉和长沙在中部地区呈现定点分布，未形成有效的城市协同发展模式。三城市之间缺乏良好的交通联络和经济合作，这不利于强有力的特大城市出现，也制约了对周边地区的辐射带动作用。

从东部地区看，上海和北京的辐射半径最大，都超过 210 千米，分别为 214.13 千米和 212.26 千米。这表明作为我国的两大核心城市，上海和北京的人口集聚密度高、规模巨大，超强的经济实力带动了更广范围的人口向两市集聚，使其形成了极强的人口辐射能力。长三角地区城市人口辐射能力较强，南京和杭州的辐射半径都超过 200 千米，达 212.94 千米和 202.40 千米，这主要得益于长三角地区区域协同发展和一体化建设的推进，上海、南京、杭州经济互动频繁，人员交流密切，形成了强劲的人口辐射带动效应。环渤海地区城市辐射能力也较强，天津的辐射半径达 203.63 千米，济南 212.35 千米，这与环渤海地区形成的京津冀、山东半岛两个城市群发展有关，城市群内部人口流动频繁，特大城市向周边辐射的动力较足。珠三角地区内部城市辐射能力有所差异。广州的辐射半径达 212.29 千米，与北上广三城市相当；而深圳和佛山则分别为 206.13 千米和 193.91 千米，佛山尤其偏低，这与两城市的地理位置和规模相关，也反映了珠三角城市群内部发展不均衡的情况。青岛的辐射半径也较低，为 198.80 千米，这主要与其地理位置和青岛自身的经济实力相关。东莞同样仅 192.53 千米，其制造业特色使其对人口的吸引力有限。

从西部地区看，重庆的辐射半径居首，达到 205.37 千米，这主要源于重庆是西部地区的经济、金融、商贸、交通和科教中心，拥有大量的高校和科研院所，也是西部地区最大的工商业城市，经济实力雄厚，这为重庆提供了巨大的人口吸引力。西安的辐射半径次之，为 206.54 千米，也展现出较强的辐射能力。作为西北地区的政治、经济和文化中心，西安拥有电子信息、航空航天、装备制造等高新技术产业，也是西北地区的交通枢纽，这些都提升了其人口辐射力。成都和昆明的辐射半径较为靠近，均在 199 千米左右，人口辐射能力略弱于重庆、西安两市。这主要与成都和昆明地处西部边陲、经济联系相对次要有关。从区域看，重庆、成都、西安、昆明基本实现了对西部地区的点线面覆盖，但辐射能力还需提升，与东部特大城市相比，西部地区城市的人口辐射范围还较小。

通过对全国各地区特大城市人口集聚辐射能力的比较可以看出，东部沿海特大城市的人口集聚—辐射能力最强，中西部特大城市则相对薄弱。这与东部地区经济社会发展水平高、城镇化程度高、特大城市的综合实力强直接相关。具体来看，上海、北京等华东和环渤海地区的特大城市，人口集聚密度高、数量众多，辐射范围普遍在 200 千米以上，远超中西部城市。这是东部地区城市化历史长、经济基础雄厚、综合竞争力强所致。中部城市如武汉、郑州等辐射能力较弱，半径多在 120 千米左右。西部特大城市如重庆、成都等则好于中部但逊于东部，辐射半径在 180～210 千米之间，原因在于中西部地区工商业薄弱、城镇化进展缓慢，特大城市的辐射带动作用受限。不仅如此，即便在东部地区，不同城市之间的辐射能力也存在明显差距。北上广等超大城市的辐射范围远超苏南城市，反映了经济实力对城市辐射力的决定作用。此外，从区域分布看，华东、环渤海城市构成较为发达的辐射网络体系，而中西部城市分散性较大，辐射范围有限，这与区域发展的不平衡密切相关。因此，提升中西部城市的人口辐射能力，必须坚持以经济建设为中心，增强特大城市的综合实力，同时，完善城际交通设施，促进特大城市与周边城市一体化。东部特大城市也需进一步扩散吸引人口，提升集聚质量。只有协调各地区城市和经济社会发展，才能促进国土空间均衡发展和新型城镇化的实现。

4.3　研究发现与政策含义

4.3.1　研究发现

本书通过对 2011～2020 年特大城市的人口集聚度和辐射能力进行定量分析，探究中国各地区特大城市之间的差异。经过多年的探索，人口集聚—辐射的测量成为理解城市及区域发展的重要方法论。特大城市作为经济社会活动的载体，其集聚能力直接影响区域利益分配与发展水平。

第一，从人口集聚度来看，东部沿海特大城市的人口集聚程度最高，中西部城市次之，而东北地区特大城市人口集聚程度相对较低。上海、北京等东部超大城市的人口规模巨大，集聚能力突出。中西部城市如重庆、西安等人口集聚程度一般，而东北地区特大城市如哈尔滨、沈阳人口集聚力较弱。这主要与不同区域的经济发展水平和城市化历史长短有关。

第二，从辐射能力看，东部特大城市的辐射范围也最大，普遍在300千米以上，最大可达500千米左右。这使东部特大城市对周边区域形成了强大的人口吸引力。中西部特大城市的辐射半径在180～300千米，对周边的辐射作用有限。东北特大城市的辐射能力最弱，半径在200～300千米。这与各区域的经济基础、交通条件、城市自身实力等因素密切相关。

第三，东部特大城市既存在巨大的人口集聚度，也拥有较强的辐射能力，实现了"集聚—辐射"的良性循环。这使东部地区形成了发达的城市网络。而中西部和东北特大城市的辐射力较弱，仅对本地区起主导作用，跨区域辐射和网络化不足。在东部特大城市内部，还存在明显的分化。上海、北京等超大城市完全领先于第二梯队城市，如南京、杭州等。这表现了不同城市之间经济实力、区位条件的差异。

第四，城市群的形成能提升特大城市的辐射力量。如长三角、环渤海城市群内部的城市联动明显，而中西部特大城市之间缺乏有效联动。从国土空间平衡看，当前东中西部发展失衡问题突出。这需要政府采取差异化发展策略，提升中西部城市的综合服务功能，增强对周边区域的辐射带动作用，优化国土空间开发利用格局。

综上所述，我国区域发展不平衡的现实决定了不同地区特大城市人口集聚—辐射能力存在差异。这需要在城市规划中因地制宜，强化以人为核心的发展理念，合理引导人口分布，促进各区域特大城市的协调发展，逐步实现人口、经济、社会等要素均衡配置，建设宜居宜业的现代化国土空间格局。

4.3.2 讨论

第一，中国的城市化进程见证了特大城市逐渐成为经济和社会活动中心的过程，在人口集聚度与对周边地区的经济驱动能力两方面提升较快。东部沿海地区的特大城市在这两方面的表现显著强于中西部地区的城市。这一不均衡现象对国家土地资源的均衡发展构成了显著障碍。这种区域发展的不均衡性要求政府采纳创新的、区域差异化的策略，旨在提升中西部地区特大城市的吸引力及对区域的经济引领能力。这不仅涉及优化人口结构，提高这些城市的经济发展水平，还包括增强城市的基础设施，提升教育和医疗服务质量，以及促进高新技术产业的发展。只有这样，中西部地区的城市才能成为人口和高端产业的新聚集地。此外，针对中西部特大城市的发展策略还需要提升其文化和生态吸引力，以形成多维度的吸引力。具体而言，可以通过保护和推广地方文化，以及开发绿色经济和旅游项目来实现，这不仅会增加这些城市的居住和工作吸引力，还会帮助形成独特的城市品牌，从而在国内外产生更广泛的人口吸引力。

第二，增强特大城市的人口集聚—辐射能力，有必要加强城市之间的互联互通以及经济的相互依赖。城市群作为一个整体能够显著提升其成员城市的综合影响力。在这一框架下，城市规划部门应着手优化城际交通网络，以缩短城市间的物理距离和时间成本，这将有助于构建更为紧密的经济联系，特别是通过划分和强化城市间的经济职能和产业链条。随着城市间分工的明确及产业的互补，城市群的内部一体化将得到加强，进而提升核心城市对周边地区的带动作用。这样的规划策略不仅仅局限于交通基础设施的建设，还应包括对产业布局和资源配置的综合考量，确保特大城市的发展能够有效带动整个城市群的共同进步。

第三，在促进人口向经济实力雄厚的特大城市集中的过程中，必须谨慎合理地引导人口向特大城市集聚。鉴于人口集聚与经济活力之间存在正相关关系，通过发展城市的关键产业链，创造多样化的就业机会，从而吸引人口有序流动至这些城市。这种集聚应当是有策略的，以充分发挥特大城市的经济带动作用，同时也考虑到人口过度集中可能带来的城市治理和生态环境问题，为此，必须制定科学的政策，以控制特大城市的有序扩张，确保人口增长不会超出城市的承载能力和生态容量。此外，应通过提高中小城市的吸引力来分散人口压力，这包括但不限于提升城市服务质量、基础设施建设和生活质量。通过这种综合性策略，可以在推动特大城市发展的同时，确保整个城市体系的协调和可持续发展。

第四，中西部地区的特大城市，面临着人口集聚不足及区域辐射力不强的双重挑战，同时区域内的公共服务功能亦显不足。要应对这些挑战，中西部城市必须采取多元化的发展策略，以全面提升其综合竞争力。核心策略应涉及经济结构的深度调整，转型升级至以战略性新兴产业为引领的发展模式，这不仅能带动经济增长，更能促进产业的高端化、智能化和绿色化。同时，中西部特大城市需加大对教育和医疗等关键公共服务领域的投入，这是提高市民生活质量和吸引优秀人才的基础。通过优化教育资源分配，提高医疗服务效率和质量，可以有效提升城市的居住吸引力和人才集聚程度，从而为城市的持续发展奠定坚实的社会基础。这种全方位的强化举措，旨在构建具有持久吸引力和辐射力的城市环境，进而推动中西部地区的全面振兴。

第五，为促进中西部地区的平衡发展，政府层面的政策支持至关重要。中央及地方政府需共同致力于对中西部特大城市的扶持，通过灵活高效的资源分配政策，包括资本、土地资源的优先权配给，以及制定符合区域特色的经济激励措施。从而激发中西部地区的城市化新动力，加速推进城市体系的现代化进程。同时应考虑到地区的具体条件，包括自然资源、社会文化、经济基础和环境承载能力等多种因素，确保发展策略与地方实际相契合。这不仅有利于挖掘各地区的潜在优势，还有助于缓解资源分布不平衡的问题，实现区域间的互补与和谐发展。

综上所述，本书系统分析了中国特大城市的人口集聚—辐射特征，揭示了不同区域之间的差异，为促进城镇体系合理化提供了决策支撑。但也应看到，城市发展是一个复杂的系统工程，还需要从更多角度开展深入研究，为科学引导新型城镇化提供理论支撑和决策参考。

4.3.3　政策含义

通过对特大城市人口集聚效应和辐射范围的测算和分析，揭示了特大城市人口集聚—辐射能力在区域协调发展中的关键意义，深化了对城市增长和区域发展互动模式的理解，为制定科学的城市发展策略奠定了基础。以特大城市人口集聚—辐射为核心的发展，对周边地区的影响具有十分重要的作用。合理引导和管理特大城市的人口集聚—辐射，对于激活区域内的资源和资本流动至关重要，且有助于优化整个区域的产业结构和发展模式。因此，特大城市需要依托各自的发展特色和所处的经济发展阶段，制定和实施有针对性的策略，以促进人口和产业的有序集聚，提升其作为区域引擎的辐射力，进而带动周边地区的协同发展，实现区域发展的整体升级。

第一，特大城市人口集聚—辐射与重大突发事件综合应急能力的研究要挖掘特大城市的发展潜力，通过分析特大城市人口集聚效应与辐射范围发现，对于中西部特大城市而言，尽管它们在人口密度和对外辐射影响力方面与东部城市存在差距，但这也意味着存在巨大的增长空间。通过深入研究这些城市的人口结构和分布特征，可以揭示其在区域发展中的作用及潜力。加强对这些城市的基础设施建设和服务能力的投资，不仅可以促进中西部地区的经济增长，还有助于缩小不同地区之间的发展差异，从而推动国家整体的均衡发展。

第二，特大城市人口集聚—辐射与重大突发事件综合应急能力的研究要提高特大城市的人口集聚—辐射能力。随着特大城市人口集聚—辐射效应不断增强，不可忽视随之而来的空间膨胀现象。特大城市增长必须在严格界定的开发范围内进行，确保土地使用的最大化效益，预防无序扩张造成的资源浪费。特大城市规划应侧重于精细化管理，通过精确的功能区划和公共资源的均衡分配，促进特大城市内部结构的优化。在明确城市功能定位的同时，促成不同规模城市间的互补与合作，形成有序的发展体系，以此激发各级城市的潜在动能，增强其对周边地区的经济和社会影响力。

第5章

特大城市人口集聚—辐射与重大突发事件综合应急管理能力的风险预警

5.1 研究目的与方法

5.1.1 研究目的

在我国，特大城市不仅担任着人口高度聚集中心的角色，同时也是影响流动人口社会关系的关键因素。这些城市的人口集聚效应既推动了经济的蓬勃发展，也构成了城市社会生活的重要组成部分。然而，在我国长期存在的城乡二元社会结构背景下，人口的管理主要依靠以户籍为基础的制度性安排，导致了公共服务如就业、教育、医疗和社会保障等与户籍紧密关联。一方面，这一现象使得流动人口的流动行为具有自主风险性，增大了触发各类风险源的可能性。另一方面，由于流动人口所处的社会地位和财富分配层次，更容易承担更大的风险，此外，流动人口在聚居空间的分异化、文化隔离、社会边缘化以及对流入地管理的不适应等问题，使得特大城市人口结构复杂性突显，更容易引发社会风险。因此，高度关注特大城市的人口集聚—辐射社会风险问题，并通过科学的判断和有效的处理来管理这些风险，不仅是新时代社会风险治理的重要任务，也是实现特大城市治理体系和治理能力现代化的必经之路。

实施特大城市人口集聚—辐射风险预警机制是实现科学决策、可持续发展、社会和谐、资源节约和环保型社会的重要基础和先决条件。基于科学的管理和民主的决策，通过构建特大城市人口集聚—辐射风险预警机制，对特大城市人口集聚—辐射的各种相关问题进行及时和准确的预警。这一机制可以帮助政府和各级相关管理部门更加深入理解城市人口问题对城市发展和社会经济产生的影响并做出及时的决策，以有效地防止特大城市人口集聚—辐射问题的出现。通过这样的方式，可以在保障特大城市的可持续发展的同时，也确保社会的和谐稳定，进一步推动了资源的节约使用和环境的友好发展。

5.1.2 研究方法

构建特大城市人口集聚—辐射风险评估与监测指标系统的过程，实质上是采用具体指标对人口集聚—辐射的内涵和基本特征进行分层的详细描述过程。这需要将每个指标视为理解和观察人口集聚—辐射风险的独特视点。通过具体指标的描述，可以将人口集聚—辐射的抽象概念具体化，并通过各指标之间的相互配合，实现对特大城市人口集聚—辐射风险的评估和及时预警。在人口集聚—辐射过程中，风险因素和其潜在危害程度的明晰，可以为有效规避和应对人口集聚—辐射风险提供依据。该指标系统的建立和应用，旨在通过科学的方法和手段，对特大城市的人口集聚—辐射风险进行全面、深入的评估，以期为有关决策提供科学依据，有效防控人口集聚—辐射风险，促进城市的健康、和谐和可持续发展。

在构建特大城市人口集聚—辐射风险评估与监测指标体系时，除了需要遵循全面性、导向性、客观性和可比性等构建指标体系的通用原则外，还需要特别强调实用性和易于理解的原则。由于人口集聚—辐射的风险监控和预防不仅仅是一个政策问题或学术问题，更是一个实践问题。无论是实现政策目标还是形成风险意识，都需要依赖于社会公众的积极参与和负责任的行为选择。只有当这种机制被运用，人口集聚—辐射风险才能从理论概念转变为积极有效的行动。因此，在构建指标体系时，必须确保它不仅科学严谨，而且易于理解和实用，这样才能真正引导和激发社会公众的积极参与，从而实现对特大城市人口集聚—辐射风险的有效控制和管理。

考虑到特大城市人口集聚—辐射风险评估系统本质上是一个包含"部分明确信息、部分不明确信息"的不确定性系统，存在一定的模糊性，再加上某些定量分析数据难以获取，所以在构建该系统时，引入定性指标是一种适当的策略。在选择指标时，应充分利用现有指标，并根据不同需求，按照人口集聚—辐射的理念构建指标体系。这些指标应在保证科学性和合理性的同时，追求在实际应用过程中的便利性、简洁性和可操作性。这样的指标体系不仅能全面、准确地反映特大城市人口集聚—辐射的风险程度，而且易于理解和实施，有利于人口集聚—辐射风险的有效管理和控制。

本书基于 IPCC 的"敏感性—适应能力"概念框架，对中国 21 个特大城市人口集聚—辐射的危险性指数水平进行评估。从敏感性、适应能力两个方面入手，综合初步调查结果和专家建议后分别选取了人口规模、人口结构、人口素质、人口与财富收入、人口与数字科技、人口与交通设施、人口与医疗卫生、人口与资源环境角度共 8 个要素层，见表 5 - 1。

表 5 - 1 城市人口集聚—辐射危险性评估体系

目标层	准则层	要素层	指标层	指标属性	权重（%）
城市人口聚集—辐射的危险性指数	敏感性指数	人口规模	常住人口	正	5.73
			人口密度	正	4.87
			自然增长率	正	5.66
		人口结构	第三产业从业人数/第一、二产业从业人数	正	6.04
			城乡人口占比	正	5.18
			城镇登记失业率	正	5.32
		人口素质	每万人高等学校在校人数	正	5.34
			每万人财政教育经费支出	正	5.08
	适应力指数	人口与财富收入	人均 GDP	负	5.77
			人均居民储蓄年末余额	负	5.24
		人口与数字科技	移动电话用户比例	负	4.63
			互联网宽带用户接入率	负	6.26
		人口与交通设施	每万人拥有公共汽车数	负	6.19
			人均道路面积	负	5.48
		人口与医疗卫生	每万人拥有的医生数	负	5.72
			人均拥有病床数量	负	5.59
		人口与资源环境	人均供水量	负	5.36
			人均公园绿地面积	负	6.52

敏感性是指人类社会在面对灾害时，表现出来的敏感程度。本书主要选取常住人口、人口密度、自然增长率、第三产业从业人数/第一、二产业从业人数、城乡人口占比、城镇登记失业率、每万人高等学校在校人数、每万人财政教育经

费支出作为敏感性指标来评估中国特大城市人口集聚—辐射的危险性指数现状。

适应能力是居民适应潜在损害，利用机会或者应对后果的能力。本书主要选取人均 GDP、人均居民储蓄年末余额、移动电话用户比例、互联网宽带用户接入率、每万人拥有公共汽车数、人均道路面积、每万人拥有的医生数、人均拥有病床数量、人均供水量、人均公园绿地面积作为适应能力指标来研究中国特大城市人口集聚—辐射的危险性指数现状。

首先对城市人口集聚—辐射的危险性指数概念进行梳理，依据 IPCC 的"敏感性—适应能力"概念框架，选取 18 个指标构建了中国特大城市人口集聚—辐射危险性的评价体系。运用主成分分析确定各危险性指标的权重，并结合问卷调查数据，使用综合加权评分法得到最终的中国特大城市人口集聚—辐射的危险性结果，也分别获得暴露性、敏感性和适应能力结果。

在开展人口集聚—辐射风险性评估时，本书采纳了一种理性的统计方法——主成分分析（PCA），以定量化的方式来决策评价指标的权重。此方法透过原始变量的线性转换，构建了一系列新的正交变量，这些新变量即主成分，它们相互独立且能够最大限度地反映原始数据集中的信息量。这一过程从多个可能存在共线性的变量中提炼出较少数量的核心因素，有效减少了维度，同时保留了关键信息。在开展主成分分析之前，必要的预处理步骤包括变量的标准化处理，以确保每个变量对结果的贡献仅与其变异性有关，而不受量纲的影响。此外，通过KAISER – MEYER – OLKIN（KMO）测试和 BARTLETT 的球形测试评估数据的适用性。由表 5 – 2 可知，KMO 测验的结果是 0.718，这预示着变量间存在适度的相关性，是进行 PCA 的一个前提条件。同时，BARTLETT 球形测试的 P 值远小于 0.05，这显著地拒绝了变量间相互独立的原假设，进一步支持了运用主成分分析方法来提取权重的合理性。具体步骤如下：

表 5 – 2　　　　　　　　　　KMO 和 BARTLETT 的检验

KMO 值		0.718
BARTLETT 球形度检验	近似卡方	2438.303
	DF	153
	P 值	0

（1）设评价变量为 P 个，样本个数为 N，X_{ij} 为第 i 个样本的第 j 个变量，标准化后的矩阵为：

$$X = \begin{pmatrix} x_{11} & \cdots & x_{1p} \\ \vdots & \ddots & \vdots \\ x_{n1} & \cdots & x_{np} \end{pmatrix} \tag{5-1}$$

（2）变量之间的相关系数矩阵为：

$$r_{ij} = \frac{\sum_{k=1}^{n}(x_{ki} - \bar{x}_i)(x_{kj} - \bar{x}_j)}{\sqrt{\sum_{k=1}^{n}(x_{ki} - \bar{x}_i)^2 \sum_{k=1}^{n}(x_{kj} - \bar{x}_j)^2}} \tag{5-2}$$

其中，r_{ij} 为第 i 个变量与第 j 个变量的相关系数，可得变量的相关系数矩阵 R。

（3）对相关系数矩阵求特征值与特征根。记 c_j 为第 j 个主成分对应的方差贡献率，Z_{ij} 为第 j 个特征向量的第 i 个元素。

（4）以方差贡献率为权重，对主成分进行加权综合，可得每个变量的综合得分：

$$Y_i = \frac{c_1}{\sum c_j}z_{i1} + \frac{c_2}{\sum c_j}z_{i2} + \cdots + \frac{c_{18}}{\sum c_j}z_{i18} \tag{5-3}$$

（5）进行归一化处理：

$$w_i = \frac{Y_i}{\sum Y_i} \tag{5-4}$$

其中，w_i 为第 i 个指标的权重。

本书采用加权综合评价法来计算全国 21 个特大城市的城市人口集聚—辐射的危险性指数 E，E 的值越大说明特大城市受到人口集聚—辐射的危险影响越大，反之，则说明影响越小。计算公式为：

$$E = \sum_{J}^{P} W_j \times X'_{ij} \tag{5-5}$$

其中，W_j 为指标数据的权重，该值是通过主成分分析来确定；X'_{ij} 为指标标准化后的值。

5.1.3　数据来源

本书数据为 2010～2020 年全国 21 个特大城市数据，其中人口规模、人口结构、人口素质、人口与财富收入、人口与数字科技、人口与交通设施、人口与医疗卫生、人口与资源环境等相关数据均来自 2010～2020 年《中国城市统计年鉴》《中国统计年鉴》《中国科技统计年鉴》。缺失数据均来源于国家统计局官网以及各省市统计局官网。需要特别说明的是，由于数据的可得性，研究数据中不包含县区级行政区、香港特别行政区和澳门特别行政区。

5.2　特大城市人口集聚—辐射的风险预警

本书以中国 21 个特大城市为研究对象，利用 SPSS 统计分析软件，对我国 21 个特大城市 2011～2020 年的城市人口集聚—辐射的危险性指数水平进行主成分分析，为了消除量纲不同可能引起的不利影响，对原始数据进行标准化处理，然后进行主成分分析，按照特征值大于 1 的原则，提取 5 个公因子，结果见表 5-3。

表 5-3　　特大城市人口集聚—辐射危险性公因子特征值与方差解释率

编号	特征根			主成分提取		
	特征根	方差解释率（%）	累积（%）	特征根	方差解释率（%）	累积（%）
1	5.573	30.959	30.959	5.573	30.959	30.959
2	2.762	15.342	46.301	2.762	15.342	46.301
3	2.387	13.262	59.563	2.387	13.262	59.563
4	1.136	6.311	65.875	1.136	6.311	65.875
5	1.055	5.862	71.737	1.055	5.862	71.737
6	0.932	5.176	76.913	—	—	—
7	0.872	4.847	81.759	—	—	—
8	0.633	3.515	85.275	—	—	—
9	0.565	3.136	88.411	—	—	—
10	0.485	2.695	91.106	—	—	—
11	0.374	2.079	93.185	—	—	—
12	0.357	1.985	95.170	—	—	—
13	0.228	1.269	96.439	—	—	—
14	0.169	0.939	97.378	—	—	—
15	0.155	0.859	98.237	—	—	—
16	0.119	0.659	98.896	—	—	—
17	0.104	0.579	99.475	—	—	—
18	0.094	0.525	100.000	—	—	—

根据选择原则提取出 5 个公共因子，分别占的方差百分比为 30.959%、15.342%、13.262%、6.311%、5.862%，累计百分比为 71.736%。由荷载矩阵可以写出因子分析模型，其旋转空间中得分如图 5 - 1 所示，人口集聚—辐射危险性成分碎石图如图 5 - 2 所示。

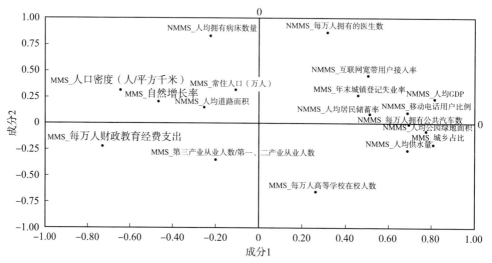

图 5 - 1　特大城市人口集聚—辐射危险性因子成分载荷

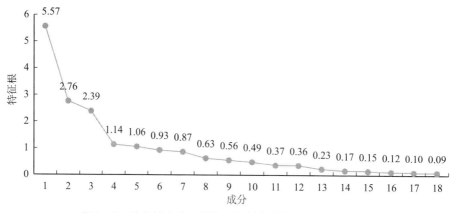

图 5 - 2　特大城市人口集聚—辐射危险性因子成分碎石图

由表 5 - 4 线性组合系数矩阵可以看出，人均 GDP、移动电话用户比例、每万人拥有的公共汽车数和人均公园绿地面积在成分 1 上有较高的载荷，可以理解为特大城市的经济发展水平和公共服务设施的水平。互联网宽带用户接入率、每万人拥有的医生数、人均拥有病床数量主要集中在成分 2，可以反映特大城市的医疗水平和互联网接入水平。人均道路面积、常住人口、第三产业从业人数占第一、二产业人数主要集中在成分 3，可以表示特大城市的人口规模、道路设施和产业结构。年末城市登记失业率、人均 GDP、互联网宽带用户接入率主要集中在成分 4，可以反映特大城市的经济发展状态和就业情况。每万人拥有公共汽车数、人均道路面积和自然增长率主要集中在成分 5，可以反映特大城市的交通设施、土地利用和人口增长情况。最后，将各指标进行归一化处理，计算各个因子所占的权重。

表 5 - 4　　　　特大城市人口集聚—辐射危险性成分线性组合系数矩阵

人口集聚—辐射危险性指标	成分 1	成分 2	成分 3	成分 4	成分 5	综合得分系数
人均 GDP	0.345	0.138	0	− 0.252	0.065	0.2060
人均居民储蓄年末余额	0.217	0.050	− 0.226	0.252	0.082	0.1751
移动电话用户比例	0.291	0.060	0.229	0.181	− 0.080	0.2033
互联网宽带用户接入率	0.214	0.271	0.092	− 0.427	0.150	0.2171
每万人拥有公共汽车数	0.293	− 0.014	0.111	− 0.076	− 0.363	0.1862
人均道路面积	− 0.108	0.090	0.388	− 0.119	0.530	0.1910
每万人拥有的医生数	0.133	0.520	− 0.095	0.056	− 0.008	0.1919
人均拥有病床数量	− 0.096	0.500	− 0.064	− 0.086	− 0.180	0.1824
人均供水量	0.291	− 0.156	0.159	− 0.013	0.220	0.2074
人均公园绿地面积	0.328	− 0.046	0.019	0.252	0.135	0.1883
常住人口（万人）	− 0.046	0.190	0.494	0.079	0.094	0.1664
人口密度（人/平方千米）	− 0.274	0.188	0.097	0.372	0.194	0.2249
自然增长率	− 0.197	0.122	− 0.321	− 0.109	0.520	0.2225
第三产业从业人数/第一、二产业从业人数	− 0.084	− 0.209	0.432	− 0.314	− 0.101	0.1968
城乡占比	0.343	− 0.124	0.038	− 0.026	0.263	0.2054
年末城镇登记失业率	0.194	0.160	0.195	0.513	0.017	0.2007
每万人高等学校在校人数	0.111	− 0.396	− 0.183	0.095	0.217	0.1925
每万人财政教育经费支出	− 0.310	− 0.134	0.266	0.187	− 0.076	0.2342

根据城市人口集聚—辐射的危险性指标体系中各指标所占的权重比例，计算中国 21 个特大城市人口集聚—辐射的危险性水平，并对各个特大城市 2011 ~ 2020 年的人口集聚—辐射的危险性指数水平进行加权平均，得到特大城市的综合得分如表 5 - 5 所示。

表 5 - 5　　　　　　　　　特大城市人口集聚—辐射危险性水平

特大城市	2011年	2012年	2013年	2014年	2015年	2016年	2017年	2018年	2019年	2020年	综合得分	排名
北京	0.506	0.530	0.521	0.517	0.518	0.527	0.496	0.496	0.495	0.499	0.5105	12
天津	0.570	0.558	0.579	0.540	0.516	0.563	0.516	0.462	0.545	0.522	0.5371	7
沈阳	0.533	0.523	0.508	0.505	0.487	0.512	0.491	0.487	0.475	0.478	0.4999	14
大连	0.512	0.518	0.500	0.513	0.512	0.511	0.491	0.478	0.489	0.458	0.4982	15
上海	0.572	0.593	0.596	0.593	0.587	0.583	0.572	0.628	0.550	0.541	0.5815	3
南京	0.525	0.515	0.511	0.499	0.477	0.460	0.437	0.424	0.415	0.425	0.4688	17
杭州	0.487	0.487	0.470	0.479	0.461	0.445	0.425	0.417	0.423	0.446	0.4540	18
济南	0.579	0.564	0.538	0.535	0.513	0.512	0.502	0.487	0.485	0.485	0.5200	10
青岛	0.529	0.526	0.518	0.478	0.513	0.517	0.495	0.487	0.484	0.477	0.5024	13
广州	0.452	0.454	0.436	0.438	0.450	0.455	0.464	0.349	0.436	0.498	0.4432	19
深圳	0.395	0.419	0.402	0.378	0.391	0.413	0.437	0.351	0.453	0.517	0.4156	21
佛山	0.483	0.473	0.475	0.472	0.472	0.476	0.492	0.476	0.473	0.499	0.4791	16
东莞	0.436	0.446	0.420	0.419	0.413	0.412	0.426	0.396	0.397	0.458	0.4223	20
哈尔滨	0.625	0.603	0.595	0.586	0.587	0.598	0.572	0.571	0.574	0.548	0.5859	2
郑州	0.613	0.605	0.606	0.580	0.576	0.570	0.556	0.541	0.523	0.547	0.5717	4
武汉	0.576	0.566	0.548	0.535	0.521	0.503	0.504	0.482	0.478	0.489	0.5202	9
长沙	0.562	0.561	0.541	0.536	0.521	0.507	0.495	0.491	0.481	0.489	0.5184	11
重庆	0.679	0.668	0.656	0.650	0.636	0.627	0.612	0.659	0.571	0.591	0.6349	1
成都	0.571	0.558	0.548	0.548	0.549	0.544	0.514	0.557	0.507	0.539	0.5435	5
昆明	0.544	0.530	0.549	0.516	0.542	0.523	0.523	0.539	0.539	0.561	0.5366	8
西安	0.582	0.566	0.549	0.545	0.540	0.537	0.515	0.517	0.523	0.549	0.5423	6

　　根据各特大城市人口集聚—辐射危险性水平的年度变化情况可以看出，不同城市人口集聚—辐射危险性水平增速存在较大差异，反映出特大城市人口集聚—辐射过程中潜在风险的变化特征。从东部地区看，上海的人口集聚—辐射危险性水平较为平稳，南京、杭州等城市的人口集聚—辐射危险性水平则呈下降趋势，这表明长三角地区特大城市人口规模扩张的潜在风险有所降低。而北京的人口集聚—辐射危险性水平波动较大，天津也出现明显的回落，显示出京津冀地区特大城市人口快速增加仍存在一定压力。从中部地区看，武汉的人口集聚—辐射危险性水平较为稳定，郑州的人口集聚—辐射危险性水平有所上升，长沙呈下降态势，说明中部特大城市人口规模扩张的压力略有减轻。从西部地区看，重庆的人口集聚—辐射危险性水平持续下降，成都大体稳定，昆明和西安有小幅上升，这反映出西部特大城市人口过度向核心城市集聚的问题还较为突出。东北地区则普遍呈下降趋势，显示出东北地区特大城市人口集聚—辐射规模扩张压力减小。从区域分布看，东部地区特大城市的人口集聚—辐射危险性水平普遍高于中西部地区城市，显示东部地区特大城市人口集聚—辐射风险更大。中西部地区特大城市的人口集聚—辐射危险性水平处于中等水平并保持较为稳定。东北地区特大城市人口集聚—辐射危险性水平最低且也在缓慢下降。

　　根据2011~2020年特大城市平均人口集聚—辐射危险性综合得分排名可以看出，全国特大城市人口集聚—辐射潜在风险整体处于中等水平，但区域和城市差异较大。从区域分布看，重庆、哈尔滨等中西部地区和东北地区特大城市人口集聚—辐射的危险性综合得分相对较高，多数位列前10名。这主要是由于中西部地区和东北地区产业结构较为单一，经济增速放缓，城镇化水平偏低，特大城市较难形成有效的人口辐射体系，过度依赖核心城市使得人口集聚带来一定压力。相比之下，东部特大城市除北京外，人口集聚—辐射危险性综合得分较低。东部地区经济发达、城镇化水平高，特大城市带动辐射力强，人口向周边地区的流动性较好。但北京作为政治和文化中心，人口集聚压力突出。从城市排名看，重庆综合得分最高，其快速工业化进程使人口向核心城市过度聚集，未来发展中需要注意疏解压力。哈尔滨次之，作为东北地区最大的城市，其人口辐射系统不够完善。上海综合得分排第3位，近年来通过培育城市群发展模式，上海逐步扩大了人口辐射范围。西安市和成都市综合得分也较高，显示出西部地区特大城市人口向核心城市过度集中的问题依然需要加以重视。在东部地区，北京综合得分最高，由于其高端产业集聚程度高、人口持续流入，核心区人口压力较大。此外，南京和杭州综合得分也较高，显示出长三角城市群内部人口分布仍不平衡，需要继续拓展辐射范围。而广州和深圳综合得分较低，这主要得益于珠三角地区特大城市之间形成了多中心并驾齐驱的发展格局。综上所述，控制特大城市人口过度集聚，扩大特大城市的辐射带动范围，需要高度重视。未来应进一步优化国土空间布局，发挥城市群效应，实现大中小城市和小城镇的有机衔接，让人口在更大范围内合理流动，以可持续的方式推进新型城镇化，逐步降低特大城市人口集聚—辐射的潜在风险。

整体来看，我国特大城市人口集聚—辐射的危险性综合得分还处于中高水平，东中西部地区差异较大，特大城市的人口快速扩张给城市发展带来较大压力。当前应进一步优化城市空间布局，控制特大城市无序扩张，加强对重点地区的人口规模风险管理，并通过培育城市群、加强区域协同来缓解单个特大城市的人口集聚—辐射压力，促进人口在更大范围内合理流动，以更加平衡和可持续的方式推动新型城镇化进程。

5.3 研究发现与政策含义

5.3.1 研究发现

本章构建了基于IPCC"敏感性—适应能力"框架下的中国特大城市人口集聚—辐射风险评估指标体系，采用主成分分析确定各风险评估指标的权重，运用加权综合评分法计算了2011～2020年21个特大城市的人口集聚—辐射风险综合得分。通过分析，利用模型对特大城市的人口集聚—辐射的危险性水平进行了全面的评估。有助于更深入地理解特大城市人口动态的复杂性，以及如何更有效地应对可能对特大城市稳定和安全产生影响的各种风险因素。

第一，对2011～2020年中国21个特大城市进行了综合评估。在这十年间，人口集聚—辐射危险性水平揭示了这些城市普遍面临着中高等级的人口集聚—辐射风险。特别是在地域分布上，发现存在显著的区域性差异：东部地区的城市，由于人口增长速度加快而受到的影响格外明显。此外，对于中西部地区以及东北地区的城市而言，人口集聚—辐射风险的较高水平则主要归咎于几个关键因素：一是产业结构的低多样性，二是城市化进程中存在的不足，三是人口向某些核心城市的集中趋势过于强烈。这些因素共同作用，增加了这些地区城市的风险水平。在对比中发现，东部地区的大多数城市，在人口辐射机制方面表现出较高的成熟度，这使得人口在更广泛区域内的流动性得到改善。这种流动性的增加有助于缓解特大城市的人口压力，并在一定程度上促进了区域间的平衡发展。

第二，通过对中国各特大城市的人口集聚—辐射风险水平进行多年度的追踪与分析，揭示了这些城市在人口动态风险方面的显著差异性。这些差异性不仅呈现出各城市在处理人口集聚问题上的不同效益，还反映出它们在人口分布与管理策略上的多样性。具体来看，一些东部沿海城市的风险水平呈现出轻微降低的趋势，而中部地区城市的风险水平保持相对稳定，东北地区的城市则表现出缓慢的风险下降趋势。这些年度变化趋势的差异性可能与各区域内的经济发展水平、产业升级速度、城市化质量以及地方政府在人口政策和城市规划方面的有效性密切相关。东部地区城市的风险降低趋势可能与其较快的经济发展和产业结构调整有关，这促进了劳动力需求的多样化，从而降低了对单一城市的人口集聚压力。相反，东北地区的缓慢降低趋势可能反映了这些城市在产业转型和新兴产业发展上的挑战，尽管政府可能已经采取了措施以减缓人口集聚风险。通过这些差异性的分析，本书提出了对未来城市规划和人口管理政策具有重要指导意义的见解。

5.3.2　讨论

在当前城市化快速推进的大背景下，中国特大城市所面临的人口集聚—辐射效应所带来的中高风险水平，不仅影响了城市的可持续发展，还对城市管理体系提出了严峻挑战。特大城市作为人口高度密集和社会经济活动集中的地区，一旦遭遇自然灾害、公共卫生事件、社会安全问题等重大突发事件，其影响范围和后果往往远超其他城市。因此，提升特大城市的综合应急管理能力，已成为保障城市安全、维护社会稳定、促进经济健康发展的必要性举措。

第一，综合应急管理能力的提升有助于缓解由人口集聚效应引发的公共资源紧张问题。特大城市人口集中度的提升往往伴随着对住房、交通、医疗、教育等公共资源的过度需求，这些问题在紧急情况下会被放大，导致城市基础设施运行压力增大。通过建立健全应急管理体系，可以在日常生活中有效地进行资源调配和风险预警，减轻因人口密度过大带来的服务设施过载风险。

第二，应急管理能力的增强是提升城市抵御外部冲击能力的关键。特大城市由于其特殊的经济地位和社会功能，往往承载着更多的风险和责任。一旦发生灾害等突发事件，不仅对本地区造成重大影响，还可能引发区域乃至国家层面的连锁反应。因此，提升应急管理能力，尤其是应对重大突发事件的快速反应和处理能力，是保障城市安全运行的根本。

第三，提升特大城市的综合应急管理能力，能够增强公众的安全感和满意度。在应对突发事件中，有效的应急管理不仅能够减少人员伤亡和财产损失，还能够增强公众对政府应对危机能力的信任。这种信任感有助于社会秩序的维护，同时促进社会成员间的团结协作，共同应对危机。此外，随着全球气候变化和地缘政治形势的动荡，特大城市可能会面临更多不确定性的挑战。提升应急管理能力，尤其是跨部门、跨领域的协调机制，有助于在复杂多变的环境下，实现快速有效的决策和行动，保障城市及其居民的生命财产安全。

5.3.3 政策含义

本书从特大城市人口集聚—辐射危险性治理的现状出发，详细阐述了特大城市人口集聚—辐射危险性体系与特大城市突发事件综合应急管理能力之间的密切关系，深入挖掘了这一危险性体系的风险影响因素。这些分析为构建特大城市人口集聚—辐射风险评估模型提供了理论基础，有助于更好地理解特大城市人口动态的复杂性，并为管理部门提供更全面、更准确的决策依据。

第一，建立了针对特大城市人口密集区域的公共安全管理框架下的风险评估模型。该评估模型融合了国内现行法规与专业标准的要求，并对涉及的变量进行了精确的定量化处理。在此基础上，应用因子分析方法，科学地提取了影响公共安全的关键因素，并通过数学建模为每个因素赋予了相应的权重，最终形成了一个基于模糊逻辑的风险评估模型。该模型通过引入模糊集合理论，克服了传统评估方法在处理复杂系统中的不确定性和模糊性方面的不足。在模型构建过程中，将专家知识与实证数据相结合，保证了模型评估的准确性和实用性。通过此模型，可以对城市人口集聚区的安全状况进行动态监测，评估潜在的风险，为城市管理者提供科学的决策支持，以优化公共安全治理措施，提高城市的应急反应能力和灾害预防能力。

第二，对 21 个特大城市的人口集聚—辐射危险性进行了评估和排名，以此验证特大城市人口集聚—辐射危险性风险评估模型的有效性。研究结果显示，该评估模型能够清晰准确地分析特大城市人口集聚—辐射体系存在的问题，对于进一步提升特大城市突发事件的综合应急管理能力，具有重要的参考价值。根据特大城市人口集聚—辐射危险性的评估结果，可以针对存在的问题提出有效的建议，从而推动特大城市突发事件综合应急管理能力的提升，同时也为中国城市突发事件综合应急管理理论体系的进一步发展提供了重要的理论支撑。

第6章

特大城市人口集聚—辐射与重大突发事件综合应急管理能力的风险评估

6.1 研究目的与方法

6.1.1 研究目的

在全球化和城市化的背景下，城市的各个方面正在发生快速变化。这些变化不仅影响城市的经济和社会发展，还对城市的人口集聚—辐射效应带来重要影响。因此，理解和评估这些因素的影响，对于政府合理调控人口集聚程度，降低人口集聚—辐射风险具有重要意义。人口辐射是城市扩张的一种手段，随着城市化的不断发展，各地政府通过城市边界的扩张来获得更多的资源和减轻城市中心的人口压力。通过对人口集聚—辐射效应影响因素的分析，准确判断特大城市人口集聚—辐射风险因素对特大城市人口集聚—辐射呈现怎样的变化趋势，从而提升重大突发事件综合应急管理的精确度。

6.1.2 测度方法

选择人口集聚—辐射效应指数作为被解释变量，人口集聚—辐射效应是一个复合指标，它反映了人口集聚对于经济、社会和环境等各方面效应的积极影响。人口集聚通常指的是在一个特定的地理区域内，人口的密度或数量相对较高。这种集聚可能源于多种因素，如良好的就业机会、丰富的教育和医疗资源、优越的地理位置等。人口集聚是城市化和经济发展的重要特征，它可以促进信息和技术的交流，提高生产效率，同时也可能带来一些挑战，如环境压力、交通拥堵等。辐射效应指的是人口集聚对其周围地区产生的积极影响，这种影响可能体现在经济、社会和环境等各个方面。例如，人口集聚地区的经济发展可能会带动周边地区的经济发展；人口集聚地的技术创新可能会辐射到周边地区，推动技术的传播和应用；人口集聚地的社会服务设施（如教育和医疗设施）可能会对周边地区的居民提供服务，改善他们的生活质量。因此，人口集聚—辐射效应这个指标反映的是人口集聚对于经济、社会和环境等各方面效应的积极影响。

在对人口集聚—辐射效应影响因素进行回归分析时，选取人口结构、城市生态、协调发展、经济增长和人口增长作为解释变量，是基于它们对人口集聚—辐射效应的潜在影响力。这些变量被广泛认为能够显著解释人口分布和流动趋势的关键因素，从而对城市的公共安全、经济稳定性和可持续发展产生影响。人口结构反映了一个地区的劳动力潜力和社会动态，如年龄分布、性别比例以及教育水平分布等，这些因素决定了人口的迁移倾向和集聚特性。城市生态的质量直接影响居民的生活质量和城市的吸引力，优质的生态环境能提高城市的居住吸引力，促进人口集聚，并对城市的长期可持续发展产生积极影响。协调发展是指社会经济系统内部各要素间的和谐进展，包括经济、社会和环境等方面。一方面，经济与社会的协调发展可以提供更多的就业机会和更好的生活条件，吸引人口向城市集聚；另一方面，环境的协调发展则确保了这种集聚是在一个可持续的框架内进行。经济增长作为一个关键变量，通常通过提供就业机会和提高居民收入来吸引人口迁移和集聚。因此，它是理解人口流动模式和城市化进程的一个重要因素。人口增长本身就是人口集聚现象的直接表现，它不仅体现了地区间的吸引力差异，还可能对基础设施、公共服务和环境质量产生压力，影响城市的辐射效应。这些变量的综合考虑，有助于深入理解人口集聚—辐射效应及其背后的动力机制，为城市规划和政策制定提供了决策的依据，优化人口分布，促进城市的健康发展。人口集聚—辐射变量定义具体见表6－1。

表6－1　　　　　　　　　人口集聚—辐射变量定义

变量类型	变量名称	变量代码	变量说明
被解释变量	人口集聚—辐射效应	ARE	人口集聚—辐射效应指数
解释变量	人口结构	PS	第三产业从业人员比重
	城市生态	UE	生活垃圾无害化处理率
	协调发展	CD	第三产业增加值占 GDP 比重

变量类型	变量名称	变量代码	变量说明
解释变量	经济增长	EG	人均地区生产总值增长率
	人口增长	PG	人口增长率

基于表 6-1 提供的信息，可以建立如下的普通最小二乘法回归模型以评估人口集聚—辐射效应（ARE）与各解释变量之间的关系。参考相关研究设计，建立如下计量模型：

$$ARE = \beta_0 + \beta_1 \times PS + \beta_2 \times UE + \beta_3 \times CD + \beta_4 \times EG + \beta_5 \times PG + \varepsilon \qquad (6-1)$$

其中，ARE 表示被解释变量，反映各特大城市的人口集聚—辐射效应；β_0 为常数项，表示当所有解释变量为零时的人口集聚—辐射效应指数的期望值；$\beta_1 \sim \beta_5$ 分别为对应解释变量的系数，表示相应解释变量变动一个单位时，人口集聚—辐射效应指数的变动量；ε 代表误差项，包含了所有未包括在模型中的其他因素的影响。

根据数据的可得性，被解释变量为人口结构（PS），具体为第三产业从业人员比重；生活垃圾无害化处理率代表城市生态指标（UE）；第三产业增加值占 GDP 的比重代表协调发展（CD）；人均地区生产总值增长率代表经济增长（EG）；人口增长率代表城市的人口增长（PG）。

6.1.3　数据来源

根据《中国城市统计年鉴》相关数据，筛选出 2011~2020 年中国 21 个特大城市的人口增长率、人均地区生产总值、第三产业增加值、生活垃圾无害化处理率、第三产业从业人员比重等。缺漏的数据由各省份统计年鉴进行补充。对数据进行对数处理后，在描述性统计结果中，VIF 值小于 10，证明变量间不存在严重的多重共线性问题，可进行 OLS 回归分析。描述性统计结果如表 6-2 所示。

表 6-2　　　　　　　　　　　描述性统计结果

类型	变量	均值	标准差	最小值	最大值	VIF 值	1/VIF 值
被解释变量	人口集聚—辐射效应（ARE）	-1.373	0.253	-2.002	-1.008		
解释变量	人口增长（PG）	1.286	1.219	-2.659	3.226	1.084	0.923
	经济增长（EG）	1.260	2.011	-4.327	5.976	1.014	0.986

类型	变量	均值	标准差	最小值	最大值	VIF 值	1/VIF 值
	协调发展（CD）	4.004	0.176	3.543	4.429	1.502	0.666
解释变量	城市生态（UE）	4.568	0.096	3.717	4.605	1.027	0.974
	人口结构（PS）	3.962	0.288	2.808	4.43	1.605	0.623

6.2　特大城市人口集聚—辐射的风险评估

6.2.1　OLS 模型基础回归模型估计

根据式（6-1），采用人口集聚—辐射效应为被解释变量，对模型进行回归分析，来估计人口集聚—辐射风险因素对于人口集聚—辐射效应的影响，如表6-3所示。

表 6-3　　　　　　　　　　OLS 基准回归模型估计结果

被解释变量	人口集聚—辐射效应
人口增长（PG）	0.0467 *** （4.77）
经济增长（EG）	0.0189 *** （3.31）
协调发展（CD）	0.329 *** （3.74）
城市生态（UE）	0.487 *** （3.08）
人口结构（PS）	0.466 *** （10.01）
截距项	-6.842
年份	控制
地区	控制

续表

被解释变量	人口集聚—辐射效应
特大城市数量	21
样本量	210
矫正决定系数（R^2）	0.528

注：圆括号内为 T 值；＊表示 P＜0.10，＊＊表示 P＜0.05，＊＊＊表示 P＜0.01。

从核心解释变量来看，人口结构的回归系数为 0.446，在 1% 的水平显著为正，表明人口结构显著促进了城市人口集聚—辐射效应，人口结构的提升对于促进特大城市人口集聚—辐射的影响可以从以下的角度分析。

第一，在城市化的进程中，人口结构的优化是关键要素之一。这意味着特大城市是由多元年龄层、不同性别、各类教育程度以及多元职业背景的人口组成。当人口结构形成多元化的劳动力池，它能满足特大城市中各种业务需求的多样性。这种适应性使得特大城市变得对企业和投资者更具吸引力，因为企业可以从多样化的劳动力池中找到适合他们需求的人才。这种吸引力促使更多企业和投资者进驻特大城市，加速了特大城市的经济发展速度。随着经济的繁荣，人口自然会向这些特大城市集中，形成人口集聚—辐射的现象。因此，人口结构的优化可以视为推动特大城市经济发展和人口集聚—辐射的重要催化剂。

第二，在具有良好人口结构的特大城市中，常常会有大批具备高等教育和专业技能的人群汇聚，这个现象为特大城市的创新和技术发展提供了重要的人力资源基础。这些高素质的人才通过他们的专业知识和技能、对新技术的追求以及对创新的热情，为特大城市的创新能力和技术进步提供了源源不断的动力。这种知识和技能的积聚不仅促进了特大城市的经济发展，也进一步提升了特大城市的吸引力。随着城市经济的繁荣和吸引力的提升，更多的人口会被吸引到特大城市中，形成人口集聚—辐射的现象。因此，良好的人口结构对于推动高等教育和专业技能的人群向特大城市集聚，以及推动特大城市经济发展起到了关键的作用。

第三，特大城市良好的人口结构通常体现为均衡的年龄分布，这对于平衡特大城市社会服务的需求至关重要。例如，一个均衡的年龄分布可以确保各类社会服务均衡发展，如教育、医疗和养老等的需求得到适当的平衡，从而避免某一特定服务的过度压力。在这种环境下，特大城市能够更有效地提供和管理各类社会服务，进而提高了城市居民的生活质量。这种生活质量的提升，不仅能满足现有居民的需求，也会吸引更多的人口向特大城市集聚，从而促进了特大城市的人口增长。因此，人口结构的优化和年龄分布的均衡对于提升特大城市生活质量和促进人口集聚—辐射具有重要影响。

第四，人口结构的提升为特大城市带来了文化的多元化。这种多元化不仅来自城市居民的各种不同背景，还体现在他们的生活方式、思维模式和价值观上。这种文化的丰富性和多样性为城市增添了独特的吸引力，使得特大城市对于不同文化背景的人们更具包容性和活力。文化的多样性和包容性不仅提升了特大城市的竞争力，也为特大城市的发展注入了活力，进一步吸引了更多的人口向特大城市集聚。在这一过程中，文化的多样性起到了关键的作用，因为它不仅使特大城市更具吸引力，也为城市的长期发展提供了动力。

从核心解释变量来看，城市生态的回归系数为 0.487，在 1% 的水平显著为正，表明城市生态显著促进了城市人口集聚—辐射效应。城市生态的提升对于促进特大城市人口集聚—辐射的影响可以从以下的角度分析。

第一，特大城市生态环境的繁茂与健康，包括清新的空气、洁净的水源和广袤的绿地公园，构建了特大城市生活的基础设施。这些元素的存在及其质量，是衡量特大城市生态环境健康状况的重要指标。通过优化特大城市生态环境，可以显著提升特大城市的整体吸引力，这在国家级城市中表现得尤为突出。因此，随着生态环境的改进和提升，特大城市的魅力会得到显著增强，从而产生一种强大的引力，吸引并集聚更多的人口。同时，不断优化的城市生态环境和提高的生活质量向外界传递强烈的吸引力，吸引更多人口选择在这些城市中生活和发展。

第二，特大城市生态系统是为城市居民提供多种重要服务的复杂网络，包括但不限于空气净化、水源维护、废弃物管理、噪声抑制和气候调控。这些功能对于保持特大城市的运行稳定性和提升居民的生活质量至关重要。健康和高效的城市生态系统在促进人口集聚方面起着关键作用。这是因为这些服务功能不仅保证了城市的可持续运行，还通过提高生活质量，使特大城市对外具有更强的吸引力。这种吸引力会促使更多的人口向那些拥有健康和高效生态系统的特大城市集聚。因此，一个健康和高效的城市生态系统是促进特大城市人口集聚的关键因素。

第三，特大城市生态建设与经济增长之间存在一种相互促进的关系。通过改进特大城市环境和提升居民生活质量，特大城市生态建设在某种程度上推动了经济增长。这种促进效应是通过各种方式实现的，包括但不限于生态旅游业和绿色建筑业的发展。这些行业的增长不仅创造了新的经济活动，而且提供了更多的就业机会，进一步吸引了更多的人口迁移到特大城市。换言之，经济发展提供了更多的就业机会，吸引了更多的人口，进一步增强了特大城市的生态建设需求，形成了一个积极的反馈循环。因此，特大城市生态建设和经济发展是相互促进的，而这种相互促进关系在特大城市中尤其明显，正因如此，特大城市的经济活动更为丰富多样，提供了更多的就业机会，从而吸引了更多的人口。

从核心解释变量来看，协调发展的回归系数为0.329，在1%的水平显著为正，表明协调发展显著促进了特大城市人口集聚—辐射效应，协调发展的提升对于促进特大城市人口集聚—辐射的影响可以从以下的角度分析。

第一，特大城市协调发展提升在很大程度上依赖于经济要素的平衡。这种平衡体现在特大城市内各个行业和部门的发展上，它们需要以一种和谐的方式共同发展。稳定的经济环境对于吸引投资具有重要意义，投资者通常偏好稳定的经济环境和营商环境，这样可以降低投资风险。同时，稳定的经济环境也有利于吸引人口，稳定的经济环境通常能提供更为稳定的就业机会和生活保障。因此，经济要素的平衡对于推动特大城市的协调发展、增强特大城市的经济稳定性以及吸引投资和人口集聚—辐射具有重要作用。

第二，协调发展不仅涉及经济层面，也包括社会公正的实现。社会公正体现在多个方面，包括公平的收入分配制度、平等的教育机会以及公正的社会保障策略。当一个特大城市能够满足居民对公平和公正的基本需求时，特大城市的社会稳定性和吸引力会得到提升。公平的收入分配制度能够缓解社会经济差距，平等的教育机会能为所有人提供公平的社会上升渠道，公正的社会保障策略则能为居民提供基本的生活保障。这些公正的社会条件不仅能满足居民的基本需求，也能提高特大城市的吸引力，进一步促进人口的集聚和辐射。

第三，特大城市协调发展的进步对于城市基础设施的改善具有重要的推动作用。当特大城市的基础设施，如交通和公共服务设施，经过有效的优化和提升后，特大城市对于人口的吸引力也会相应地增强。这是由于高质量的基础设施能够为居民提供更优良的生活环境和工作条件，例如，精良的交通网络能够使居民的出行更加便捷，而优质的公共服务设施可以满足居民在教育、医疗等方面的需求，这些都将提升特大城市的生活品质，进而吸引更多人选择在特大城市中生活。因此，协调发展的提升在推动特大城市基础设施的完善、增强特大城市的人口集聚—辐射方面，起到了关键的作用。

从核心解释变量来看，经济增长的回归系数为0.019，在1%的水平显著为正，表明经济增长显著促进了特大城市人口集聚—辐射效应，经济增长的提升对于促进特大城市人口集聚—辐射的影响可以从以下的角度分析。

第一，特大城市良好的经济发展现状往往会带来更多的就业机会。这些增加的就业机会吸引了大量的劳动力进入特大城市寻找工作，从而形成人口的集聚—辐射。例如，随着特大城市经济的发展，新的产业和行业会不断涌现，如高科技、新能源等，这些新的产业和行业会带来大量的就业机会。另外，随着特大城市经济的发展，城市的商业活动也会更加活跃，例如，零售、餐饮、服务业等，这些商业活动也会带来大量的就业机会。因此，特大城市经济发展程度的提升，通过就业机会的增加对城市的人口集聚—辐射起到推动作用。

第二，特大城市的经济增长有力地推动了周边地区的经济发展，从而产生了强烈的区域经济辐射效应，进一步吸引了更多的人口流动。例如，随着特大城市的经济繁荣，其对于人力资源、物资和资本的需求也随之增加，这会带动周边地区的产业发展和就业增长。同时，特大城市经济发展也会带动相关的基础设施建设，从而提高周边地区的生活水平和经济活力。这些因素共同构成了特大城市强烈的经济辐射效应，吸引了更多的人口流向这些特大城市和周边地区。

第三，特大城市经济增长速度的提升，会加快特大城市社会福利制度的优化，这将进一步吸引人口的集中。随着城市经济的增长，政府会有更多的财政收入来投入社会福利制度的改善，比如提高公共教育和医疗保健的质量和覆盖范围，增加公共住房的供应，提高退休金和失业保险等福利。完善的社会福利制度，能够提供更好的生活保障，吸引更多的人选择在特大城市中生活和工作。因此，经济发展程度的提升，通过改善社会福利制度对特大城市的人口集聚—辐射起到推动作用。

第四，特大城市良好的经济增长能力，使得特大城市居民生活质量的提升也得以实现，这包括基础设施的改善和文化娱乐设施的丰富，这些因素将进一步吸引更多的人口迁入和辐射能力的提升。特大城市经济的繁荣会引导基础设施的升级，包括交通设施的优化、公共服务设施的完善等，从而为居民提供更为便捷、舒适的生活环境。随着经济的发展和人们生活水平的提高，对于文化娱乐的需求也随之增加，特大城市会有更丰富的文化娱乐活动和设施，如各类文化演出、公园、博物馆等，这将使生活更为多彩，吸引更多人选择在城市中生活。因此，特大城市经济发展程度的提升，通过改善生活质量对特大城市人口的集聚—辐射产生了积极的影响。

从核心解释变量来看，人口增长的回归系数为 0.0467，在 1% 的水平显著为正，表明人口增长显著促进了特大城市人口集聚—辐射效应，人口增长的提升对于促进特大城市人口集聚—辐射的影响可以从以下的角度分析。

第一，伴随着城市自然人口增长速度的提升，对特大城市人口集聚—辐射的影响力也随之增强，且对周围地区的人口和经济产生显著的辐射效应。人口增长率提升的同时也使得特大城市规模扩大，增强了特大城市在区域内的地位和影响力，这又进一步吸引了更多的人口和资本的流入。这种流入不仅包括人力资本，也包括财务资本和知识资本，进一步推动了城市的发展和繁荣。因此，特大城市的自然人口增长率的提升可以视为特大城市人口集聚—辐射增强的一个重要指标，它反映了城市对周边地区的吸引力和辐射力，同时也是城市发展和繁荣的重要动力。

第二，特大城市自然人口增长率的加快和提高，为城市规划提出了新的要求和可能性。规划部门面临的问题不仅是如何迎接人口增长，还包括如何优化公共设施的布局，如何保证充足的住房和公共交通供应，以及如何在人口密集的情况下维护环境质量。人口增长不仅促使城市进行更大规模的建设和改造，而且推动了人口集聚—辐射的进程。因此，特大城市的人口自然增长率的提升对特大城市人口集聚—辐射具有显著的促进作用。

综上所述，回归结果表明，所有自变量：人口结构（PS）、城市生态（UE）、协调发展（CD）、经济增长（EG）和人口增长（PG）在统计上都与因变量有显著关系，所有自变量的 P 值都小于 0.01，这意味着可以在 99% 的置信水平下拒绝这些系数为零的假设。具体来说，人口结构（PS）的系数为 0.466，表示在其他条件保持不变的情况下，人口结构每增加一个单位，因变量预期会增加 0.466 个单位。同样，城市生态（UE）、协调发展（CD）、经济增长（EG）和人口增长（PG）的系数分别为 0.487、0.329、0.019 和 0.0467，意味着它们每增加一个单位，因变量预期会分别增加这些值。而截距项（常数项）为 −6.842，表示在所有自变量为零的情况下，因变量的预期值为 −6.842。除此之外，模型的 R^2 为 0.528，表示所有自变量共同解释了 52.8% 的因变量的变化。F 检验的值为 65.8，P 值接近 0，说明模型中至少有一个自变量与因变量显著相关。因此，总的来说，这个回归模型的拟合效果较好，所有的自变量都与因变量有显著的正相关关系。

6.2.2　相关性分析

回归分析后进行相关性分析，这主要是为了检验回归中两两变量之间是否存在自相关性，以保证回归分析的可行性。本书采用 Stata 17.0 来进行相关性检验，分析结果主要包括人口结构、城市生态、协调发展、经济增长、人口增长的相关关系系数，人口集聚—辐射效应影响因素的相关性矩阵见表 6 − 4。可以看出，所有相关系数的绝对值都低于 0.7，因此可以初步判断，这些变量之间没有显著的相关性。

表 6 – 4　　　　　　　人口集聚—辐射效应影响因素的相关性矩阵

解释变量	人口结构	城市生态	协调发展	经济增长	人口增长
人口结构	1.000				
城市生态	0.138	1.000			
协调发展	0.574	0.108	1.000		
经济增长	−0.066	0.063	−0.089	1.000	
人口增长	−0.273	−0.013	−0.123	0.039	1.000

6.2.3　稳健性检验

　　为了确保模型结果具有强大的稳健性，采用了加权最小二乘法（WLS）进行回归分析。在存在异方差性的情况下，WLS 被广泛认为是一种有效的回归方法。异方差性指的是数据集中的特定模式，其中误差项的方差不是常数，而是依赖于解释变量的值。如果忽视这种异方差性，可能会导致标准误差的误估计，从而影响对模型显著性的判断。WLS 通过给每个观察值分配不同的权重来解决这个问题，这些权重通常是误差项方差的倒数。这种方法能够最小化加权残差的平方和，为模型参数提供更准确的估计。WLS 基准回归模型估计结果如表 6 – 5 所示。

表 6 – 5　　　　　　　　　WLS 基准回归模型估计结果

被解释变量	人口集聚—辐射效应
人口增长（PG）	0.0449 *** （4.70）
经济增长（EG）	0.0198 *** （3.38）
协调发展（CD）	0.345 *** （3.79）
城市生态（UE）	0.560 *** （4.01）
人口结构（PS）	0.415 *** （7.48）
截距项	−7.040449

续表

被解释变量	人口集聚—辐射效应
年份	控制
地区	控制
特大城市数量	21
样本量	210
矫正决定系数	0.536

注：圆括号内为 T 值；＊P＜0.10，＊＊P＜0.05，＊＊＊P＜0.01 有统计学意义。

在人口集聚—辐射效应影响因素的研究中，运用了两种回归模型：普通最小二乘法（OLS）和加权最小二乘法（WLS）。这两种模型都将人口结构（PS）、城市生态（UE）、协调发展（CD）、经济增长（EG）和人口增长（PG）作为自变量，以人口集聚—辐射效应（ARE）为因变量。根据表 6-4 可以发现，对于人口增长（PG）系数，WLS 估计略低于 OLS 估计（0.0449 相比于 0.0467），但仍然在 1% 的显著性水平上显著。经济增长（EG）的系数在 WLS 中略有上升（0.0198 相比于 0.0189），同样保持了 1% 的显著性水平。这表明，即使在考虑异方差性后，人口增长和经济增长对人口集聚—辐射效应的正向影响是稳健的。协调发展（CD）和城市生态（UE）的系数在 WLS 模型中都有所提高，分别从 0.329 和 0.487 上升到 0.345 和 0.560，并且它们的统计显著性也略有加强，这说明在加权处理数据的异方差性后，这两个变量对人口集聚—辐射效应的正向影响比 OLS 模型估计的更加显著。人口结构（PS）的系数在 WLS 模型中较 OLS 模型有所下降（从 0.466 降至 0.415），尽管如此，该系数仍在 1% 的显著性水平上保持显著，这意味着人口结构对人口集聚—辐射效应的影响在 WLS 模型中依旧显著，但影响程度有所减弱。

在 WLS 模型中，矫正决定系数从 0.528 略微上升至 0.536。这说明在 WLS 模型中，解释变量对被解释变量的解释能力有所提升，模型的整体拟合度略有提高。WLS 回归分析的结果表明，在考虑了潜在的异方差性并进行相应的加权调整后，模型估计的系数保持了其符号和统计显著性，且模型的拟合优度有所提升。这说明原始的 OLS 模型估计结果是稳健的，且 WLS 模型提供了对 OLS 结果的有力支持。因此，可以得出结论，关于人口集聚—辐射效应影响因素的研究结果具有稳健性，变量的影响方向和大小在加权处理后仍然显著，从而验证了 OLS 模型的结果。

6.2.4　异质性检验

本章使用残差异质性检验方法考察了残差的异方差性、偏度和峰度，异方差检验结果如表 6–6 所示。残差具有显著的异方差性和峰度问题。具体来说，异方差性检验的 P 值远小于 0.05，强烈表明了存在异方差性，即模型误差项的方差随着自变量的变化而变化，这可能会降低回归系数的估计效率和统计推断的可靠性。而峰度检验的 P 值也远小于 0.05，表明残差分布的峰度与正态分布不同，可能意味着模型误差项的分布存在较重的尾部或者异常值。虽然偏度检验的 P 值大于 0.05，不能拒绝假设残差的分布是对称的，但是由于异方差性和峰度问题，可以得出结论，即模型的残差存在显著的异质性。因此为了深入理解自变量（人口结构（PS）、城市生态（UE）、协调发展（CD）、经济增长（EG）和人口增长（PG））对因变量（人口集聚—辐射效应（ARE））影响的异质性差异，将研究区域划分为东部地区、中部地区、西部地区以及东北地区进行进一步的分析。期望通过这种方法，能揭示出各地区之间在人口集聚—辐射效应影响因素上的差异性。

表 6–6　　　　　　　　　　　　异方差检验结果

类型	CHI2	DF	P
异方差性	57.76	20	0.0000
偏度	9.94	5	0.0770
峰度	17.62	1	0.0000
总和	85.31	26	0.0000

由于各地区的经济条件、地理环境、政策背景等因素的差异，可能会导致自变量对人口集聚—辐射效应的影响在不同地区呈现出异质性。例如，一些地区可能由于其优越的自然条件和发达的经济，使得经济增长和人口增长对人口集聚—辐射效应的影响更为显著。而在另一些地区，由于历史、文化或政策等因素，可能城市生态和协调发展的影响更为突出。通过对不同地区进行异质性检验，可以更深入地理解这些自变量对不同地区的影响，为地方政策制定提供更具针对性的建议。在进行异质性检验时，将分别对每个地区进行回归分析，并比较各地区的回归结果。期望这种方法能帮助揭示出地区差异对研究结果的影响，进一步提升

研究的精度和可靠性。同时，也将注意探索和解释可能导致这些差异的潜在因素，以便更深层次地理解影响人口集聚—辐射效应的复杂机制。WLS 基准回归模型估计结果如表 6 - 7 所示。

表 6 - 7　　　　　　　　　　　WLS 基准回归模型估计结果

被解释变量	东北地区	东部地区	西部地区	中部地区
人口增长（PG）	0.00810 (0.57)	0.0122 (0.94)	0.0249 (1.54)	0.0190 * (1.77)
经济增长（EG）	0.00559 (0.75)	0.00644 (0.86)	0.0116 (1.05)	0.0119 (1.44)
协调发展（CD）	0.417 ** (2.12)	0.578 *** (5.76)	0.0297 (0.19)	0.596 *** (9.32)
城市生态（UE）	0.0647 (0.42)	0.430 *** (2.63)	0.955 (1.07)	0.0272 (0.13)
人口结构（PS）	0.380 ** (2.07)	0.414 *** (8.15)	0.180 (1.06)	- 0.605 *** (-4.69)
截距项	- 8.07	- 8.77	- 6.575	- 2.09
年份	控制	控制	控制	控制
地区	控制	控制	控制	控制
特大城市数量	3	11	4	3
样本量	30	110	40	30
矫正决定系数	0.7207	0.7059	0.1589	0.7565

注：圆括号内为 T 值；$*P < 0.10$，$**P < 0.05$，$***P < 0.01$ 有统计学意义。

在对东部地区、中部地区、西部地区以及东北地区进行异质性检验的过程中，发现各地区的回归结果差异显著，这进一步强调了对地域差异性的理解的重要性。

在对东北地区的人口集聚—辐射效应影响因素进行分析时，发现人口结构（PS）和协调发展（CD）的影响在统计上显著，这可能是由于东北地区的特殊历史背景和经济条件所造成的，东北地区长期以来一直是中国重要的工业基地，其人口结构和协调发展的特点可能在很大程度上塑造了该地区的人口集聚—辐射效应。首先，人口结构在东北地区对人口集聚—辐射效应的影响显著，这反映了该地区人口结构的独特性。由于历史原因，东北地区的人口年龄结构与中国的其他地区有所不同，这影响到人口集聚和人口流动的模式，从而影响人口集聚—辐射效应。其次，协调发展在东北地区也对人口集聚—辐射效应有显著影响。与中国的其他地区相比，东北地区在经济、社会和环境等多方面的协调发展上面临着更为复杂的挑战。例如，东北地区需要平衡其传统工业的发展和环境保护的需要，这可能影响到人口的集聚和流动。最后，值得注意的是，虽然城市生态、经济增长和人口增长在许多地区通常被认为是影响人口集聚—辐射效应的重要因素，但在东北地区，这些因素的影响并不显著。

在东部地区，人口结构、城市生态和协调发展显著影响人口集聚—辐射效应。这可能与东部地区的经济发展阶段和城市化程度有关。作为中国最早进行经济改革和开放的地区，东部地区的经济发展较为成熟，城市化程度较高，这可能使得人口结构、城市生态和协调发展的影响在这个地区尤为显著。首先，人口结构对东部地区的人口集聚—辐射效应的影响显著，这可能与该地区经济活动的高集聚度和人口流动的活跃性有关。高度的经济集聚和活跃的人口流动可能导致人口结构的变化，从而影响人口集聚—辐射效应。其次，城市生态也对人口集聚—辐射效应产生了显著影响。这可能反映了随着城市化程度的提高，城市生态环境的质量对人口集聚的吸引力越来越大。良好的城市生态环境不仅能提供更好的生活质量，也可能吸引更多的人口聚集，从而影响人口集聚—辐射效应。再次，协调发展的影响在东部地区同样显著。这可能是因为，随着经济的发展和城市化的推进，协调发展的问题日益突出，如何平衡经济发展与环境保护，如何协调城乡发展等，这些因素可能影响人口的集聚和流动。最后，尽管东部地区的经济发展较为成熟，但发现经济增长和人口增长对人口集聚—辐射效应的影响并不显著。这可能是因为在经济已经高度发达的地区，经济增长和人口增长的边际效应逐渐减弱，而人口结构、城市生态和协调发展成为影响人口集聚—辐射效应的主要因素。

对于西部地区的回归分析研究结果，发现所有变量——人口结构、城市生态、协调发展、经济增长和人口增长——对人口集聚—辐射效应的影响都在统计上不太显著，这可能与西部地区的特殊经济和社会环境有关。西部地区，相比于中国的东部地区和中部地区，经济发展相对滞后，其工业化和城市化水平较低。这种状况使得这些因素在西部地区对人口集聚—辐射效应的影响并不突出。例如，由于经济发展较为落后，经济增长可能并未对人口集聚产生显著的吸引力。城市生态尽管在许多高度城市化的地区可能是一个重要因素，但由于西部地区城市化程度较低，其影响可能并不明显。此外，西部地区的人口结构和人口增长也与东部地区和中部地区存在显著差异，这些差异可能使得人口结构和人口增长对人口集聚—辐射效应的影响在西部地区并不显著。例如，西部地区可能存在较大的人口流出，这可能削弱了人口增长对人口集聚的影响。

在对中部地区的人口集聚—辐射效应的回归分析结果中，发现人口结构、协调发展以及人口增长的影响均表现为显著。中部地区的经济发展处于中等水平，这使得人口结构和协调发展在该地区对人口集聚—辐射效应的影响显得尤为重要。一方面，人口结构的影响在统计上显著，反映了中部地区人口流动的活跃性和人口年龄结构的变化。这与该地区的工业化和城市化进程有关，这些进程可能导致人口结构的重大变化，从而影响人口集聚—辐射效应。另一方面，协调发展对人口集聚—辐射效应的影响显著，反映了中部地区在经济、社会和环境等多方面的协调发展问题。随着经济的发展和城市化的推进，如何平衡经济发展与环境保护、如何协调城乡发展等问题，对人口的集聚和流动产生了重要影响。值得注意的是，人口增长在中部地区对人口集聚—辐射效应产生了显著影响，这可能与中部地区的人口增长策略和人口流动模式有关。例如，某些城市通过吸引外来人口来推动人口增长，这对人口集聚—辐射效应产生了重要影响。然而，尽管中部地区的经济发展处于中等水平，城市生态和经济增长对人口集聚—辐射效应的影响并不显著，这反映了在经济发展中等地区人口结构和协调发展比经济增长和城市生态对人口集聚—辐射效应的影响更为重要。

综上所述，通过对中国东部地区、中部地区、西部地区以及东北地区的特大城市人口集聚—辐射影响因素进行回归结果分析，揭示了各地区在影响人口集聚—辐射效应的因素上存在显著的异质性，这种异质性源自各地区社会经济条件、地理环境和政策背景等差异。这一发现强调了在制定政策时，必须充分考虑地区差异，以更有效地推动各地区的人口集聚和经济发展。具体地说，由于各地区的经济发展水平、城市化程度、人口结构和人口流动模式等关键因素存在显著差异，这导致了人口集聚—辐射效应的影响因素在各地区之间的显著异质性。例如，我国东部地区的经济发展较为成熟，城市生态在人口集聚—辐射效应的影响中起到了关键作用。然而，对于经济发展相对滞后的西部地区，所有变量在统计上显著性较差，这可能是因为在这些地区，影响人口集聚—辐射效应的因素可能更为复杂，需要进一步探究。

6.3 研究发现与政策含义

6.3.1 研究发现

特大城市中人口集聚—辐射效应受到城市人口集聚—辐射风险因素的显著影响。这些因素包括人口结构、城市生态、协调发展、经济增长和人口增长等。

第一，人口集聚—辐射效应影响因素在不同地区存在显著异质性。通过对不同地区进行回归分析，发现东北地区、东部地区、中部地区和西部地区在影响因素上的差异很大。这跟各地区在经济发展水平、城市化程度、人口结构等方面的差异有关。例如，东北地区人口结构和协调发展对人口集聚影响更大；东部地区城市生态和人口结构影响更显著等。这表明制定城市发展政策不能"一刀切"，必须考虑不同地区的特殊条件。

第二，影响人口集聚—辐射效应的主要影响因素在不同地区的重要程度不同。一些因素如人口增长和经济增长在经济较为发达地区影响不大，但在中部地区可能起决定作用。这是因为地区经济社会环境的差异，会导致影响因素的相对重要性和作用机制的不同。

第三，人口结构、城市生态和协调发展似乎是影响人口集聚的重要常量因素。它们在不同地区的回归结果都是显著的，这表明优化这些因素对于促进人口集聚和区域协调发展很重要，但具体政策应考虑地区差异。

6.3.2 讨论

通过对人口集聚—辐射效应重要影响因素的系统研究和效应机制的深入解析，可以为特大城市应对重大突发事件提供更科学和细致的决策参考。通过分析影响因素与城市人口集聚—辐射效应的内在关系，可以为区域安全防范工作提供科学依据，提前发现风险隐患，精准把控人群分布，从源头上降低可能出现的二次灾害。此外，不同地区因特殊历史与文化底蕴导致的影响差异也需要引起重视，形成个性化的应急规划同时注重区域合作，建立制度化的互助支持体系。只有深入了解潜在影响机制的运行规律，才能为各类突发事件提供全局性的防控解决方案，实现从事前预测监测到事后恢复重建的闭环管理。

第一，通过细致地研究人口集聚—辐射效应各影响因素对结果的贡献程度，可以更准确地识别出那些集聚效应强、潜在风险高的区域。这将有利于城市管理部门提前发现隐蔽的安全隐患，采取针对性预防措施。例如，若人口增长对人口集聚—辐射效应的影响重大，则需要重点监测人口增长速度快、基础设施承载力较差的区域；如果城市生态影响明显，则应重视生态环境相对较差的区域。总体来说，通过这种层层深入的影响机制分析，可以为应急管理提供科学的依据，帮助识别高风险点，提前采取防范措施，有利于城市提升突发事件的应对力度。

第二，通过调节人口集聚—辐射效应的各重要影响元素，如优化人口结构和提升城市生态水平，可以在一定程度上进行人口分布的有效微调，缓解人口过于集中的潜在风险。例如，优化人口结构可促进人口分布的均衡，避免某些地域人口过量聚集；改善城市生态有利于调整人口定位，激发周边地区的辐射潜力。在重大突发事件发生时，这种预先调控后的合理人口布局将更有利于救援资源的调度，降低意外事故导致的二次损害。总之，通过对影响要素进行精细化干预，可以在一定程度上进行人口空间分布的优化调整，这将对提升城市应对突发事件的能力具有实质性裨益。

第三，对不同区域来说，人口集聚—辐射效应的影响机制会存在一定的地域性特点。例如东北地区由于历史原因，人口结构对集聚效应的影响较大；而西部地区由于经济建设水平相对较低，基础设施建设质量可能会对结果产生更深远的影响。这就需要在制定应急预案时，结合各地特点，给予不同程度的重视。比如在东北区域，可以着眼于人口组成分布的调整优化；而西部地区应重点关注基础设施的完善程度。只有理解各地区影响要素的区域差异，才能绘制出具有针对性的应急预案蓝本，在突发事件发生时为不同地区提供科学而精准的引导，以此提升区域管理水平。

第四，持续优化城市集聚—辐射影响机制中的重要因素，例如深入开展城市生态建设与改善，促进区域间的合作交流，培育紧密互助支持的机制体系。在生态环境建设过程中可以弘扬区域共建共享的理念，促进不同区域在资源配置和技术标准等方面的协同进步，这将有助于形成城际间成效互补、危机互助的合作氛围。一旦重大突发事件发生，这种长期积淀的互信关系将使区域各方能够快速组织一致、协同应对，发挥各自长处，共同进行救援和恢复工作。这不仅将提升区域联防联动的效率，同时也有利于缓解重大突发事件给某地区单独造成的影响，实现风险的分担。

6.3.3 政策含义

通过对人口集聚—辐射效应影响机制中的重要因素进行深入研究，可以为特大城市应急管理工作提供科学依据，进而提升各项工作的针对性。对于特大城市提升应急管理水平具有以下重要的政策含义：

第一，对特大城市来说，制定人口管理政策是一项重要而复杂的工作。通过对影响因素贡献程度的深入研究，为此提供了依据支撑。具体来说，分析不同影响变量对人口集聚—辐射效应的影响作用，可以明确哪些区域存在更高风险，这有利于政策制定部门明确侧重点。通过对各影响要素的寻根溯源，进一步理解它们的作用机制，设计出科学合理的调控措施。例如如果城市生态水平影响明显，就可以通过优化环境改善对应地区的人口分布。此外，深入研究还可以发现一些新变量，如城镇化程度等，这将给政策提供更丰富的参考。总体来说，本书通过建立影响模型给出了人口分析的依据，这对城市制定目标政策与快速更新措施意义重大，将有力推动人口管理工作的科学化。

第二，通过识别高风险区域，重点加强基础设施建设与应急物资储备配备，提高相关区域的抗风险能力。不同区域因受各自自然人文环境影响，结合本书对不同区域影响特征的分析，可以为各地区制订匹配其实际情况的应急预案。比如东北地区由于人口结构影响明显，可注重人口流动监测；而西部地区基础设施影响较大，则可重点防范基础设施安全，有效提升各区域的抗风险水平。同时通过研讨交流机制等方式，还可形成区域间的支持合作，在重大突发事件面前，协同应对并共同恢复。

┃第 7 章

特大城市人口集聚—辐射与重大突发事件综合应急管理能力的风险治理

7.1 研究目的与方法

7.1.1 研究目的

本章的核心目标是深入探索公共政策如何作用于特大城市的人口集聚—辐射效应，以便在理论和实证两个层面上进一步揭示城市发展、人口流动以及公共政策之间的复杂关系。在此过程中，将特别关注公共政策变化对特大城市人口集聚—辐射效应的影响力及其政策敏感性。特大城市的人口集聚—辐射效应在城市发展中起着至关重要的作用，然而，公共政策如何有效地影响和引导这一效应，以实现可持续和均衡的发展，是一个尚未得到充分解答的问题。因此，本章将采用双重差分法（DID）这一策略性的评估方法，定量评估公共政策对特大城市人口集聚—辐射效应的影响。双重差分法通过比较政策实施前后以及实验组和对照组的差异，能够有效地控制无法观测的固定效应，从而更准确地揭示出公共政策的影响。通过这样的研究，期待能为政策制定者提供更为精准的参考，协助他们制定和调整公共政策，以更有效地推动特大城市的人口集聚—辐射效应，推进地区的可持续发展。同时，也希望能够为相关的理论研究提供新的实证证据，进一步加深对城市发展、人口流动和公共政策之间关系的理解。

7.1.2 研究方法

作为经济发展的引擎和社会文化活动的汇聚地，特大城市在地区发展中扮演着关键角色，其人口集聚—辐射效应对于地区的发展产生着深远的影响。然而，如何通过对公共政策的精细化调整来有效地塑造和引导人口集聚—辐射效应，是否可以通过相关的人口集聚—辐射风险政策促进城市重大突发事件综合应急管理能力的提升，是一个需要深入研究和探讨的重要问题。公共政策作为一个强大的工具，是否会对人口集聚—辐射效应产生显著影响。如果有影响又如何通过公共政策的改变来最大化地发挥其在推动特大城市人口集聚—辐射效应中的积极作用，如何通过相关风险政策对特大城市人口集聚—辐射风险进行治理，以实现更为可持续和均衡的社会经济发展，这是一个充满挑战的问题，需要进行深入探讨和研究。这不仅需要对人口集聚—辐射效应的机制有深入的理解，还需要掌握公共政策的微观调控机制，以便对特大城市的人口集聚—辐射效应进行精细化调控。只有这样，才能充分发挥公共政策的潜力，推动特大城市的可持续和均衡发展。因此，公共政策是否对人口集聚—辐射效应产生影响，以及如何通过公共政策的改变来影响和引导人口集聚—辐射效应，无疑是一个值得进行深入研究的重要问题。

双重差分法是一种广泛应用于政策效应评估的实证方法，其优势在于其能够有效地解决潜在的固定效应问题，从而提供更为精确的政策效应估计。具体来说，双重差分法通过对比政策实施前后以及不同政策组（即处理组和控制组）之间的差异，来识别并减少潜在的固定效应对估计结果的影响。这一方法的核心在于，它假设在没有政策改变的情况下，处理组和控制组的趋势将会是一致的。因此，任何政策实施后处理组和控制组之间的差异，都可以被归因于政策改变的影响。在本章研究中，采用双重差分法来评估公共政策对特大城市的人口集聚—辐射效应的影响及其政策敏感程度。这一方法的应用将更为准确地定量衡量公共政策的效果，从而更为深入和全面地理解公共政策如何塑造和影响特大城市的人口集聚—辐射效应，以及这种影响在多大程度上对政策改变敏感。这一理解将提供宝贵的知识，以更好地制定和调整公共政策，促进特大城市的可持续和平衡发展。基于此，构建模型如下：

$$Y_{it} = \beta_0 + \beta_1 \left(p_i \times T_t \right) + \beta_2 X_{it} + \varphi_t + \alpha_i + \varepsilon_{it} \qquad (7-1)$$

其中，i 表示城市；t 表示年份；Y_{it} 为人口集聚—辐射效应水平；β_0 为常数项；β_1 表示政策实施净效果，若一定统计水平下 $\beta_1 > 0$ 且显著，则说明政策实施可以有效促进人口集聚—辐射的发展；β_2 为各控制变量的估计系数；X_{it} 为影响人口集聚—辐射效应发展的一系列控制变量；φ_t，α_i 分别为时间固定效应和个体固定效应；ε_{it} 为随机扰动项；p_i 为处理组虚拟变量，表示城市 i 是否属于特大城市，若属于则赋值为 1，否则为 0；T_t 为处理效应时期虚拟变量，表示该年是否实施《国家新型城镇化规划（2014 – 2020 年)》，即将 2014 年及以后设定为 1，之前设定为 0；$p_i \times T_t$ 为核心解释变量。

尽管双重差分方法分离了试点政策的平均处理效应，但由于试点政策并非严格意义上的自然实验，所以仍可能在观察研究数据方面存在选择性偏差问题。因此，进一步使用渐进 PSM – DID 模型做稳健性检验。设定回归模型如下：

$$ARE = \beta_1 TREAT \times POST + \beta_2 TREAT + \beta_3 POST + \beta_4 CONTROL \qquad (7-2)$$

其中，$TREAT$ 为处理组虚拟变量，特大城市为处理组，取值为 1，否则为控制组，取值为 0；$POST$ 为处理器虚拟变量，特大城市在《国家新型城镇化规划（2014 – 2020 年)》政策后取值为 1，否则为 0；$TREAT \times POST$ 的系数 β_1 为处理效应。

7.1.3 数据来源及研究对象

本书使用 2011~2020 年《中国城市年鉴》的相关人口数据，在基准分析中，将样本限制在 2014 年城区人口数量超过 100 万人的 119 个城市，这是由于人口数量较少的城市数据样本量太小，可能影响样本的代表性。其中城市人口在 2014 年超过 500 万人的 12 个城市，包括深圳市、武汉市、广州市、西安市、南京市、成都市、北京市、郑州市、沈阳市、上海市、天津市、重庆市，这些城市都受到《国家新型城镇化规划（2014 – 2020 年)》中"严格控制城区人口 500 万人以上的特大城市人口规模"政策的影响，从政策的变化时间上看，本章选择以 2011~2013 年为政策之前的年份，2014~2016 年为政策以后的年份。

7.2 特大城市人口集聚—辐射的风险预警

7.2.1 DID 模型基础回归模型估计

根据式（7-1），采用人口集聚—辐射效应为被解释变量，分别不使用和使用控制变量对模型进行回归分析，来估计《国家新型城镇化规划（2014 – 2020

年)》对城市人口集聚—辐射效应的影响，其回归结果见表 7-1。

表 7-1　　　《国家新型城镇化规划（2014-2020 年）》对城市
人口集聚—辐射效应的影响回归结果

被解释变量	人口集聚—辐射效应	
	未控制变量	控制变量
虚拟变量	0.0124 *** (6.19)	0.00783 *** (4.10)
人口增长（PG）	—	-0.0000451 (-0.57)
经济增长（EG）	—	0.00146 (0.80)
协调发展（CD）	—	-0.000224 ** (-2.33)
城市生态（UE）	—	-0.0000829 *** (-3.23)
人口结构（PS）	—	0.000787 *** (13.13)
截距项	0.150 *** (509.51)	0.128 *** (22.18)
年份	控制	控制
地区	控制	控制
特大城市数量	12	12
样本量	1310	1310
校正决定系数	0.9819	0.9845
DID 系数	0.008	

注：圆括号内为 T 值；* 表示 P<0.10，** 表示 P<0.05，*** 表示 P<0.01。

根据回归结果中，DID 的系数是 0.008，并且在统计上显著（P<0.001），这表明政策的实施对特大城市的人口集聚—辐射效应产生了积极的影响。具体来说，政策的实施使得人口集聚—辐射效应平均增加了 0.008 个单位，这一结果在

统计上是显著的。这表明公共政策的改变会对特大城市的人口集聚—辐射效应产生显著的影响。这个结果对于政策制定者来说具有重要意义，它说明公共政策的改变可以有效地影响特大城市的人口集聚—辐射效应，从而影响城市的发展和人口的分布。这一发现强调了公共政策在推动城市发展和人口流动中的关键作用，为政策制定者提供了重要的参考。

7.2.2 平行趋势检验

采用 DID 与 ESA 结合的方法，绘制出《国家新型城镇化规划（2014 – 2020年)》对城市人口集聚—辐射效应影响的平均趋势图，如图 7 – 1 所示，在《国家新型城镇化规划（2014 – 2020 年)》前，处理组和控制组的人口集聚—辐射效应并没有显著的差异，政策实施后，特大城市的人口集聚—辐射效应水平持续上升，并且通过了平行趋势检验，结果具有稳定性。

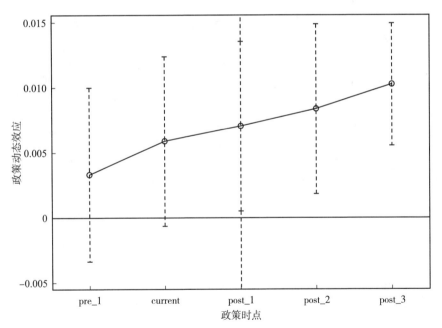

图 7 – 1 《国家新型城镇化规划（2014 – 2020 年)》对城市人口
集聚—辐射效应影响的平均趋势

7.2.3 稳健性检验

使用缩尾方法对回归分析的结果进行稳健性检验。缩尾是一种处理数据中极端值的方法，它将数据集的最高值和最低值替换为指定的百分位数值。这种方法不改变数据的中心趋势，但可以减少极端值对结果的影响。稳健性检验的回归结果如表7-2所示。

表7-2 稳健性检验的回归结果

被解释变量	人口集聚—辐射效应	
	未控制变量	控制变量
虚拟变量	0.0124 *** (6.19)	0.00576 *** (2.99)
人口增长（PG）	—	0.0000494 (0.55)
经济增长（EG）	—	0.00549 ** (2.01)
协调发展（CD）	—	− 0.000149 (− 1.53)
城市生态（UE）	—	− 0.0000371 (− 1.26)
人口结构（PS）	—	0.000767 *** (13.11)
截距项	0.150 *** (509.51)	0.119 *** (20.41)
年份	控制	控制
地区	控制	控制
特大城市数量	12	12
样本量	1310	1195
校正决定系数	0.9819	0.9862
DID 系数	0.006	

注：圆括号内为 T 值；* 表示 P < 0.10，** 表示 P < 0.05，*** 表示 P < 0.01。

在进行尾部处理后的回归分析中，发现 DID 的系数为 0.006，在统计上显著。这表明政策变化对特大城市的人口集聚—辐射效应仍然有显著的正向影响，尽管其影响程度略低于未进行缩尾处理的结果。这可能是由于缩尾处理剔除了一些极端的观察值，使得模型的结果更为稳健。同时，这也说明结果通过了稳健性检验。这增强了研究结果的可信度和稳健性。

7.2.4　PSM – DID 检验

根据式（7 - 2），采用人口集聚—辐射效应作为被解释变量，分别不使用和使用控制变量对模型进行回归分析，来估计《国家新型城镇化规划（2014 - 2020 年)》对其所在城市人口集聚—辐射效应的影响，如表 7 - 3 所示。

表 7 – 3　　　　　　　　　　　　PSM – DID 检验的回归结果

被解释变量	人口集聚—辐射效应	
	未控制变量	控制变量
虚拟变量	0.00718 ** (2.21)	0.00596 * (1.81)
人口增长（PG）	—	− 0.000108 (− 0.55)
经济增长（EG）	—	0.0159 *** (3.32)
协调发展（CD）	—	− 0.000166 (− 0.72)
城市生态（UE）	—	− 0.0000231 (− 0.10)
人口结构（PS）	—	0.000457 *** (2.60)
截距项	0.188 *** (283.30)	0.175 *** (6.43)
年份	控制	控制
地区	控制	控制

续表

被解释变量	人口集聚—辐射效应	
	未控制变量	控制变量
特大城市数量	12	12
样本量	539	539
校正决定系数	0.9864	0.9871

注：圆括号内为 T 值；＊表示 P＜0.10，＊＊表示 P＜0.05，＊＊＊表示 P＜0.01。

根据表 7－1 和表 7－3 给出的 DID 和 PSM－DID 模型结果，首先，比较 DID 和 PSM－DID 的未控制变量情况下虚拟变量的系数。PSM－DID 模型中的系数值比 DID 模型略低，且在显著性水平上也略低。这表明采用 PSM 方法使样本选择得到了一定程度的调整，初步消除了一些自变量选择的偏差。其次，加入控制变量后，两模型虚拟变量的系数均有下降，但符号保持正值，表明国家新型城镇化规划政策依然对人口集聚—辐射效应产生正面影响，这与 DID 研究结果相符。再次，两表模型中其他解释变量对结果的贡献基本一致，且残差检验表明模型拟合优良，这说明 PSM 方法初步将对照组样本调整得较好。值得注意的是，PSM－DID 模型中的样本量从 DID 模型的 1310 对下降至 539 对，但这与 PSM 方法精准匹配样本的特点相一致。同时，变量仍在置信区间内，代表性得以加强。最后，PSM－DID 模型中的变量符号、大小及校正系数都与 DID 保持一致，表明通过 PSM 后的结果在理论上是可靠的。综上所述，可以认为采用 PSM－DID 对 DID 模型进行了有效的稳健性检验。PSM 调整后样本的选择效果明显优于原始 DID，且结果在理论上经受住了检验，表明结论具备必要的可靠性。

7.2.5　异质性检验

为进一步分析《国家新型城镇化规划（2014－2020 年）》对其所在不同区域城市人口集聚—辐射效应的影响，将城市分为东部地区、西部地区、中部地区分别进行回归以进行异质性检验，分析和判断《国家新型城镇化规划（2014－2020 年）》政策对不同地区城市的影响是否有区别，得到的结果如表 7－4、表 7－5、表 7－6 所示。

表 7 – 4　　《国家新型城镇化规划（2014 – 2020 年）》对东部地区城市
人口集聚—辐射效应影响的回归结果

被解释变量	人口集聚—辐射效应	
	未控制变量	控制变量
虚拟变量	0. 0185 *** (8. 39)	0. 0162 *** (7. 29)
人口增长（PG）	—	0. 0000311 (0. 30)
经济增长（EG）	—	– 0. 00133 (– 0. 65)
协调发展（CD）	—	– 0. 000101 (– 0. 59)
城市生态（UE）	—	0. 0000107 (0. 25)
人口结构（PS）	—	0. 000428 *** (5. 28)
截距项	0. 155 *** (403. 34)	0. 140 *** (15. 81)
年份	控制	控制
地区	控制	控制
特大城市数量	7	7
样本量	560	560
校正决定系数	0. 9867	0. 9875

注：圆括号内为 T 值；＊表示 P＜0. 10，＊＊表示 P＜0. 05，＊＊＊表示 P＜0. 01。

表 7 – 5　　《国家新型城镇化规划（2014 – 2020 年）》对西部地区城市
人口集聚—辐射效应影响的回归结果

被解释变量	人口集聚—辐射效应	
	未控制变量	控制变量
虚拟变量	0. 00631 (1. 19)	– 0. 00378 (– 0. 86)

被解释变量	人口集聚—辐射效应	
	未控制变量	控制变量
人口增长（PG）	—	− 0.0000842 (− 0.44)
经济增长（EG）	—	0.0162 *** (2.94)
协调发展（CD）	—	0.000103 (0.52)
城市生态（UE）	—	− 0.000212 *** (− 4.31)
人口结构（PS）	—	0.00133 *** (11.31)
截距项	0.149 *** (198.97)	0.0853 *** (7.11)
年份	控制	控制
地区	控制	控制
特大城市数量	3	3
样本量	350	350
校正决定系数	0.9733	0.9826

注：圆括号内为 T 值；* 表示 P < 0.10，** 表示 P < 0.05，*** 表示 P < 0.01。

表 7 - 6 《国家新型城镇化规划（2014 - 2020 年）》对中部地区城市
人口集聚—辐射效应影响的回归结果

被解释变量	人口集聚—辐射效应	
	未控制变量	控制变量
虚拟变量	− 0.00144 (− 0.35)	− 0.00395 (− 0.97)
人口增长（PG）	—	− 0.000159 (− 1.19)

续表

被解释变量	人口集聚—辐射效应	
	未控制变量	控制变量
经济增长（EG）	—	−0.000147 （−0.03）
协调发展（CD）	—	−0.000495*** （−2.92）
城市生态（UE）	—	0.00000935 （0.23）
人口结构（PS）	—	0.000619*** （4.67）
截距项	0.144*** （328.81）	0.132*** （12.06）
年份	控制	控制
地区	控制	控制
特大城市数量	2	2
样本量	400	400
校正决定系数	0.9864	0.9876

注：圆括号内为 T 值；* 表示 $P < 0.10$，** 表示 $P < 0.05$，*** 表示 $P < 0.01$。

　　按照东部地区、中部地区、西部地区将数据划分进行异质性检验，通过研究结果可以发现，在中部地区和西部地区，尽管实施了《国家新型城镇化规划（2014 – 2020 年）》，但这些地区的人口集聚—辐射效应并未表现出明显提升，而是有所下降。虽然结果并不显著，这与地区的经济发展和城市化进程相对较慢，以及人口选择向经济更发达的地区迁移等因素有关，这些因素在一定程度上抑制了人口集聚—辐射效应的提升。另外，这也可能与政策实施的效果有关，在这些地区，虽然已经实施了《国家新型城镇化规划（2014 – 2020 年）》，但如果政策的实施并未能有效地解决影响人口集聚—辐射效应的关键问题，例如提高公共服务的质量和可达性，提供更多的经济发展机会等，那么这项政策可能并未能有效地推动人口集聚—辐射效应的提升。

　　对于东部地区，实施《国家新型城镇化规划（2014 – 2020 年）》后，人口集聚—辐射效应提升显著，这一现象源于该地区在经济发展、城市化水平、基础设施建设等多个方面的优势。作为全国最发达的经济区域，东部地区具有高度的城市化程度和相对完善的基础设施，这些因素为吸引人口流入提供了有利的条件。在这样的环境下，相应的政策实施可能更易于产生积极的社会效应。由于东部地区已经具备良好的基础设施和公共服务，所以政策可能会对人口集聚—辐射效应产生更为有效的推动作用。同时，东部地区的经济发达程度也可能使政策的执行力度和效率相对较高，这也可能是政策在该地区产生积极影响的一个重要原因。此外，由于该地区的经济发达和城市化程度较高，人口可能更偏向于流入这个地区，这也可能是政策实施后，人口集聚—辐射效应增加的一个关键因素。因此，东部地区双重差分（DID）系数的正向显著性反映了该地区在经济发展、城市化程度、基础设施建设以及公共服务等多个方面的优势。这些优势使得政策的实施能够有效地推动人口集聚—辐射效应的提升。

研究发现，尽管全国性的城镇化规划对城市化进程有一定的推动作用，但其效果可能会受到地区差异的影响。在经济发展、城市化程度和基础设施建设等方面滞后的地区，可能需要更多的资源和时间来提升人口集聚—辐射效应。这对于政策制定部门来说是一个重要的启示，即在制定和实施公共政策时，需要充分考虑地区的具体情况和差异性，以期更有效地推动其人口集聚—辐射效应。同时，这也为未来的研究提供了新的研究方向，即深入探讨影响人口集聚—辐射效应的多种因素，以及如何通过合理的政策设计和实施来优化这些因素的作用机制。

7.3 研究发现和政策含义

7.3.1 研究发现

第一，从《国家新型城镇化规划（2014–2020年)》对特大城市人口集聚—辐射效应影响的DID分析结果来看，可以发现该政策在统计学上显著且正面推动了人口集聚—辐射水平的提升。具体来说，DID模型显示出政策实施后，处理组与对照组在人口集聚水平上的差异在稳定水平上增强，表明政策实施构成了重要的推动力量。这一结果意味着，作为一项重大战略部署，《国家新型城镇化规划（2014–2020年)》能够通过相关措施调控人口分布格局，调整城镇间关系。比如，新型城镇体制的重塑可能优化了基础设施布局，促进人口向优势区域聚集。同时表明公共政策可以系统性改变社会经济条件，从而影响群众生活驻留选择，引导人口流动规模。这不仅彰显出公共政策在规范人口动态机制中的积极作用，也进一步论证了公共政策在人口集聚配置中不容忽视的决定地位。

第二，通过对不同区域进行回归分析后发现，《国家新型城镇化规划（2014—2020年）》在东部地区显著影响人口集聚水平，但对中部地区和西部地区效应不明显。这一结果说明，政策的实施效果可能受制于区域社会经济环境的差异。东部地区经济基础雄厚，城镇化进程深入，此类有利条件可能促成政策产生较显著的效应而中部地区和西部地区经济相对滞后，城镇比例仍待提升，导致其人口集聚—辐射态势对于政策敏感性较差。这表明在不同发展阶段和条件下，统一政策可能难以完全发挥同等作用。因此，只有根据区域实际情况施以差异应对，才能让政策真正发挥积极导向作用，促进各地均衡发展。这对后续政策优化反馈具有借鉴意义。

7.3.2　讨论

第一，在设计和实施人口的公共政策时，政策制定部门需要进行深入的分析，并充分考虑各个城市和地区的具体发展情况。这不仅需要对各地的经济状况有深入的了解，还需对社会环境、文化背景和地理特征也有全面的认识，才能制定出既适度有力、又有高度针对性的政策，以确保政策在实施时能够有效地适应并解决特定地区的具体问题。这样的政策应当能够充分考虑到人口流动的多样性和复杂性，并尽可能降低其对当地经济、社会和环境的不利影响。此外，政策制定部门还需要思考如何通过相应的政策，有针对性地对特大城市人口集聚—辐射的风险进行治理从而提升特大城市突发事件综合应急管理能力的提升。

第二，在中部地区和西部地区，决策部门面临着以创新手段提升城市质量和吸引力的重大挑战，这主要体现在加大对基础设施建设力度上，包括但不仅限于交通设施、公共设施及信息技术设施，这些都是提高城市化质量的关键组成部分。另一个重要的方向是通过优化公共服务体系，如提升教育、医疗保健和社会保障等领域的服务水平和可接触性，从而提升所在地的吸引力，吸引更多的人口流入。同时，提供丰富的经济发展机会也是关键，包括吸引外部投资、发展独特的产业，并提供广泛的就业机会，以推动经济增长，使得人口更乐于在本地发展，而不是迁往其他地区。这些政策能有效地引导人口流动，推动中西部地区的经济增长，提升人民的生活水平，从而促进城市人口集聚—辐射效应对于政策的敏感程度。

第三，在制定和实施公共政策时，必须灵活地考虑各地区的特定环境和独特性，这样才能根据需要进行适当的调整和优化，从而取得更高效的政策成果。这包括在新的政策实行后及时进行效果评估，识别并解决出现的问题，进行必要的调整以确保政策目标的实现。更进一步，各地区间还应强化在人口流动数据和政策经验方面的交流和共享，这对于各地区能够更好地制定出符合本地实际需求的政策具有至关重要的意义。通过这种方式，不仅可以确保政策的实施效果，还可以在各地区间建立一个强大的信息和经验共享网络，从而更好地应对由人口流动带来的挑战。

7.3.3　政策含义

　　本章研究成果将为政策制定部门提供重要的参考依据，更为有效地制定和优化公共政策，以促进特大城市的人口集聚—辐射效应提供方向，同时根据特大城市人口集聚—辐射风险的政策敏感程度，从而帮助政府基于"人口集聚—辐射效应评估——风险预警——风险评估——风险治理"模式有针对性地制定特大城市人口集聚—辐射风险的治理措施，提升特大城市突发事件综合应急管理能力，进一步推动区域的安全、健康、可持续发展。

　　第一，通过对比政策前后人口集聚—辐射水平的差异变化，验证了公共政策可以一定程度上影响和引导人口分布格局的结论。这一新的实证发现为城市风险管理工作提供了重要借鉴：明确政策对人口集聚—辐射效应产生的调控能力，可以为政府提供定量参考，精准预测区域动态的可能变化趋势。此外，了解不同政策调节程度的不同，有助于政府区分各类风险区重点，科学布局应急物资防灾设施，最大限度覆盖可能受影响地区。同时，这也为政府提出了一个全新的思路——通过精细化政策手段间接抑制风险水平。

　　第二，研究结果证实人口集聚—辐射效应对政策变化较敏感，这意味着通过微调相关政策能够影响人口分布，间接纾缓城市人口风险。政策可以通过优化影响因素来调控人口集聚—辐射态势，这将有利于应急管理体系建设，增强城市的抗风险能力。同时，研究也强调了必须将政策效应的差异性融入到政策制定体系当中，这对于政府深度揭示人口集聚—辐射影响机制，从而持续优化和完善城市人口政策，以及对人口发展的动态精确把握具有十分重要的参考价值。

第 8 章

特大城市人口集聚—辐射与重大突发事件综合应急管理能力的实现路径

8.1　推动城市技术创新应用，优化应急管理制度系统

8.1.1　推动特大城市应急管理制度的动态创新

第一，面对特大城市人口快速增长和复杂环境变化带来的各类风险，建立科学合理、快速响应的应急管理制度尤为重要。首先，制度设计必须考虑城市发展态势和风险演变趋势，体现出较强的前瞻性和适应性。其次，应建立风险评估和预警机制，对出现的新风险进行持续跟踪，并据此调整和完善应急制度，实现制度的动态更新。最后，还应加强政府部门、专家学者、社会团体之间的风险研判交流，广泛吸收各方面智慧，不断优化制度设计。只有构建具备高度灵活性和适应性的应急制度，才能有效应对特大城市人口快速增长所带来的复合风险挑战，保障城市安全稳定发展。

第二，为了促进新时代特大城市应急管理制度的持续发展和创新，需要从历史视角出发，深入研究和反思特大城市发生的重大突发公共事件，并从中提取经验教训。首先，应当采用渐进式的危机和风险应对机制，这种机制能够帮助更好地理解和处理突发事件，同时也能够为未来的应急管理制度提供有价值的参考。政府在这里起着关键的推动作用，不仅需要在内部进行危机和风险应对的常态化学习，也需要鼓励和引导社会组织和社区居民参与其中。其次，在城市应急管理领域，追责机制虽然对于事后评估和责任归属具有必要性，但更为关键的是构建一种积极的学习文化，培养管理主体在危机发生后能够自发进行反思、学习与总

结的机制。通过这种机制，可以促进应急管理能力的内在成长和持续进步，实现从经验中吸取教训并转化为未来行动的智慧。再次，在建立和完善应急管理制度时，需要超越经验主义，采用数据驱动和科学的方法论。这要求政府深入分析历史数据，理解其中蕴含的模式，并运用科学的方法构建模型，从而预测和评估不同应急情景下的风险和应对策略。最后，要考虑到城市发展的内在规律，将其作为应急管理制度设计的重要参考，以此来增强城市应对危机的韧性。只有这样，应急管理体系才能适应日益复杂的城市环境，并有效应对潜在的危机。

第三，在当代城市的应急管理体系中，制度的革新与优化是确保其适应性和有效性的重要保障。首先，构建一个周期性的评估与反馈机制显得尤为重要。具体而言，制定一个科学的时间框架，在该框架内对已执行的应急措施进行综合审查与质量评估，这一过程不仅包括有效的量化分析，还应融入经验的定性总结。通过这种定期的审视和修订流程，不仅可以确保应急管理制度与实际操作的衔接性，还能够捕捉制度执行中的漏洞和不足，为制度的改进提供依据。其次，这种周期性的评估和修订能够确保应急管理制度能够及时移除不适应特大城市应急管理发展的内容，并补充新的、适应新情况的内容，使得应急制度始终能够与时代变迁和应急需求相适应。在城市应急管理体系持续优化的过程中，吸纳和融合国际先进经验是提升本土应急管理水平的重要途径。最后，通过组织和参与国际性的研讨会、专业论坛，以及应急管理领域的高峰对话，可以实时掌握全球城市应急管理体系的最新发展趋势，以及在实际应对紧急事件中所积累的宝贵知识。在这些跨界交流的平台上，不仅可以深入分析和学习其他城市在应急管理中的创新做法和成功案例，还能通过比较研究，发现不同应急体系之间的差异与互补性，从而为本地应急管理体系的定制化改革提供科学的参考依据。这种开放和创新的学习方式不仅能够提升应急制度的适应性和有效性，同时也能够提升应急管理的整体水平和能力。

8.1.2 加强差异化应急管理制度供给

第一，增强特大城市应对突发事件的能力，在国家统一法规的指导下，构建具有本地适配性的应急管理制度。首先，特大城市要根据本地风险特征、发生规律等因素进行深入研判，为制定本土化制度提供理论支撑。在借鉴别市成功做法的同时，将本地应急管理的成功经验、行之有效的方法充分融入制度设计，使之切合实际需要，在此基础上发掘本城市的独特优势，建立有特色的制度。其次，加强与周边城市的交流合作，实现良性互补、优势互补，建立监测与反馈机制，及时调整制度，使之与城市发展变化保持同步。最后，加强制度执行力，将制度优势转化为应急管理效能。只有构建兼顾统一与多样、协同与特色的应急管理制度，才能提升特大城市应对突发事件的韧性与能力。

第二，在特大城市应急管理体系构建的过程中，实现宏观层面与微观层面制度的有效对接显得至关重要。在宏观层面，国家应急管理的顶层设计需明确规范，确立统一的应急响应框架，并确保该框架能够适应各类灾害事件的基本应对需求；同时，该制度框架应当具备足够的灵活性，以便根据不同地区的特定情况和需求进行适当调整。在微观层面，针对特大城市的具体环境和风险特点，制定具有地方特色的应急管理细则，这些细则需结合当地的社会经济状况、资源分布、基础设施状况以及公众的安全需求，以确保应急措施的精准性和有效性；同时，应强调制度间的协同效应，避免制度层面的冗余和冲突，确保国家层面的统筹与地方层面的具体实施能够无缝衔接。这要求建立一套包括法律法规、标准规范、操作手册等在内的综合性管理文件体系，以及相关的监督评估和责任追究机制。在此基础上，通过实践中的反馈循环，不断修正和完善相关的应急预案和应急措施，以提升制度的针对性和操作性。通过这样的动态优化过程，提高特大城市应急管理体系的综合效能和适应性，以确保在面对多样化、复杂化的灾害风险时，能够做出迅速而有力的响应。

8.1.3 强化特大城市应急管理科技支撑系统

第一，为了增强特大城市在应对突发事件中的综合应急管理能力，需要构筑一个具有较高韧性的全面应急管理体系。这需要创建一个基于智能技术的应急监测预警系统，利用现代科技提供的多维度、全方位的精确监测和预防手段来应对风险和危机。这一转变不仅涉及灾害管理的各个环节，从灾害的预警到风险评估，再到灾后恢复，都需要科技的深度融入和支撑。特别是在提高城市应急体系韧性的探索中，科技的应用提供了一种系统性的解决方案。首先，通过引入先进的监测技术和大数据分析，可以实现对城市潜在风险的实时监控和动态评估，从而提前发现风险并采取预防措施；其次，智能化的预警系统能基于海量数据的分析结果，为决策者提供科学依据，应急管理从经验驱动转变为数据驱动；再次，利用机器学习、人工智能等技术提炼模型，可以预测灾害发生的可能性和趋势，从而提前部署资源和制定应对策略；最后，科技的应用还能够构建一个多层次、多维度的风险管理网络，该网络不仅能够实现对传统自然灾害的管理，还能够适应由于城市化进程中产生的新型风险，如网络安全事件、大规模人为事故等。因此，特大城市应急管理体系的构建与优化需要紧密结合科技发展，将尖端科技的力量转化为灾害管理的实际成效，增强城市对各类风险的预警、预防、响应和恢复能力，从而在保障人民生命财产安全的同时，提升城市整体的抵抗和适应灾害的韧性。

第二，在当代特大城市应急管理领域，科技进步的纳入与科研成果的应用转化是提升监测预警系统性能的关键路径。为此，应当加大对智能监测技术研发的投入，并着力于推动这些技术在城市管理中的广泛应用，以实现对城市安全风险的精准探测与快速反应。具体而言，城市监测预警体系的建设应基于智能传感器网络的布局，利用先进的信息通信技术，整合城市运行的各项关键数据，从而构成了一个全面感知、实时反馈的数据生态系统。首先，通过云计算、物联网等技术的融合应用，可以实现对城市环境的连续监测和对公共安全的实时预警。其次，深度学习、神经网络等人工智能技术的运用，为城市风险评估提供了算法支持，通过模式识别和预测分析，可以及时识别潜在的风险点，从而在风险发生之前采取措施进行干预。再次，大数据分析技术在处理和分析监测数据的过程中，也能够通过对历史和实时数据的综合分析，为决策者提供更加科学的决策支持，从而显著提升了特大城市对于复杂风险体系的预测、预警及应对能力。最后，特大城市的应急管理应致力于构建一个跨部门、跨区域的协同网络，通过这一网络实现数据资源的共享与流动，确保各个部门在面对紧急情况时能够高效协同作战。因此，城市监测预警体系的完善与优化，既需要科技进步为基础，也需要科研成果与实际应用相结合，通过不断的技术迭代和系统集成，为特大城市的可持续安全运行提供坚实的科技支撑。

第三，在现代社会，信息技术的发展为特大城市中人口集聚—辐射及其影响范围内的风险评估提供了新的方法论和技术手段。首先，构建城市灾害监测数据库，实现对城市风险动态的持续捕捉和分析。这种数据库的建立不仅是信息的汇聚，更重要的是将这些信息与城市运行的社会背景连接，以便更深层次地挖掘风险产生的结构和影响因素。通过对收集到的数据进行深入的逻辑分析和信息挖掘，可以揭示风险的本质特征与生成机制。在此基础上，运用先进的数据处理技术和分析算法，对风险状况进行实时评估并构建风险模型，不仅增强了对风险因素内在联系的理解，还提高了对特大城市潜在风险的预测能力和管理精度。其次，基于仿真技术的模拟分析，能够在没有实际灾害发生的情况下，预测风险的发生频率和可能的发展路径，绘制灾害影响的范围图和影响程度图。这样的模型分析有助于提前规划应急预案，评估不同救援方案的可行性与效果，以及提前部署必要的防范和应对资源。通过这些技术手段的应用，可以显著提升特大城市对于灾害风险的认知度、应对速度及处理能力，进而达到减轻风险影响、防范灾害损失的目的。因此，现代信息技术在特大城市应急管理中的科学应用，不仅提高了风险评估的精度，也为城市管理的智能化和精细化提供了坚实的技术支持。

8.1.4 构建应急信息与数据共享共治平台

第一，在复杂的应急管理环境中，城市风险信息的广度和深度不断扩大，形式也复杂多样，其中包含从明确的、结构化的数据库信息到隐含、非结构化的图像和音频等多种形式。在当前复杂多变的城市安全环境中，面对危机管理的挑战要求跨越传统的信息孤岛，打破信息壁垒，以促进关键数据的互联互通。针对以往重大突发事件暴露出的信息共享不充分等问题，有必要重新审视和优化信息流通机制。这要求政府摒弃垂直分割的管理体制，促进横向联动，形成一个动态的、多维度的信息共享网络。各部门和机构不再仅依赖自身的数据资源，而是能够实时接入和利用一个集中的应急信息共享平台。这一平台应具备高度的灵活性和扩展性，能够在各类危机情境下提供实时、准确的数据支持。同时，通过构建共享机制，各参与方不仅共享数据，还需共同参与到数据的解读、风险评估和决策过程中，实现多元主体的共治。这种做法不仅有助于全面和有效地利用特大城市的应急信息，还是提升特大城市综合应急管理能力的重要手段。

第二，在特大城市应急管理体系的构建中，政府部门应主导制定统一数据标准和政策框架，确保信息收集和存储过程的一致性与高效性。这要求政府不仅要在立法和规范层面提供指导，而且要在技术和操作层面提供支持，以促进一个全方位覆盖城市各个关键领域紧急事件数据信息系统的建立。首先，为了构建一个互联互通、高效运转的特大型城市应急管理体系，政府必须采取措施激励城市内的各个机构和组织协同促进信息的互换与共享，同时确保这一过程符合现行法律法规的规定。在此过程中，政府的政策引导作用不可或缺，需要通过立法和制度建设，引导和规范各实体的信息共享行为，确保信息共享机制的合法性、有效性与安全性。其次，在应对突发事件的应急管理过程中，个别实体往往出于对信息敏感性的考虑或是追求自身的利益最大化，而产生信息保守或私有化的倾向。这种态度不仅妨碍了信息共享的有效性，也限制了应急管理的整体效能。为了克服这一障碍，政府在加大对开放共享理念宣传的同时，还需营造一个法治化的环境，确保信息共享机制的合理性与合法性。政府应当通过立法手段，对信息共享进行强制性规定，明确规定各个实体在突发事件发生时共享关键信息的责任与义务。这包括但不限于规定信息共享的范围、方式、时限和保密要求，同时对违反信息共享规定的实体施以相应的法律责任。这样的法律规定能够有效提升信息共享在法律层面的重要性，并促使各实体认识到信息共享的必要性。最后，现代信息技术的发展为应急管理体系注入了新的活力，尤其体现在综合性的应急信息处理与分析平台上。运用这些技术，有望实现对信息孤岛现象的根本消解，促进不同系统、不同部门之间的数据互联互通。在这样的平台架构下，可通过高度的信息透明度与互动性，提升公共参与度和信息的实时性。构建一个对外开放的应急信息共享平台，意味着需要确立包容性的信息政策，鼓励信息的双向流动，公众不仅作为信息的接收者，同时也是贡献者和反馈者，从而形成一个动态的、交互性的信息共治环境。公众可以通过该平台，实时获取灾害预警、应急响应措施和灾后恢复的最新信息，有效提升公众的主动防护能力和灾后恢复参与度。

第三，在城市应急管理体系的构建中，政府扮演着核心角色，其提供的技术支撑构成了确保信息流通平台高效运转的基石。首先，政府需积极推进包括数据收集、分析、存储与分发等环节在内的技术革新，以此提高数据处理的速度和质量。这一过程要求政府不仅要关注技术的更新和应用，还需确立透明而高效的信息传输机制，并在此基础上，对信息流通的各个环节进行严密的监管。其次，政府必须兼顾网络安全与个人隐私保护，均衡技术发展与权利保护的关系。在网络安全方面，政府需要构建健全的安全保障体系，以防范数据泄露和网络攻击等安全风险。在隐私权保护方面，政府须制定相关法律法规，确保个人信息在紧急情况下的合理使用，同时避免滥用。最后，为进一步推动数据资源的共享，政府应当致力于搭建包罗万象的数据库，不断丰富数据库内容，提升数据库服务功能，同时利用大数据分析技术，挖掘数据内在的深层价值。此举不仅能够提高数据的使用效率，还能够通过数据分析预测和响应城市突发事件，进而增强城市的整体应急反应能力。这种做法不仅可以提升特大城市突发事件综合应急信息和数据共享共治平台与应急管理体系的协同性和兼容性，而且能从根本上提升特大城市在面对突发事件时的应急管理能力。

8.1.5 利用新兴技术助推智能应急决策

为了强化特大城市在面对突发事件时的决策迅速性和精确性，必须促进综合应急管理决策的智能化步伐，并优化其全局效能和价值。随着新一代信息技术的突飞猛进，特别是在人工智能、大数据、云计算等领域的不断突破，特大城市面临着将这些技术转化为突发事件应对能力的重大挑战。这些技术的集成应用，为构建一个高效的综合应急监测预警系统和信息数据共享共治平台提供了技术路径，这些平台的建立对于提高应急管理决策的科学性和准确性具有不可替代的作用。首先，利用先进科技对综合应急监测系统和数据共享机制进行优化，意味着可以通过算法对海量数据进行分析、辨识模式和预测趋势，实现对突发事件的快速响应和高效管理。在此基础上，可以将预测模型和实时监测数据相结合，构建动态的预警机制，从而实现对突发事件可能导致影响的及时评估。其次，通过对信息技术的深入研究和应用，可以实现对突发事件应急管理各环节的数字化，从而使得应急响应更加灵活、决策更加科学。在此过程中，政府、企业和公众等多方参与者的协同合作，对于实现信息共享共治机制的高效运作至关重要。由此，大数据和人工智能等技术的深度融合，将大幅度提升特大城市对于突发事件的预警能力和应急管理效率，为特大城市的应急管理体系带来革命性的变化，使其在应对日益复杂多变的突发事件时，能够做出更快速、更精准和智能化的决策。

上海市在突发事件应对领域的创新实践中，建立了中国首个突显特大城市生命特征的数字化监测系统，即上海城市运行数字体征 1.0 版，此系统通过整合广泛的数据资源，实现了从宏观到微观的全域数据分析与智能化决策支持。该系统的成功运行为特大城市的风险管理和应急响应提供了一种新的模式，这种模式具有借鉴意义，能够指导其他城市在新兴技术驱动下提升突发事件应急管理能力。在上海模式的基础上，特大城市可以依托新兴科技的力量，从多个维度对现有的应急决策机制进行加强和完善。具体而言，首先，可以通过优化算法和平台，如升级应急信息处理系统，提高搜索引擎的精度，以及构建一个全面的突发事件信息数据库，增强数据分析的深度和广度，为决策者提供全面的信息支持。其次，借助区块链等先进技术，推动数据共享的去中心化，提高数据的透明度和可信度，保障信息在各利益相关方之间的畅通无阻。最后，物联网技术的应用将使得信息的采集和传输更加智能化和精细化。通过无处不在的感应器和传感网络，可以实时监控城市运行状态，并将关键数据实时传输至应急管理指挥中心，确保指挥人员能够基于最新的信息进行科学决策，有效调配资源，从而增强特大城市在应对各类突发事件时的反应速度和处理能力。

8.2 优化城市应急资源网络，提升应急管理保障能力

8.2.1 促进特大城市重大突发事件协同应急网络结构

特大城市面临各类突发事件的威胁，如自然灾害、事故灾难、公共卫生和社

会安全事件等，这些事件后果严重，需要调动全社会力量进行有效的预防、预警和响应。过去城市突发事件管理多采用政府主导的自上而下集中式应急模式，政府依照行政权力统筹资源开展应急。但这种单一模式存在一定的问题：政府自身应急能力和资源有限，无法有效应对重大事件；缺乏政府与社会力量特别是非政府组织的互动，无法充分调动社会资源；政府内部存在应急系统分割、缺乏协作的问题；等等。因此，构建政府与非政府组织广泛参与的城市突发事件协同应急网络，实现资源社会化调动，是非常重要的举措。这种网络化的多中心治理模式，可以推动政府系统内外不同主体开展全面协作，形成合力应对重大突发事件。

首先，在构筑特大城市综合应急管理体系中，政府不仅是协同应急网络的中心节点，更是该网络动力的源泉。依托政府的组织力量和政策制定能力，可以有效地搭建起一个覆盖多方组织的应急管理框架。政府机构应利用其在制度构建和资源整合上的优势，通过完善的行政管理体制，强化其在协调各类应急资源中的主导地位，确保在紧急情况下能够迅速有效地调配所需资源和力量。中国特大城市在面对重大紧急事件时，政府与非政府组织之间的互动常显得力不从心，合作模式并不成熟，关系亦缺乏必要的稳定性。在这样的背景下，单靠公共部门的努力难以全面应对重大突发事件可能带来的广泛影响。必须引导企业和非营利组织广泛参与决策，才能最大限度减轻损失。同时，在我国特大城市应急管理中，政府、非营利组织和企业之间天然具备协作的基础与潜力。这种协作潜力源于各自在应急管理过程中所扮演的独特角色和所持有的资源优势。非营利组织响应迅速、行动灵活，更了解受灾群众需要；企业拥有专业技术和充裕资金的优势。非营利机构与企业界的参与能够有效丰富政府应急管理的社会网络结构，构建起多元化的资源和技术支撑体系。这种多元协同的格局不仅在资源配置上为政府提供了更为广阔的空间，还在技术和专业服务方面提供了补充。为了最大化这种合作的潜力，政府需要承担起导向与整合的职责，通过制定相应的政策和法规，建立起包容各方的合作平台，确保社会各界能够在应急管理中发挥作用。

其次，在构筑特大城市突发事件协同应急机制的过程中，政府扮演着制度建设者和保障者的角色，其责任在于为非营利组织和企业参与提供明确的制度框架和操作指南。政府需要通过完善相关法律法规，确保这些组织能够在明确的法律环境中行动，确保其行为符合公共利益和应急管理的整体要求。这包括但不限于建立相应的激励和约束机制，调动各方面的积极性，引导其积极参与到应急管理的各个环节来。政府应通过法规制定，明确非营利组织和企业在应急体系中的角色定位及其权责边界，以法定形式确立其在应急管理中的地位和作用。在此基础上，通过建立监督管理体系，确保这些组织的运作透明、规范，同时也要保障其在应急管理中的合法权益，为其提供必要的支持和帮助，包括财政补贴、税收优惠、信息支持等。此外，政府还需推动形成开放共享的信息平台，促进政府、企业以及非营利组织之间的信息互通、资源互补。通过这种方式，可以促进各方面形成联动机制，提高应急响应的协同效应，进而提升整个社会对重大突发事件应对能力的整体效率和效果。同时，参与者之间的信任也影响网络的异质性。通过正式机制和非正式机制培养网络成员间的信任，有利于共同目标的实现、降低联合行动风险、稳定关系。营利组织的参与受到政府规章和制度的约束，这是其得以获得公众信赖和政策支持的基础。在此框架下，政府、企业、非营利组织各自拥有独特的资源和优势，同时也面临各自的局限性。借助于制度化的沟通机制和信任构建，这些不同主体可以实现资源和信息的共享，从而达到优势互补，增强整体的应急响应能力。

8.2.2　优化城市应急管理资源保障系统

第一，在发展特大城市的应急管理体系时，应急基础设施的规划和实施是至关重要的环节。首先，面对资源的局限性，应当致力于强化关键应急基础设施的建设，以实现一定的冗余度。同时，也需要依据特大城市应急管理的独特发展轨迹，对应急基础设施进行有效的空间布局。这包括规划和设计一些能够实现功能互换和转型的设施和设备，旨在增强其应对各种情况的灵活性。其次，数字技术的融合与应用成为提高系统反应能力的重要驱动力。智能化的应急管理系统能够依托大数据分析、云计算、物联网等前沿技术，实现对潜在风险的早期识别、实时监测和快速处置。这种策略能够保证应急资源的最优使用，提升特大城市对突发事件的响应能力和效率，进而更有效地维护城市及其居民的安全。

第二，在特大城市的应急设施建设领域，增强财政支持的力度对于确保其成功是至关重要的。这需要根据应急管理的具体需求，对特大城市应急基础设施进行全面的建设、修理、更新和升级，以保证设施的优质性，加强其冗余能力和抵抗逆境的能力，从而为应急管理打下坚实的基础设施基础。首先，应急避难所等关键设施的配置，能够应对人口密集区域可能发生的危机，满足紧急疏散、救援和临时安置的要求。同时，对于现存的、运行疲劳或存在潜在风险的应急基础设施，应制订详尽的维护和升级计划，保障其功能的持续性和时效性。特别是在老旧城区，防灾基础设施如供水、供电、通信和交通系统的现代化改造，应与居民生活质量直接相关的需求相融合，确保其在应对突发事件时的响应速度和效率。

其次，这些应急设施的建设和改造工作应符合可持续发展原则，不仅要满足当前的需求，还需要预见未来的发展趋势，并具备适应性。同时，相关设施应定期接受专业的审查和验收，以保证其在关键时刻能发挥预期的作用。通过这种全面而系统的规划和建设，可以确保特大城市的应急管理设施在各种潜在危机面前展现出坚实的抵御能力。

第三，特大城市应急基础设施布局优化是确保城市安全的战略性任务。该任务的核心在于提升设施布局的灵活性与实用性，进而确保在面对多样化的突发公共事件时，基础设施能展现出必要的冗余性与多功能性。首先，应将重点放在构建一种包含生态友好的绿色空间和能够快速封闭的灰色空间的综合策略上。这种双重空间策略旨在使得平安时期的公共绿地，如体育设施、城市广场、绿道和公园，在紧急情况下能迅速转化为临时的救援、隔离或避难场所，从而为城市提供必要的弹性支持。从设计角度出发，城市规划应考虑纳入风险评估与功能多样化的理念，确保城市公共空间在不同情境下都能发挥最佳效用。其次，特大城市规划部门还应考虑加强灰色基础设施，如地下隧道、交通枢纽、物资仓储基地等设施的功能性与抗灾性能，以提升城市的整体抵抗力。在这一过程中，重要的是确保城市基础设施网络的连通性和供应链的韧性，使之能在应对突发事件时，保持功能性和服务的连续性。通过这样的综合布局策略，可以提高城市应急基础设施的整体适应性与弹性，这对于保障特大型城市在面临复杂多变的安全挑战时稳定运行至关重要。

第四，在数字时代背景下，强化特大城市应急管理体系的数字化转型，对于提高城市抗灾备灾能力具有战略意义。首先，数字化转型的核心在于智能化技术的深度融合与应用，通过部署传感器、监测设备等智能化元件，实时监控城市关键区域的安全状况，并将搜集的数据汇集成为大数据资源库。基于此资源库，可以运用数据分析、人工智能算法对潜在风险进行精准识别和预测。其次，利用先进的分析技术和模拟技术对收集到的数据进行深加工和模式识别，城市管理者可以构建起一套综合性的风险评估和决策支持系统。该系统能够在灾害发生前提供预警，灾害发生时协调应急资源，实现资源的动态优化配置，增强城市应急基础设施的响应力和恢复力。通过这种集成化的智能应急管理框架，特大城市能够在面临自然灾害或其他突发事件时，快速启动应急机制，有效地分配和利用应急资源，实现对事件的快速响应和有效控制。这种数字化转型不仅提升了应急基础设施的适应能力和整体效能，也将城市管理推向了更高效、更可持续的发展轨道，对于保障城市社会经济稳定和居民生命财产安全，起到了至关重要的作用。

8.2.3　改进应急物资保障体系建设

在特大城市的应急物资管理领域，遵循传统模式，即围绕最高需求水平进行物资生产与储备，已经被实践证明并不具备经济效益。这种做法往往导致资源的大量积累与长期闲置，进而造成资金的巨额占用和资源的低效利用。在构建特大城市突发事件的综合应急管理能力时，对应急物资的处理策略需要从静态和固定的模式转变为更动态和更灵活的保障模式。这种转型将提升突发事件应急管理体系中应急物资的配置效率，从而推动应急管理体系的韧性发展。这种转变不仅能提升应急物资的效用，也将进一步强化城市在应对突发事件时的反应能力，以确保城市的稳定运行和公众安全。

第一，在都市化迅速发展的当代社会，特大城市面临的突发公共事件对应急物资产业提出了更高的要求。该产业的发展不仅是为了满足日益增长的应急需求，更是为了构筑城市安全的坚实后盾。在这一背景下，需要对应急物资的品类、构成及其生产规模进行综合性规划，并通过制定完备的政策法规来引导和扶持整个产业链的健康发展。首先，政府应当进行深入研究，掌握应急物资的需求特点和市场动态，以此为基础，精确制定行业发展蓝图，优化物资结构，扩充储备规模，并且适时调整以适应城市发展和风险变化的需要。其次，政府还需注重推动技术创新和产业升级，鼓励企业通过高新技术提升产品质量和生产效率，确保应急物资的供应链具备高度的灵活性和适应性。最后，政府应当搭建一个多方参与、相互协作的应急物资产业体系，包括生产企业、科研机构、物流配送等多个环节，以及与之相配套的金融、保险等支持服务，形成一个覆盖全周期、全方位的应急物资保障网络。通过这些措施，能够在提升特大城市应急物资生产与储备能力的同时，加强城市的整体抗灾能力，保障城市功能的稳定运行，为城市居民的生命财产安全提供坚实保障。

第二，在应对城市紧急状况的筹备过程中，物资储备的多元化战略显得尤为关键。传统的应急物资储备模式往往因物资存放的有效期限制以及资金的大量沉淀而面临诸多限制。为此，不可忽视的一环是对现有储备模式的革新，它要求政府跳出传统视角，以更加灵活和前瞻的思维来重构应急物资储备体系。首先，应急物资储备体系需要在量化分析的基础上构建，这涉及对城市潜在风险的评估、对物资需求的精确预测以及对物资生命周期的管理。在此基础上，通过建立动态调控机制，使得物资储备不仅满足数量上的需求，更在结构上适应多变的应急场景。其次，储备体系应与高效的物流配送系统相结合，确保物资在危机发生时能迅速、准确地被调配和运送至关键地点。在构建应急物资保障体系时，应细致辨析和运用不同储备模式的固有优势，旨在提升物资供给的适应性和弹性，以优化危机响应机制。举例来说，在急迫度较高的公共卫生事件或自然灾害中，政府主导的储备体系因其部署速度快和调度能力强而显示出必要性。与此同时，企业储备，尽管反应速度可能稍逊一筹，却在成本效益方面显示出其独特优势，特别是对于那些紧急程度相对较低或可预测的事件。最后，为了确保在紧急救援到达之前的关键时期内有足够的应急物资可用，应充分发挥家庭储备和市场流通储备等小规模储备方式的作用。这不仅有助于提高社会整体的抵御风险能力，还能有效地分散政府储备的经济和物理压力。家庭储备在教育和培训层面的推广，将增强公众的自我保障能力。而市场流通储备，则借助商业力量和市场机制，为应急物资的及时补充提供了一条灵活的途径。

第三，在特大城市复杂的社会结构和高密度的人口分布特点下，综合应急管理体系的构建必须依赖于对应急物资保障能力的动态优化。此种优化要求在各种存储形态与响应机制之间实现平衡，特别是在常态与紧急状态之间的无缝转换。具体实践中，这种平衡的实现，需要在应急物资的生产、分配与储备策略中，嵌入对不同时间尺度的规划，确保资源在平时和危机状态下均能迅速且有效地得到调配。首先，城市管理者应当全面提升应急物资保障体系的策划与运行能力，以适应特大城市可能面临的多样化风险，这包括但不限于建立健全的物资储备数据库、完善的物资流转机制和灵敏的应急响应协议。其次，还需对应急物资链的各个节点进行精细化管理，如通过信息化手段实现物资监控和实时库存管理，以及利用先进的物流技术保障物资的快速分配。总体而言，城市的应急物资管理体系要以科学性、序列性、安全性和可控性为核心原则，通过综合协调机制，确保在应急情况下，物资资源能够实现统筹利用和有效分配。这样的系统不仅要有能力对现有的资源进行最优化利用，还要具备未来面对未知风险的适应性和扩展性。

8.2.4 促进应急救援力量整合优化

在中国共产党的第十九届四中全会中，一项重要的提议是建立一支专业且常态化的、反应敏捷、行事刚毅、技术精湛的应急救援队伍。为了实施这一目标，必须推进特大城市突发事件综合应急管理能力的全方位发展，提升应急救援队伍的能力，扩充和增强应急救援队伍的规模和实力。上海市在建设韧性城市和发展韧性应急管理方面进行了积极的探索，并创建了一种综合性的突发事件应急救援力量体系，这种做法为中国的其他城市在提升突发事件综合应急管理能力方面提供了借鉴的模式。

第一，在特大城市复杂多变的安全环境下，建立一支高效能的专业突发事件救援队伍显得至关重要。首先，一些城市的应急救援队伍在专业素质和技能训练上存在不足，亟须通过系统的人才培养策略进行强化。这要求制定一套科学严谨的救援人员培养规范和实践方法，建立精准度高的培训成效评价体系。其次，应当连续性地对在职救援人员进行专业知识的更新与技能的提升培训，增强其对灾害预防、减轻和应对的理论和实操能力。救援人员的培训方案需紧密结合特大城市特有的应急管理需求，确保培训内容与实际救援需求同步演进，并定期对培训大纲进行评估和修订，以适应应急救援领域的最新发展和需求。通过这样的专业化培训和演练，不仅能增强救援队伍的应急反应能力，还能提高其在实际操作中的协同和效率，从而在紧急情况下，为城市提供一支响应迅速、操作规范、处理有效的专业救援力量。

第二，在城市应急管理体系中，专业救援队伍的能力建设是确保有效应对各类紧急情况的基石。首先，强化与高等学府及科研机构的互动合作，对于引进先进的救援理念、技术和方法至关重要。这种合作关系有助于将最新的应急管理理论和实践知识转化为救援队伍的系统培训内容，由此产生的教育协同效应将显著提升队伍的专业能力。其次，针对专业救援队伍的实战训练，应遵循效率优先和实效性的指导原则，有序组织精炼而实用的演练活动，以确保队员们能在实际应急情况中发挥出最佳的救援效能。通过周期性的综合素质和实务操作训练，加强救援队伍对紧急情景的快速反应和有效处理能力，促进整体专业化水平的提升。再次，为适应特大城市特有的风险环境，救援队伍的训练内容要基于充分的风险评估和预测，有针对性地进行设计和实施。这包括模拟具有高发概率的灾害场景，以及针对城市特定区域的风险特征进行的定制化训练。训练和演练的效果评估也同样重要，这不仅是对救援队伍训练成果的量化，更是对未来训练方向的指引。根据评估结果及时作出调整，确保训练内容与实际救援需求保持同步。最后，在整个应急救援训练的实施过程中，还应强化跨部门、跨区域的协作，以形成一套高效的城市级应急响应协同机制。

第三，在不断提升特大城市突发事件综合应急救援队伍的专业技能与理论素养的同时，对其指挥协调及组织运作能力的塑造亦应受到同等重视，以便提升队伍在应急管理中的综合应对能力。此外，探索与优化社会救援资源的协同机制，将对形成具有中国特色的应急救援体系具有重要意义。首先，社会应急救援队伍的价值与功能在于其对专业队伍的有效补充以及在减灾和危机响应中的独特角色。对这些社会力量的正确评估与应用是建设高效应急救援体系的关键环节，在打造社会救援力量多元化体系的过程中，应当通过政策引导与激励机制，动员和整合社会组织、商业实体与基层社区的潜在力量，确保其在应急救援中发挥积极作用。其次，通过制定相应的培训项目、提供系统化的指导服务，并实施规范化管理，不仅能够保证这些社会救援力量的有序动员与高效运作，还能够促进其专业技能水平的提升，使其能够在应急救援中发挥更为关键和有效的作用。

第四，在兼顾特大城市发展需求和特大城市应对突发事件应急管理实务的同时，有必要对社会救援队伍的登记注册制度进行完善，并对其实行统一的分类管理。首先，对应急救援社会力量进行深入的潜力挖掘，并向应急救援的社会组织和志愿者提供必要的专业指导，以实现突发事件综合应急救援的规范化管理。同时，对于社会救援资源的分类与制度化培养是提升应急救援整体效能的重要环节。各类社会应急救援力量应依照其特定的能力和职责进行细致划分，进而为它们量身定制符合其特性的培训方案。对于那些掌握医疗急救和工程救援技术的团队，制定并实施一套综合的培训课程，以确保在紧急情况下能够有效地运用其专业技能。对于从事普及应急知识和提供社区服务的团队，则需着重在提升其应急意识和基本处理技巧上下功夫，以增强社区层面的自救互救能力。其次，探讨如何将专业化应急队伍与社会化应急资源有机地结合，实现资源共享与功能互补，也是优化应急管理体系的关键。这不仅涉及两种力量的协调配合机制的建立，还包括在应急响应策略、行动协议、联络通信等多个层面的深入融合，以形成一个协作性强、响应迅速、覆盖广泛的应急救援网络。

第五，在提升特大城市应急救援体系能力的同时，对救援人员的关怀和支持措施亦应同步加强，旨在增进其职业满意度与荣誉感。首先，面对应急救援工作固有的职业风险与心理压力，有必要建立一套既科学又人性化的人才激励与管理框架。此框架应涵盖全面的绩效评价体系、福利待遇及社会保障措施，以此强化应急救援行业的吸引力，并激发救援人员的内在动力。其次，积极开展系统的能力提升计划，旨在全面增强救援队伍的专业能力与综合素质，确保每一位成员能在紧急事件中充分发挥其潜能，同时加强不同救援力量之间的协同作用，以及在多元化救援资源之间实现优势互补。这样的综合性能力提升不仅有助于最大化地发挥现有救援资源的潜力，也是构建起一个有韧性、能够有效响应各类突发事件的综合应急保障体系的关键步骤。通过这一系列措施，将进一步提升特大城市面对紧急情况时的整体应对能力。

8.3　把握人口集聚辐射效应，提升人口风险防控水平

8.3.1　宏观调控推进特大城市人口集聚—辐射问题

为有效防范和化解特大城市人口集聚可能产生的风险，必须从宏观层面统筹人口与经济社会的发展。需要保持现行生育政策的稳定性，用各种手段适度调控生育水平。要加强人口发展战略研究，提高决策的科学性和前瞻性。要根据经济社会发展目标，合理引导人口在城乡和区域的分布，避免过度集聚。要防范人口集聚可能带来的各类风险，从根本上促进人口、资源、环境的协调发展。只有系统规划和治理人口问题，才能减少人口对经济社会发展的负面影响，实现可持续发展。

第一，要坚定不移地执行计划生育政策，在舆论导向上形成良好的社会环境。坚持党政主要负责人负总责，相关部门直接负责的工作机制。建立生育政策与经济社会政策相衔接的利益导向机制，引导居民规划生育。

第二，提高特大城市人口素质是实现可持续发展的重要举措。当前，特大城市人口整体身体素质和科学文化素质有待提高，这些问题制约着城市发展潜力的释放。人口快速增长导致的集聚效应也给城市的人口安全和公共卫生带来了压力。因此，必须以全面提高人口素质为目标，推进教育和医疗卫生事业的发展。在教育方面，要深化体制改革，提升教育质量，优化资源配置，使各阶层人口平等享有高质量教育。在医疗卫生方面，要深化医改，加大投入，完善服务体系，实现基本医疗保障全覆盖。同时，要采取措施提高出生人口素质，增强人口活力。只有持续推进人口素质提升，培养创新人才，特大城市才能形成强大的发展动力，提升综合竞争力。

第三，随着人口老龄化的加速，特大城市的老龄化问题将愈发凸显。面对老龄化、高龄化的逐步加剧以及在经济尚未富裕之前社会就已进入老龄化的客观现状，必须采取积极措施。这些措施包括积极开发适应老年人需求的产业，提供符合老年人口需求的服务，以及建立和完善养老保障体系。这种积极应对老龄化的方式将帮助实现"老有所养、老有所为"的理想状态，有效应对老龄化社会的挑战。与此同时，还必须强化宏观调控力度，力求在可行的范围内积极推动城市人口的适龄化发展，从而引导和推动城市的持续和健康发展。

第四，在现代城市发展的背景下，流动人口的大规模集聚已成为不可忽视的社会现象，这对城市管理与服务提出了新的挑战。城市融合策略的制定及执行，尤其是对于流动人口的综合服务管理，成为确保社会稳定和谐的关键。要不断推动包容性政策的形成，促进流动人口与城市的相互适应与整合，使其成为城市社会结构的有机组成部分。为了有效实现流动人口的高效管理与服务，必须构建和完善区域间的协调合作机制，同时，建立全面的流动人口信息管理数据库，这将为流动人口的精准服务提供数据支持，并促进跨区域的资源共享与政策统筹。通过这样的数据共享和政策协同，可以实现对流动人口的"一盘棋"式管理，即在更广泛的区域内实施统一而协调的管理措施，这将为社会治理提供更为有力的保障，并有助于全面提升管理效率和服务质量。

8.3.2　建立完善城市人口集聚—辐射风险防控和分级响应处置机制

城市人口集聚必然存在潜在的风险，需要有针对性地开展防控工作。首先，要转变观念，避免短期行为，认识到城市发展的系统性和复杂性特征。其次，要明确人口与经济社会、资源环境之间的内在联系，妥善处理好产业集聚、人口增长与公共服务设施、资源环境承载力之间的关系。再次，要构建系统化、长效化的人口辐射风险防控和应对机制，做到早期预警和分级响应。最后，要统筹考虑产业、人口、资源、环境等要素，实施科学的空间规划，合理引导人口分布，提升公共服务供给水平，提高资源利用效率，实现人口、经济、资源、环境的协调可持续发展。只有系统性地防范和应对人口集聚风险，才能有效避免和减轻城市人口快速增长带来的负面影响。

第一，要转变观念，从被动的事后补救向主动的事前预防转变，建立预防为主的风险管理体系。各级政府和相关部门要提高预见未来的能力，加强沟通协作，统筹规划，防微杜渐。建立全面的绩效考核机制，不能仅关注单一指标，要兼顾各方面的约束性指标体系，如人口控制、资源环境承载力、公共服务保障等，明确责任主体。加强政府内部各部门和不同层级间的信息共享和协调配合，形成合力，防止换位思考不足导致的风险疏漏。建立强有力的公众参与和社会监督机制，公开信息，接受监督，增强政策的科学性和合法性，提高执行力度。只有转变观念，创新体制机制，才能从根本上提高特大城市应对人口集聚风险的能力。

第二，为有效防范和化解特大城市人口集聚的辐射风险，需要建立系统化的预警体系，实现对人口集聚风险的全面监测。与此同时，政府要加强智库建设，充分利用高校和科研院所的专业人才和智力资源，提供专业的决策支持；要加强信息系统建设,构建支持决策的信息平台;要建立科学合理的预警指标体系,实现对城市发展的动态监测;还要建立专家评估机制,对监测结果进行分析研判。通过完善的预警体系,可以提高对人口集聚风险的识别能力,及时做出反应和处置,维护城市稳定发展。

第三,防控和应对特大城市人口集聚所产生的风险,需要构建系统化的应急管理体系。该体系应由政府相关部门牵头,联动社会各界力量,建立起自上而下监督和自下而上参与相结合的工作机制,形成合力。在建立预案时,要充分考虑各种紧急情况的可能性,提前做好应对措施。要加强对公众的风险宣传教育,增强全民防范风险的意识和能力,发挥群众在识别风险、报告风险、应对风险方面的积极作用。只有政府与公众形成合力,才能建立起有效的风险管理体系,及时有效地防范和化解突发事件造成的危害。

第四,为应对特大城市人口集聚所产生的不同级别的辐射风险,需要建立弹性的分级防控和应对机制。对于可接受的一级轻微风险,可继续进行动态跟踪和评估,必要时进行干预。对于二级、三级较大或严重的风险,要按级别采取不同的针对性应对措施。对二级中等风险要进行及时干预调控,对三级严重风险要启动应急预案,采取全面系统的处理对策,建立长期稳定有效的控制机制。不同级别的风险应对需要政府监管部门、应急管理部门、社会团体和公众形成合力,综合施策,最大限度减轻和遏制风险危害,维护城市安全稳定。

8.3.3 建立公共服务合作机制,增强区域人口风险承载力

第一,优化特大城市空间布局的关键在于提升公共产品的质量,其核心目标是提高人民的生活满足感,推进特大城市公共服务供给结构与行政区划设置扁平化政策的协同发展。在特大城市公共服务供应的目标设定上,政府应与市民之间形成紧密的联系,通过实时监测网络来深入理解居民在城市公共服务中的需求,从而实施"按需供应"策略。这种策略无疑可以有效降低公共服务的供应成本,同时显著降低公共资源的浪费,实现公共资源利用率的最大化。

第二,实施公共服务供应的多元化是一项重要的任务。公共服务的供应者应呈现多样性,通过市场竞争机制,允许社会资本承接特大城市的公共服务任务。在特大城市的内部机制中,应推动资源要素的快速流动,以便为特大城市的公共服务产品提供高效的服务。为了实现这一目标,必须完善特大城市的公共服务体制机制,这包括基础设施的建立和医疗服务质量的提升,以避免由于城市公共服务体系不完善而引发人民幸福感下降等问题。

第三，为优化特大城市的公共服务配置和资源投入，必须构建一个公共产品供应的执行机制，以推动公共服务在各区域的均衡和公平发展。首先，应建立公共产品供应体系，促进公共产品的高品质发展，并通过大数据科技手段精准定位符合公众需求的公共产品。在数据利用过程中，政府也需要对用户的主观反馈给予足够的重视。其次，完善城市之间的公共服务合作机制是推动城市群协同发展的重要手段。在法律框架的指引下，应确保城市群的公共服务和服务质量实现等质化。这包括教育、医疗和体育等领域的执行标准，以及政府与社会各界的角色分工等，以便在规定的范围内推动公共服务的等质化。最后，公共服务应精准地满足公众需求，特别是在低保制度方面，应兼顾城乡发展，动态调整城市低保标准。对于异地公共服务问题的解决亦是一项重要任务，需要深入研究和明确跨省、跨市区的医疗报销和公积金使用的解决策略，以提高特大城市、一般城市、县域、乡镇间公共服务的联动效率。

8.4 加强特大城市发展建设，提升城市资源配置效率

8.4.1 加强城市城区改造，推动城市资源的协调分配

首先，在住房建设方面，需要关注不同人群的住房需求。对于低收入困难群体，应继续增加保障性住房供给量，以解决其基本居住问题。同时，也要关注新市民和青年人群购房支付能力弱的现实困境，通过保障房等方式帮助其实现自住需求。在旧城区改造中，还要对危旧房实现全面整治，要将环保理念引入住宅小区建设，实施绿色低碳改造，提升居住环境质量。其次，在公共服务方面，政府需要根据居民多样化的需求，合理规划各类公共设施建设。在教育领域，要优化布局中小学和幼儿园，实现学位均衡配置，确保覆盖所有居民，还要深化产学研合作，引入高水平院校办学点，完善继续教育和职业教育体系建设；在文化方面，应增加公共图书馆、博物馆等文化场所建设，方便居民参与文化活动；在医疗卫生方面，要配置包含妇幼保健、传染病防治在内的多样化医疗机构，形成服务网络，持续提高医疗服务质量；在交通和市政建设方面，要推动公共交通智能化，实现信息共享，优化运营布局和收费标准，以满足居民多样化的出行需求，鼓励大众出行；在市政公用事业方面，要推进不同区域的均衡发展，实现全市统一规划、建设和服务标准，以提高公共服务水平。最后，应加快其他公共设施建

设。要规划布局便民生活设施，如农贸市场等，保障居民购物便利；加快完善住区周边的商业、娱乐、体育等生活配套设施，以满足居民多样化的需求；在给排水、燃气等方面加强基础设施建设和科技应用，实现资源循环利用，提高公共服务效率。通过全面加强旧城区基础设施建设和公共服务供给，可以提升资源配置效率，增强特大城市核心区的综合承载能力和宜居性，推动城市可持续发展。

8.4.2 加强特大城市生产建设，推动区域要素配置优化

推动特大城市高质量发展，应着力转变发展方式，优化区域要素配置，实现城市间协同发展。首先，要进行供给侧结构性改革，推动特大城市经济发展模式从粗放型向集约型转变，从要素和投资驱动向质量效益驱动转变，实现经济社会发展的质量变革；提升产业技术水平，以技术进步作为第一动力，推动不同城市间的技术要素流动和共享，全面提升全要素生产率。其次，要深化市场化改革，充分发挥市场在资源配置中的决定性作用，逐步完善市场体系，改善要素流动环境；还要防止过度行政干预，加强配套制度建设，发挥政府引导作用，消除制约要素合理流动的体制机制障碍；加大人力资本投入，通过提升劳动者素质，促进人才要素与先进生产要素的有效匹配，实现从人口红利到人力资本红利的转变；还要推进基本公共服务均等化，降低核心城市人才外流的风险。最后，应充分发挥特大城市的辐射带动作用，改革创新相关制度，提高要素流动性，推动不同城市间形成优势互补的发展格局；要加强区域间产业协作配合，避免重复建设，提升周边城市的承载和服务能级；通过科学的顶层设计和持续深化改革，可以促进特大城市与周边地区要素合理流动和优化配置，打造城市群协同发展新格局，为实现特大城市高质量发展提供有力支撑。

8.4.3 加强国家特大城市建设，推动特大城市释放潜力

第一，为促进区域协调发展，应适当增加直辖市数量和调整行政级别设置。首先，在经济实力较强的省会城市及重要的副省级城市中选取，适当增设直辖市，这可以形成城市群双核或多核发展格局，提升辐射带动能力。支持符合条件的西部城市升为直辖市，有利于推动西部地区发展，实现国家区域均衡。选择有利于"一带一路"、长江经济带战略实施的城市，调整其行政级别，充分发挥其在开放开发、稳疆固边等方面的战略优势。其次，适当调整省级行政管辖范围，降低管理成本，有利于提升直辖市和省会城市的辐射带动作用，增强区域竞争

力。通过科学设置直辖市和调整行政级别，可以促进特大城市与周边城市形成格局清晰、优势互补的城市群，为区域协调发展提供制度保障。

第二，为促进区域协调发展，应加大对现有特大城市的扶持力度。首先，要适当扩大北京等超大城市的辐射范围，合理配置其行政资源，持续提升其核心竞争力。要支持中小型城市发展，将周边县市纳入其管辖，给予更多事权和财政支援，防止重复特大城市的问题，激发其增长动力。其次，鼓励特大城市调整行政区划、优化管理结构，使管辖区域内的人口和面积更加协调。通过加大对各类特大城市的支持力度，明确定位、合理配置，可以形成错位发展的城市格局，提升区域整体竞争力。这对于促进区域协调发展、支撑国家战略实施具有重要意义。

第三，为促进区域协调发展，应合理增设新的特大城市，优化城市格局。首先，应重点考虑人口较多、管理县域较多、与现有核心城市距离较远、发展潜力较大的城市，适当扩大其管辖范围和提升行政级别，培育新增长极。其次，应关注处于区域交界带、发展后劲较足的城市，提升其城市地位，带动周边县域发展。再次，对于管辖范围内政府层级较少、可以向上提级的城市，应积极推动其行政级别升格，增强辐射带动能力。最后，应按照人口规模、经济实力、地理位置等因素，稳步增设新的特大城市，为各区域发展提供新的增长点。通过合理配置新的特大城市，可以形成多点支撑的城市体系，有利于打破行政壁垒，实现优势互补，促进区域协调发展。这是完善我国城市格局、提升区域竞争力的重要举措。

第四，数字经济助力特大城市发展。构建智慧城市，通过信息技术打通城市管理各系统，实现数据互联互通和动态监测，可以提高政府应对重大突发事件的预警识别和快速响应能力，有效防范城市运行风险，保障公共安全。首先，通过大数据分析提升政府决策能力，收集汇聚特大城市发展多源异构数据，运用智能化分析方法，可以帮助政府更准确全面地把握城市发展态势，制定更科学合理的发展策略。其次，利用数字技术推进特大城市产业转型升级，应用数字技术提升传统产业智能化水平，同时发展新兴的电子商务、共享经济等数字经济，增强城市经济创新活力。实施政务服务和社会治理数字化，利用科技手段提高工作效率、降低运作成本，显著提高特大城市治理效率。

8.4.4　加强特大城市引导作用，推动城市应急资源管理

第一，明确特大城市在区域应急管理中的核心地位。首先，特大城市要加强对辖区内及辐射区域应急管理工作的统筹领导，与周边城市建立管理分支机构，

负责监督协调各城市执行应急措施。这可以增强区域内城市应急协作，集中资源应对重大突发事件。其次，建立健全特大城市与周边城市联合应对突发事件的预案、演练、协调机制等制度，明确各方责任，提高应急协同效率。构建特大城市引领的应急资源优化配置新模式，依托特大城市在技术、资金、人员等方面的优势，统筹区域内应急资源合理流动和配置，提高资源利用效率，增强区域应急能力。最后，建立完善的应急物资供给体系。特大城市要主动同周边城市共享应急资源，并统筹区域储备，实现资源优化配置，提升区域应对重大事故的能力。强化顶层设计和体制创新，可以提升特大城市在区域应急管理中的核心作用，有效带动和组织周边城市资源，建立统一、高效的区域应急体系。这对促进城市资源优化配置、保障公共安全高效响应具有重要意义。

第二，特大城市应联合其他城市防控重大危险情况，打破部门分割和单一灾种管理模式，建立跨部门、跨区域、跨灾种的联动应急机制。首先，特大城市要牵头多个部门进行联动，运用法治思维和法治方式，对资源配置不合理、应急效率低下的问题进行监督和约束，防止应急资源被某一部门或地区占据。实行统一集中调度，提高应急资源使用效率。在此基础上，特大城市负责指挥调度中心，对周边城市的资源进行统筹调配，提升配置效率。其次，构建以特大城市为核心的区域应急联动工作体系。特大城市负责制定区域应急预案，并向周边城市下达对应任务，各城市配合完成具体实施工作；建立跨区域的应急救援指挥平台，实现信息共享、资源协同、联动救援，提高应对重大突发事件的能力；通过体制创新和工作机制改革，可以释放特大城市在应急管理中的聚合带动作用，有效提升区域防灾、减灾、救灾能力，保障公共安全。

第三，构建覆盖特大城市及周边城市的应急信息共享平台。首先，实现各类监测预警信息、应急资源信息、救援队伍信息等的共建共享，提高信息透明度；建立顺畅的信息沟通机制，实现各地方政府间信息无缝对接；防止信息隔阂、不对称造成应急协调失效。其次，依托共享平台实施联合应急演练、培训等，增强不同行政区域间的协同意识；培育区域性的应急协同文化，通过信息共享和沟通机制的建立，可以降低不同行政区域间政府联动的协调成本，提高应急响应的及时性和效率。依托信息平台，建立特大城市与周边城市的决策协同机制，针对突发事件制定最优的应对方案，提高区域应急协同效能。加强信息平台的安全性建设，防范信息泄露引发的安全风险。

第四，根据跨区域突发事件的现状特点，建立持续性的区域合作治理机制体系，使各城市形成系统化的协作机制。明确突发事件协同应对中各城市政府的职责，规范应急资源调度流程，推进资源在区域内的优化配置；构建区域内城市的良性竞争机制，使各城市在分工合作中形成比较优势，建立互利共赢的城市群关系；建立跨区域突发事件的责任追究制度，明确事件应对的权责划分，增强政府的应急响应能力；通过体制与机制创新，打破各城市之间的行政壁垒，提高协同应对复杂突发事件的能力；不断深化利益共同体向命运共同体的转变，使各城市形成"你中有我、我中有你"的命运休戚与共的共同体关系；在应对重特大突发事件中，发挥特大城市的龙头带动作用，使各城市行动保持高度一致。

8.5 建设城市区域协调发展，提升综合承载能力水平

8.5.1 制定特大城市总体规划优化城市空间布局

第一，精心构筑我国特大城市的宏观规划，在城市规划与发展领域，调整和优化城市空间结构是实现可持续发展的关键措施。首先，对于人口稠密的特大城市而言，推行去中心化的空间发展模式具有重要意义，这种模式强调在都市周边建立卫星城市，以及在城市间形成功能互补的网络结构，旨在通过地理空间的重新配置来分散城市中心的人口与功能压力，实现城市职能的多样化和空间上的均衡发展。其次，国家对于每个特大城市的角色和职能进行明确界定，是为了避免在城市化进程中产生功能上的重复和资源配置上的无效竞争。特大城市通过差异化发展，可以形成各具特色的城市个性，促进地区经济的协调性和互补性。对于区域性城市发展，实施集群式的发展战略是提高城市竞争力的有效途径。通过构建城市群或都市圈，相关城市可以在区域内形成分工协作的关系，实现资源共享和优势互补，这种集群发展模式不仅能够促进区域内的经济规模扩张，还有助于缓解因城市过度发展带来的社会经济问题，从而实现区域发展的均衡与可持续。

第二，在中国城市化的新阶段，对特大城市的综合发展规划而言，确立城市间功能分化与专业化成为构筑高效城市体系的核心。这种规划要求梳理和定位各特大城市在国家发展大局中的角色，明确它们各自的核心竞争力与服务范围，以此推动城市间的优势互补和协同发展。首先，城市规划部门须从全局的高度，审视并重构城市空间结构，以期达到空间资源配置的最优化。这不仅涉及城市内部的功能区划分，还包括城市群和都市圈等区域内城市间的功能定位和产业布局。其次，强调特大城市间的差异化发展，避免资源的无效竞争和功能的重复建设。

随着新时代的到来，应对城市规划理念和模式进行相应的更新，以适应经济全球化、信息化和区域协调发展的新趋势。最后，在全国层面，要推动形成多极支撑、分工明确、产业优化的城市网络，这样的网络将促进产业的集中与创新，人口的有序分布，以及经济活力的提升，从而构建出一个高效运转、生态平衡且具有国际竞争力的特大城市体系。

8.5.2　加强特大城市与周边城市区域合作

在现代城市发展战略中，构筑以都市圈和城市群为核心的发展模式，旨在通过空间布局的优化，促进资源配置的效率提升，同时实现区域内要素的动态再分配。这种模式通过整合相邻城市的互补优势，实现了区域内部的协同发展，加强了城市间的互动与链接，从而激发了区域整体的创新潜力和发展动力。首先，具体到都市圈和城市群的构建，这不仅仅是地理空间的拓展，更是一种对城市内部和周边区域发展机制的深度整合。在这一过程中，城市不再是孤立的发展单元，而是转变为相互依托、共同发展的节点，形成了一个复杂的、动态的、多层次的区域网络结构。该结构有助于促进人口、资本、信息等要素在更大范围内的流动和优化配置，提高整个区域的经济效益和竞争力。其次，在城市群和都市圈的发展策略中，区域间的协同合作显得尤为关键，这要求政策制定部门加速推进区域一体化策略的实施，以促进特大城市之间的资源共享与相互联结。一体化进程不仅将特大城市间的竞争转化为区域层面的协同发展，还通过提升区域内的交通、信息和政策互通性，以实现共同繁荣。最后，在产业发展方面，通过优化区域产业布局，实现产业链的有效衔接和优化升级，对于促进区域经济的协调增长具有重要意义。通过特大城市间的产业转移和资源共享，可以形成互补的产业结构，推进产业的集群发展，实现经济的集约化和高端化。此外，强化特大城市基础设施建设，为都市圈和城市群的发展注入新动力，在此基础上，推动区域内资源配置和环境治理的一体化，实施联防联控策略，共同应对生态环境问题，这对于实现区域内的可持续发展至关重要。

8.5.3　优化特大城市建设及治理水平提高综合承载能力

第一，提升特大城市的综合承载能力成为城市规划和管理的重中之重。这一过程涉及经济发展、人口动态、城市建设、资源与环境保护以及公共服务供给等多个层面的综合考量。为了实现特大城市建设与管理水平的跃升，需通过精细化管理手段对城市功能进行全面优化，以确保城市的可持续性和居民生活的质量。尤其在城市建设的领域，考虑到不同城市所面临的历史背景和资源环境限制的异质性，城市规划需因地制宜，针对性地加强基础设施建设，并进行长远规划。这包括但不限于供水、供暖、公共交通等公共服务基础设施的系统规划与升级，旨在消除城市间在发展水平上的不均衡现象，从而推动城市整体功能的提升和居民生活质量的改善。通过这种全面而细致的规划与管理，特大城市的综合承载能力将得到实质性加强，进而促进其在更广泛区域内发挥核心城市的引领作用。

第二，提高特大城市的软实力是一个关键议题。软实力包括生态环境的优化与居民生活水平的提高，两者已成为衡量城市竞争力的重要指标。伴随着社会物质基础的稳步提升，公众对优质生活环境的渴望不断提升，环境质量直接关系到特大城市的形象及居民的幸福感。面对环境污染等问题，改善特大城市生态环境不仅是提升特大城市软实力的需要，更是政府履行社会责任、增强公共信任的体现。实施绿色发展理念，通过科学规划和治理，旨在实现绿色、环保的城市发展模式，保障居民的环境权益，以实现可持续发展的城市目标。此外，对于特大城市功能的合理疏解，以防功能过度集中引起的服务不均等问题，也显得尤为必要。通过优化城市内部结构，合理分配特大城市功能与公共资源，可以有效缓解中心城区的压力，促进周边地区的发展，进而实现区域间的功能互补和协同发展。

8.5.4 建立互通互联的交通体系，增强城市之间的合作交流

第一，构筑以区域联动为核心的交通网络是提升区域整体竞争力的战略举措。这一策略要求规划者超越单一城市的局限，以更广阔的区域层面审视交通建设，综合考量区域内城市的地理特征、经济发展水平以及人口和物流的流动模式，进而设计出既符合地区特色，又能高效服务于人流和物流需求的交通网络布局系统。这种系统能够满足大量的客运和专业化货运的需求，进一步推动城市群内包括大中小城市以及镇在内的整体发展。

第二，在特大城市发展的宏观战略中，加强交通网络综合布局是关键的一环。政府需致力于构建多样化的交通体系，促进公共交通的广泛应用，这不仅对于缓解特大城市交通拥堵具有至关重要的作用，而且对于保障特大城市居民享有均等的交通服务权益同样重要。完备的公共交通系统是实现社会公平正义的物质基础。公共交通网络的优化升级，对于特大城市治理结构的优化和经济动力的提升起到了不可忽视的作用。随着公共交通服务水平的持续提高，特大城市资源分

布的流动性将得到有效提升，进而促进了特大城市内部的经济活力和社会资源的优化配置。这种流动性的提升，有助于实现特大城市空间结构的优化，推动城市向更加合理、可持续的方向发展，从而在更大范围内提高特大城市的居住性和经济效益。

第三，在当代城市群经济体系中，特大城市往往担当区域发展的引擎，其交通网络建设的完善是促进区域一体化的关键。首先，特大城市需发挥其枢纽功能，围绕现有的轨道交通和高速公路资源，策划并实施一套全面的交通网联结方案。该方案应涵盖广泛的区域网络，不仅覆盖城市群中的大中小城镇节点，也要延伸至卫星城市及其郊区，乃至偏远乡镇，实现交通的无缝对接与高效衔接。其次，通过对行政区划的合理调整和建立以特大城市为轴心的区域交通枢纽协调机制，可以实现对区域交通网络中心与边缘的动态平衡，确保交通枢纽的功能得到充分发挥，进而提升整个区域的运输服务品质。在这一过程中，交通枢纽的建设价值将得到最大化的体现，交通一体化将更加紧密，为特大城市乃至整个区域的持续繁荣和高品质发展奠定坚实基础。

第四，通过协调特大城市与其周边卫星城市的发展，以实现人口空间布局的合理化，并引领城市人口的理想分布，可以有效地减轻人口集中和辐射的风险，同时增强特大城市的人口承载力。人口分布的演变是一个复杂的过程，其中涉及房地产开发、产业布局、公共资源的分配、基础设施的提供以及区域环境质量等多个因素的相互依赖和限制。首先，通过对产业结构进行空间调整，以实现土地利用功能的转型，并通过优化城市的公共交通系统和提升城镇建设及其综合服务功能，驱动居民向郊区扩散。在未来的发展中，一方面，应提升"双增双减"政策的战略地位，并进一步增强政策执行的力度；另一方面，应引导特大城市的人口向郊区迁移，特别是要重视人口布局、产业布局以及城镇基础设施建设三者的协调整合。其次，在教育、医疗、交通等公共资源的配置方面，政府需要发挥重要作用，适时采取差异化的政策，使得向郊区迁移成为一个具有真实吸引力和迁移收益的选项。只有通过实施推动与引导相结合的人口再分布策略，才能从根本上改变特大城市人口过度集中的状况，缓解由高度人口集聚可能带来的风险。

8.5.5　协调特大城市行政和功能区，增强特大城市发展互联互补

第一，明确特大城市与其影响范围，以及经济与行政管理之间的相互联系，按照各地实际状况，对不同层级的特大城市进行行政区划优化。这种优化的目的在于提升城市和区域的功能定位，扩展特大城市的行政治理边界，重塑特大城市

已建设地区的空间构架，进而增强特大城市的辐射效应。如此一来，可以引领特大城市建设地区向新开发区域和城市郊区延展，降低特大城市的人口密集度和交通压力。同时，这也能将特大城市的就业人口转向周边城市，从而推动这些城市的进一步发展，构建起从特大城市到卫星城市的产业和人口的梯度扩散模式。周边城市发展应避免与特大城市的功能产生重叠，要深挖自身的独特价值，发展具有资源优势的产业，避免产业间的无效竞争，从而使所有城市都能从国内市场的繁荣中获得相应的利益。

第二，在特大城市的治理模式中，行政管理与城市功能之间的协调运作具有至关重要的作用。这样的治理模式需要政府指派专门的人员进行工作指导，以便于更有效地掌握各个办事环节的接口操作，同时也需要保证这些专门人员的工作独立性。借助于行政与城市功能的有机结合，可以实现行政管理的整体优化和提升，为特大城市未来的发展提供了稳固的基础。这种策略可以推动特大城市的协调性发展，从而进一步提高城市的行政效率和功能表现，为城市的持续性和均衡性发展提供支持。

第三，强化人口流动性是为特大城市繁荣注入新活力的关键措施。通过户籍制度改革，来刺激和鼓励人口流动，打破由户籍制度导致的地域限制，这将有助于进一步激发城市的发展潜力。优化与人才市场相对接的社会保障制度，能够为特大城市人口提供更为高效的公共服务，增大教育投入是储备未来人力资源的重要手段。同时，农村地区的土地制度改革也有利于农业人口进行土地流转，这将为区域人口流动提供更好的条件，并消除他们的顾虑。然而，也不能忽视人口流动可能导致的小城镇经济衰退，政府需要对此保持高度的警觉，并积极寻找解决策略。

第 9 章

结　　论

9.1　研究概述与理论贡献

本书将焦点集中在特大城市人口集聚—辐射与重大突发事件综合应急管理能力之间的关系上，首先，通过深入研究特大城市人口集聚—辐射以及特大城市突发事件综合应急管理能力的相关文献，并对现实状况进行判断，构建了特大城市人口集聚—辐射的理论框架；其次，以静态方式模拟了特大城市人口集聚—辐射与重大突发事件综合应急管理能力的内在关系及其作用机制；再次，通过实证检验，从动态视角分析了特大城市人口集聚—辐射的影响，以及特大城市人口的危险性强度、变化趋势和空间差异，从静态视角对以特大城市为中心的人口集聚—辐射进行了范围识别和态势判断，并计算了特大城市人口集聚—辐射的影响半径和断裂点位置，形成了一个多元实证分析框架；最后，提出在特大城市人口集聚—辐射影响下，提高特大城市突发事件综合应急管理能力的实现路径的策略建议。本书的创新性成果和主要结论如下。

（1）首先，通过理论综述，详细阐述了特大城市人口集聚—辐射与重大突发事件综合应急管理能力的研究背景和问题，分析了当前中国特大城市人口集聚—辐射过程中存在的问题。其次，分析人口集聚—辐射对重大突发事件管理的影响机制，以及预测和分析人口集聚—辐射与重大突发事件管理能力的发展趋势，从静态和动态两个方面构建特大城市人口集聚—辐射与重大突发事件综合应急管理能力的理论框架。再次，在明晰以特大城市人口集聚—辐射效应与特大城市突发事件综合应急管理能力的内涵、特征、构成维度、必要性和可行性的基础上，通过对特大城市人口集聚—辐射效应空间格局及发展趋势的分析，从静态—动态、时空互动两个维度对特大城市人口集聚—辐射效应的影响机制展开分析，构建了特大城市人口集聚—辐射与重大突发事件综合应急管理能力作用机理的分析框架。最后，构建了特大城市人口集聚—辐射与重大突发事件综合应急管理能力的多元分析实证模型。

（2）构建了一个评估特大城市人口集聚—辐射的指标体系，使用熵权法对全国 269 个地级市的人口集聚—辐射效应进行量化研究，研究结果揭示，东部城市在人口集聚—辐射效应上表现最为显著，中西部城市居中，而东北地区的表现较低；利用威尔逊模型对 21 个特大城市的人口辐射能力进行了测量，结果显示，东部城市的辐射能力最强，中西部城市次之，东北地区则最弱。上海、北京等顶级城市的辐射半径超过 200 千米。比较分析发现，东部城市既有较高的集聚度，又有强大的辐射力，呈现出良性循环的局面，而中西部和东北的城市则相对较弱。在东部的特大城市中，也存在内部差异，顶级城市明显领先。城市群的形成对提升特大城市的辐射力有利，但中西部城市之间的联动不足。对此，提出了提升中西部等地区城市集聚辐射能力的政策建议，例如加快新型城镇化、调整产业结构、扩大扩散范围、加强区域协调发展等策略。

（3）构建特大城市人口集聚—辐射危险性指标体系，参考了 IPCC 的方法，结合当前发展的实际情况设置了特定的框架。本书选取了 18 个关于敏感性和适应力的指标，并使用主成分分析的方法确定了这些指标的权重；计算了 21 个特大城市的人口集聚—辐射危险性综合得分，通过结论发现，东部城市的人口集聚—辐射风险较大，中西部城市次之，而东北城市的风险较低。例如，重庆、哈尔滨等城市的综合得分较高，这表明人口向核心城市的过度集聚问题。与此相比，西部城市的综合得分较为稳定，而东北城市的综合得分呈下降趋势。因此，提出了一系列政策建议，旨在优化城市的人口分布，提高应急响应能力等。通过对人口集聚—辐射风险状况进行实证分析和预警判断，借此可以提高特大城市对重大突发事件的综合应急管理的反应灵敏度。

（4）通过实证分析的方式探讨了特大城市人口集聚—辐射效应。从理论角度对影响人口集聚—辐射效应的多个因素进行了深入探讨，这些因素包括人口结构、城市生态、协调发展、经济增长以及人口增长等。例如，人口结构的变动可能会改变人口迁移的模式，经济增长则可能会吸引更多的人口流入等。在此基础上，选择了中国的 21 个特大城市作为研究对象，利用回归模型来研究这些因素与人口集聚—辐射效应之间的关系，研究结果表明，人口结构、城市生态、协调发展、经济增长和人口增长等变量与人口集聚—辐射效应之间存在显著的正相关关系。为了进一步检验模型的稳健性，采用了加权最小二乘法重新进行了回归，结果显示各变量的影响依然显著。然而，通过异方差检验发现模型存在异方差性问题,因此,为了深入研究地区之间的差异,将样本分为东北、东部、中部、西部四个板块分别进行回归检验,结果显示,各板块之间影响人口集聚—辐射效应的因素存在显著的差异。东北地区和东部地区的人口结构和协调发展影响较大,而中部地区则主要受人口结构、协调发展和人口增长的影响。基于这些研究结果,提出了相关的政策建议,包括优化人口结构、提升人力资本、加强生态建设以及促进协调发展等。

(5)深入探讨公共政策对特大城市人口集聚—辐射效应的影响,采用双重差分法来评估《国家新型城镇化规划(2014 – 2020 年)》这项政策变动对特大城市人口集聚—辐射效应的具体影响。首先,进行了双重差分回归分析,结果表明,在该政策实施后,特大城市的人口集聚—辐射效应显著增加了 0.008 个单位,这说明该政策对特大城市产生了明显的积极影响,验证了公共政策可以有效地影响城市人口的分布,同时也证实了特大城市人口集聚—辐射效应对于政策变动具有明显的敏感性。其次,为了确认这一结果的稳定性,采用多种方法进行了检验,并进行了平行趋势检验,发现处理组和控制组在政策实施前后的趋势一致。其次,对数据进行缩尾处理。并运用 PSM – DID 模型,再次确认了处理效应的显著性。最后,进行了地区异质性检验,结果显示,东部地区的政策效果更为明显,而中西部地区的效果则不显著。因此得出结论,公共政策可以显著影响城市人口的分布,但政策效果在不同地区存在显著差异,东部地区对政策的敏感性更高,在制定人口政策时,需要充分考虑地区差异。

9.2 研 究 创 新

本书通过运用一系列的科学方法,对特大城市人口集聚—辐射效应和重大突发事件综合应急管理能力进行了深入的实证研究。本书的主要创新点可以概括为以下几点:

在理论层面上,本书首次提出并深入探讨了特大城市人口集聚—辐射效应与重大突发事件综合应急管理能力的关系,这一创新的研究视角为理解如何通过优化人口分布以提升城市的应急管理能力提供了新的视角。在此基础上,本书构建了基于人口集聚—辐射效应的特大城市重大突发事件综合应急管理能力提升模式,并根据人口集聚—辐射效应的区域差异,提出了一系列具有针对性的政策建议,如加快新型城镇化进程、调整产业结构和培育城市群等,这些建议对于优化国土空间格局和促进区域协调发展具有重要的参考价值。这一理论创新不仅为理解城市应急管理能力提升提供了新的视角，同时也为政府制定相关政策提供了有价值的参考和启示。

在方法层面上，本书构建了多方法的实证分析模型：基于断裂点理论公式和威尔逊模型对特大城市人口集聚—辐射效应强度进行识别，并界定出特大城市人口集聚—辐射半径、空间范围和辐射强度；基于人口风险构建城市人口集聚—辐射风险预警模型，对特大城市人口集聚—辐射风险状况进行实证分析并做出预警判断；基于社会风险构建回归模型，探讨特大城市人口集聚—辐射带来的风险以及特大城市人口集聚—辐射呈现怎样的变化趋势；探讨公共政策对特大城市人口集聚—辐射效应的影响，获得特大城市人口集聚—辐射风险的政策敏感程度，从而帮助政府基于"人口集聚—辐射效应评估—风险预警—风险评估—风险治理"模式有针对性地制定了应对特大城市人口集聚—辐射风险的治理措施。在研究方法的选择与运用上具有一定的创新与特色，实现了对人口集聚—辐射效应的精准度量，这种多方法的结合为人口与公共管理研究提供了新的范式。

本书从多个方面丰富了人口学与公共管理的相关领域，旨在通过对特大城市人口集聚—辐射效应进行深度的理论探索和实证检验，为提升城市应急管理能力提供科学依据，从而对相关政策制定产生有益的影响。这些研究成果对于深化对人口集聚—辐射效应的理解，以及提高城市在面临重大突发事件时的应急管理能力，均具有重要的理论和实践意义。

9.3 研究展望

虽然本书在研究特大城市人口集聚—辐射与重大突发事件综合应急管理能力之间的关系上进行了有意义的探索，并在此过程中取得了一些创新性的成果，然而，作为一项开创性的研究，本书仍存在一些局限和不足。在后续的研究中，将尽力对这些问题进行深入研究和改进，以期达到更为精确和全面的研究结果。

第一，样本量和代表性有待进一步提高。本书中的样本主要侧重于省会级城市，未能覆盖更多不同层级的城市，这在一定程度上制约了研究结论的普适性。后续研究可以扩大样本量，涵盖更多类型的城市，以提高结果的可靠性。同时，由于客观数据有限，在今后的研究中，还可以进一步通过对县域数据的收集，建立中国城市县域数据库，从而开展省—市—县维度下的分析工作。

第二，考虑到中国特大城市在地理要素和经济结构等方面的复杂性，影响特大城市人口集聚—辐射效应与重大突发事件综合应急管理能力的因素非常多样。本书构建了一个以特大城市人口集聚—辐射为核心的"人口集聚—辐射效应评估—风险预警—风险评估—风险治理"的突发事件综合应急管理能力提升的理论框架，并进行了实证分析和系统政策设计。然而，仍然存在一些限制，例如，可以通过更深入的调查和实证分析来进一步优化研究方法。虽然本书主要采用了定量方法，但后续研究也可以尝试引入定性研究，以增加研究结果的深度和丰富性。此外，还可以在计量模型设计上采用更严格的面板数据模型，以提高处理内生性问题的能力，更全面地从宏观、中观和微观三个维度来拓宽研究范围，以进一步深化该领域的研究深度，提高研究的准确性和有效性。

第三，本书的焦点主要集中在当前的状态分析，而并未对特大城市人口集聚—辐射效应的未来发展趋势进行系统的预测。这是一个重要的研究方向，因为对未来趋势的理解能够帮助政府更有效地制定和调整政策。在未来的研究中，可以考虑构建预测模型，来评估在不同情境下特大城市人口集聚—辐射效应的潜在趋势变化，从而更好地理解和应对可能出现的各种情况。

总之，本书对特大城市人口集聚—辐射效应的深入剖析具有一定的学术价值，但研究仍有很大的拓展空间。未来可以通过扩大研究范围、细化研究视角、丰富研究方法等方式，提升对这一复杂问题的科学认识水平。

参 考 文 献

［1］安树伟，孙文迁. 都市圈内中小城市功能及其提升策略［J］. 改革，2019（5）：48-59.

［2］鲍龙生. 我国人口政策变迁对经济发展的影响分析［J］. 科学咨询（科技·管理），2020（12）：5-8.

［3］蔡华玲. 风险二重性与我国城市应急管理的公共理性建构［J］. 城市问题，2021（11）：90-103.

［4］蔡之兵. 区域一体化、集聚经济与地方竞争：形成区域共同富裕格局的动力结构及其作用机制［J］. 广东社会科学，2023（6）：58-70.

［5］曹志杰，蒋丽萍，周可心，等. 省际人口流动时空特征及其对区域经济发展的影响：基于全国人口普查数据［J］. 河南科学，2023，41（10）：1488-1497.

［6］陈安平. 集聚与中国城市经济韧性［J］. 世界经济，2022，45（1）：158-181.

［7］陈冠宇. 新型智慧城市背景下社区数字化治理研究——基于"公共价值三角模型"的拓展性分析［J］. 电子政务，2022（12）：60-69.

［8］陈红娟，冯文钊，彭立芹. 基于 GIS 的河北省人口集疏格局演化研究［J］. 干旱区资源与环境，2015，29（10）：56-61.

［9］陈明星，先乐. 中心城市功能格局分析与优化——以福建省为例［J］. 发展研究，2023，40（3）：52-57.

［10］陈思，魏晓阳，吴青，等. 基于动态贝叶斯的水上交通应急能力评估模型［J］. 统计与决策，2018，34（2）：57-60.

［11］陈友华，孙永健. 中国式现代化视域下的人口高质量发展研究［J］. 中国特色社会主义研究，2023（5）：2-16.

［12］城市能源应急亟需加强统一管理［N］. 中国能源报，2021-11-22.

［13］程鹏，栾峰. 提升特大城市公共基础设施服务水平策略研究——基于协同创新五维模型［J］. 现代城市研究，2016（11）：71-116.

[14] 初帅. 高等教育集聚是否提升了地方人口密度——来自中国"大学城"建设的证据 [J]. 南方人口, 2021, 36 (6): 56-65.

[15] 邓彩霞. 城市社会风险防范与新型城市化 [J]. 前沿, 2013 (24): 105-107.

[16] 邓晰隆. 城市群形成的本源性逻辑探究及其协同发展的政府行为建议 [J]. 青海社会科学, 2021 (6): 110-118.

[17] 丁金学, 罗萍. 新时期我国城市群交通运输发展的思考 [J]. 区域经济评论, 2014 (2): 106-111.

[18] 董幼鸿, 周彦如. 技术赋能城市韧性治理的系统思考 [J]. 东南学术, 2022 (6): 85-97.

[19] 杜传忠, 王纯, 王金杰. 中国式现代化视域下的新型工业化研究——发展逻辑、内涵特征及推进机制 [J]. 财经问题研究, 2023 (12): 41-51.

[20] 段成荣, 赵畅, 吕利丹. 中国流动人口流入地分布变动特征 (2000—2015) [J]. 人口与经济, 2020 (1): 89-99.

[21] 段永彪, 董新宇. 数字治理与城市高质量发展: 推动机制与创新路径——基于数字治理理论的解释 [J]. 地方治理研究, 2023 (4): 55-79.

[22] 房亚明, 周文艺. 韧性城市建设视域下社区动员的机制优化 [J]. 中共福建省委党校 (福建行政学院) 学报, 2020 (5): 142-151.

[23] 冯昌道, 陈勃昊, 赵加奎, 等. 城市公共安全背景下的公众安全素养和风险教育的定性研究 [J]. 中国健康教育, 2022, 38 (10): 921-926.

[24] 冯解忧. 转型期城市人口风险表现及其防范对策研究 [J]. 福建论坛 (人文社会科学版), 2014 (2): 57-61.

[25] 冯娟. 新发展格局构建下的高质量发展: 社会再生产视角 [J]. 经济理论与经济管理, 2022, 42 (1): 35-50.

[26] 付瑞平, 温志强, 李永俊. 中国特色应急管理体系的内涵与架构 [J]. 中国应急管理, 2019 (11): 13-14.

[27] 刚占慧, 汪礼俊, 李俊. 美国公共安全挑战赛对提升我国应急救援科技创新能力的启示 [J]. 科技管理研究, 2022, 42 (3): 23-29.

[28] 高波, 妥燕方. 经济增长目标压力与城市规模空间分布 [J]. 城市问题, 2023 (10): 32-44.

[29] 高文勇. 人工智能应对突发事件的精准治理: 基于"结构—过程"维度的要素分析 [J]. 学术探索, 2021 (8): 85-95.

[30] 古恒宇, 劳昕, 温锋华, 等. 2000—2020 年中国省际人口迁移格局的

演化特征及影响因素 [J]. 地理学报，2022，77 (12)：3041 - 3054.

[31] 郭晖. 公共卫生应急管理法治体系的优化 [J]. 河北法学，2022，40 (2)：131 - 147.

[32] 郭秀云. 大城市人口发展与风险控制问题研究 [J]. 兰州学刊，2010 (3)：114 - 118.

[33] 郭玉清，张妍，薛琪琪. 地方政府债务风险的量化识别与防范策略 [J]. 中国人民大学学报，2022，36 (6)：60 - 74.

[34] 韩峰，庄宗武，阳立高. 中国制造业出口价值攀升的空间动力来源——基于要素供给和市场需求的综合视角 [J]. 中国工业经济，2021 (3)：61 - 79.

[35] 韩少秀，张丰羽. 大城市化发展的驱动力研究 [J]. 城市，2021 (5)：41 - 49.

[36] 何艳玲，周寒. 全球体系下的城市治理风险：基于城市性的再反思 [J]. 治理研究，2020，36 (4)：2 - 19.

[37] 贺丹，刘中一. 从人口安全视角完善中国人口发展战略的再思考 [J]. 人口研究，2023，47 (2)：39 - 47.

[38] 洪毅. 强化风险管理 提高突发事件应对能力 [J]. 中国应急管理，2013 (11)：12 - 14.

[39] 侯梅芳，葛苏，程小岛. 新形势下中国能源安全的内涵、挑战和举措 [J]. 天然气工业，2022，42 (9)：157 - 165.

[40] 侯祥鹏. 中国城市群高质量发展测度与比较 [J]. 现代经济探讨，2021 (2)：9 - 18.

[41] 胡建华，钟刚华. "合作—交易"：地方政府跨区域公共危机协同治理机制研究 [J]. 北京交通大学学报（社会科学版），2021，20 (3)：115 - 122.

[42] 胡象明，黄敏. 人口与计生组织网络参与地方应急处置重大突发事件的优势和作用探析 [J]. 北京行政学院学报，2012 (1)：16 - 19.

[43] 扈新强，赵玉峰. 流动人口家庭化特征、趋势及影响因素研究 [J]. 西北人口，2017，38 (6)：18 - 25.

[44] 华香. 人才集聚现象对区域经济增长的影响分析 [J]. 商业观察，2023，9 (7)：69 - 72.

[45] 黄典剑，蒋仲安，邓云峰，等. 从 SARS 爆发看中国城市应急预警机制 [J]. 城市规划，2003 (7)：68 - 71.

[46] 黄海军，高自友，田琼，等. 新型城镇化导向下的城市群综合交通系统管理 [J]. 中国科学基金，2018，32 (2)：214 - 223.

[47] 黄佳妮，陆伟，于丰畅．基于实体知识网络的政策文本关联分析——以国家创业政策为例［J］．图书馆论坛，2023（7）：1-11．

[48] 黄建．城市社区治理现代化路径探析——基于统合自主性的理论视角［J］．社会科学战线，2019（12）：260-265．

[49] 黄先平，黄利勇．区域经济发展中的人力资源开发及管理［J］．商展经济，2021（22）：130-132．

[50] 黄宇欣．上海市流动人口社会风险评价体系研究［D］．上海：华东政法大学，2019．

[51] 贾晋，高远卓，申云．人口集聚与产业结构高级化：孰先孰后［J］．财经科学，2022（7）：106-121．

[52] 江艇，孙鲲鹏，聂辉华．城市级别、全要素生产率和资源错配［J］．管理世界，2018，34（3）：38-183．

[53] 姜长云，姜惠宸．新冠肺炎疫情防控对国家应急管理体系和能力的检视［J］．管理世界，2020，36（8）：8-31．

[54] 赖世刚．21世纪城市规划的新思维——评《多中心城市空间结构：概念、案例与优化策略》［J］．浙江工业大学学报（社会科学版），2020，19（2）：241．

[55] 劳伦斯·巴顿．组织危机管理［M］．符彩霞，译．北京：清华大学出版社，2002：45．

[56] 李冬梅，李文权，范东涛．快速城市化地区城市群交通发展研究［J］．交通信息与安全，2013，31（5）：25-35．

[57] 李国平，陈秀欣．京津冀都市圈人口增长特征及其解释［J］．地理研究，2009，28（1）：191-202．

[58] 李国胜．现代治理体系下推进我国应急管理能力和水平现代化的思路［J］．领导科学，2021（16）：24-27．

[59] 李国正，郑宏林，张彦钊．数字经济能提升超大特大城市承载力吗？——以北京市为例［J］．中国人口·资源与环境，2023，33（6）：116-127．

[60] 李建新．放开生育政策，促进人口长期均衡发展［J］．南京人口管理干部学院学报，2013，29（2）：13-17．

[61] 李柯，谭柱森．基于CV值的城市应急管理能力差异性分析［J］．武汉理工大学学报（信息与管理工程版），2018，40（2）：129-135．

[62] 李沛霖，欧阳慧，杨浩天．当前我国超特大城市治理面临的挑战与对

策 [J]. 城市发展研究, 2022, 29 (4): 1 - 8.

[63] 李清彬, 宋立义, 申现杰. 国家应急管理体系建设状况与优化建议 [J]. 改革, 2021 (8): 12 - 24.

[64] 李琼, 肖立志, 宋慧娟. 城市风险评估体系实证分析 [J]. 学术交流, 2022 (2): 127 - 192.

[65] 李瑞鹏, 安树伟. 沿海三大城市群空间结构演变特征与模式 [J]. 区域经济评论, 2023 (6): 27 - 39.

[66] 李松霞. 北部湾城市群空间关联性研究 [J]. 技术经济与管理研究, 2018 (2): 119 - 123.

[67] 李文钊. 理解中国城市治理: 一个界面治理理论的视角 [J]. 中国行政管理, 2019 (9): 73 - 81.

[68] 李晓翔, 刘春林. 自然灾难管理中的跨组织合作——基于社会弱点的视角 [J]. 公共管理学报, 2010, 7 (1): 73 - 84 + 126 - 127.

[69] 李雪伟, 王瑛. 社会资本视角下的社区韧性研究: 回顾与展望 [J]. 城市问题, 2021 (7): 73 - 82.

[70] 梁永福, 游少莹, 刘宝欣. 人口集聚、人力资源匹配与产业升级 [J]. 西北人口, 2023, 44 (5): 84 - 97.

[71] 廖英泽, 王国盛, 李喆, 等. 城市地下基础设施韧性发展现状及策略 [J]. 防灾减灾工程学报, 2022, 42 (6): 1183 - 1190.

[72] 刘秉镰, 胡玉莹. 现代物流影响城市群空间结构的作用机理 [J]. 广东社会科学, 2014 (4): 14 - 24.

[73] 刘春年, 陈梦秋. 突发重大事件防控中应急联动协同的情报体系建构——基于推特文本的内容分析 [J]. 情报理论与实践, 2020, 43 (10): 31 - 38.

[74] 刘定平, 刘培. 城市等级差异与资源配置效率——基于 280 个地级市数据的分析 [J]. 统计理论与实践, 2020 (1): 16 - 21.

[75] 刘建国, 丁杨, 薛丹阳. 人口流动研究进展: 测度方法、影响因素与经济社会影响 [J]. 西北人口, 2023, 44 (6): 73 - 85.

[76] 刘蕾, 赵雅琼. 城市安全应急联动合作网络: 网络结构与主体角色——以寿光洪灾事件为例 [J]. 城市发展研究, 2020, 27 (3): 91 - 99.

[77] 刘律, 陈浩, 安頔. 特大城市外围地区创新与生产空间演变与规划思考——以南京为例 [J]. 城市规划学刊, 2017 (S2): 98 - 103.

[78] 刘铭秋. 全球城市的空间扩张与地方逻辑 [J]. 重庆社会科学, 2020

（7）：89 - 99.

[79] 刘伟. 人力资本集聚对区域技术创新能力的影响效应研究 [J]. 西北人口，2022，43（4）：82 - 91.

[80] 刘昭阁，李向阳，朱晓寒. 城市关键基础设施网络脆弱性关联分析的知识本体配置 [J]. 系统工程理论与实践，2023，43（1）：222 - 233.

[81] 柳卸林，王宁，吉晓慧，等. 中心城市的虹吸效应与区域协调发展 [J]. 中国软科学，2022（4）：76 - 86.

[82] 卢文刚，黄小珍. 基于 FCE 法的城市地铁踩踏事件应急能力评价研究——以广州地铁为例 [J]. 中国行政管理，2018（3）：145 - 152.

[83] 陆灿，李勇男. 美国应急管理情报工作溯源与发展 [J]. 情报杂志，2021，40（12）：14 - 22.

[84] 陆铭，李鹏飞，钟辉勇. 发展与平衡的新时代——新中国70年的空间政治经济学 [J]. 管理世界，2019，35（10）：11 - 219.

[85] 栾宇，张海涛，李依霖，等. 基于韧性理论的突发事件情报决策体系研究 [J]. 情报理论与实践，2024，47（3）：95 - 103.

[86] 罗伯特·希斯，王成，宋炳辉. 危机管理 [M]. 金瑛，译. 北京：中信出版社，2001：272 - 282.

[87] 罗伯特·希斯，王成，宋炳辉. 危机管理 [M]. 金瑛，译. 北京：中信出版社，2003：13 - 14.

[88] 骆玲. 高速铁路对沿线城镇发展的影响 [J]. 西南民族大学学报（人文社会科学版），2013，34（5）：109 - 113.

[89] 马振刚，李黎黎，杨润田. 资源环境承载力研究现状与辨析 [J]. 中国农业资源与区划，2020，41（3）：130 - 137.

[90] 梅建明，刘丰睿. 农业转移人口空间集聚格局与机制 [J]. 华南农业大学学报（社会科学版），2023，22（1）：46 - 58.

[91] 孟祥林. 城市群发展过程中的极化效应与扩散效应——基于城市群的分布与协同发展的视角 [J]. 上海城市管理，2018，27（2）：12 - 19.

[92] 木永跃. 超大城市流动人口社会风险及其治理 [J]. 新视野，2018（6）：103 - 109.

[93] 倪鹏飞. 城市群合作是区域合作的新趋势 [J]. 中国国情国力，2014（2）：48 - 50.

[94] 诺曼·奥古斯丁. 危机管理 [M]. 北京：中国人民大学出版社，2001：23 - 56.

[95] 潘金洪. 人口计生部门参与重大突发事件应急管理探讨——以四川汶川地震为例 [J]. 人口与经济, 2008 (6): 21-26.

[96] 庞亚君. 我国人口时空分布特征与流动趋向 [J]. 宏观经济管理, 2023 (6): 60-69.

[97] 彭宗超, 卜凡, 赵芸. 新安全格局下的城乡基层社会风险治理 [J]. 行政管理改革, 2023 (7): 4-12.

[98] 齐二石, 王嵩. 城市应急管理系统的构建及系统分析研究 [J]. 现代管理科学, 2008 (7): 3-7.

[99] 卿菁. 特大城市疫情防控机制: 经验、困境与重构——以武汉市新冠肺炎疫情防控为例 [J]. 湖北大学学报 (哲学社会科学版), 2020, 47 (3): 21-32.

[100] 冉端, 李江风. 中国人口集聚与生态集聚的空间协调度研究 [J]. 统计与决策, 2020, 36 (18): 54-57.

[101] 任碧云, 郭猛. 我国新型城镇化高质量发展的策略研究 [J]. 经济纵横, 2021 (5): 110-116.

[102] 任颖. 公共卫生立法的法理辨析与路径优化——以党内法规与国家法律的衔接为视角 [J]. 理论月刊, 2021 (11): 111-118.

[103] 任远. 城市生态学视野下的动态适度人口规模——兼论上海人口发展的基本态势 [J]. 市场与人口分析, 2005 (1): 22-28.

[104] 容志, 陈志宇. 结构性均衡与国家应急管理体系现代化 [J]. 上海行政学院学报, 2023, 24 (5): 4-17.

[105] 沈洁, 罗翔, 李志刚. 在沪境外人口的空间集聚与影响机制 [J]. 城市发展研究, 2019, 26 (12): 102-116.

[106] 沈洁, 张可云. 中国大城市病典型症状诱发因素的实证分析 [J]. 地理科学进展, 2020, 39 (1): 1-12.

[107] 盛亦男, 贾曼丽. 我国特大城市外来人口调控政策的发展 [J]. 人口与社会, 2016, 32 (4): 36-44.

[108] 盛亦男, 杨旭宇. 中国三大城市群流动人口集聚的空间格局与机制 [J]. 人口与经济, 2021 (6): 88-107.

[109] "十三五" 我国超大、特大城市人口将继续增长 [J]. 经济导刊, 2016 (11): 12.

[110] 石磊, 张琢, 金兆怀. 东北地区城市空间协调发展的动力与对策 [J]. 经济纵横, 2018 (10): 98-106.

[111] 石森昌, 雷盯函. 城市协调发展的内涵辨析 [J]. 城市, 2016 (4):

16 - 19.

[112] 史安娜, 刘海荣. 长三角城市群知识密集型服务业的空间极化与辐射分析 [J]. 河海大学学报 (哲学社会科学版), 2019, 21 (3): 29 - 36 + 106.

[113] 史玉琴. 风险社会视阈下超大特大城市主流媒体应急管理价值分析 [J]. 中国广播电视学刊, 2023 (10): 31 - 34.

[114] 宋宪萍. 当前我国城市社会风险的多元协同治理 [J]. 甘肃社会科学, 2021 (4): 22 - 29.

[115] 苏红键. 城市承载力评价研究述评与展望 [J]. 江淮论坛, 2017 (1): 86 - 94.

[116] 孙常敏. 上海人口集聚与城市空间的重构 [J]. 社会科学, 1999 (8): 49 - 53.

[117] 孙铁山, 李国平, 卢明华. 京津冀都市圈人口集聚与扩散及其影响因素——基于区域密度函数的实证研究 [J]. 地理学报, 2009, 64 (8): 956 - 966.

[118] 孙雪, 牛林林, 刘凯. 区域人口城市化与产业集聚互动发展研究——以山东省为例 [J]. 经济研究导刊, 2013 (13): 218 - 219.

[119] 谭静. 实现可持续人口集聚的路径的思考 [J]. 兰州学刊, 2012 (5): 176 - 180.

[120] 唐绍均, 魏雨. 城市环境安全风险及其监测预警责任的反思与重构 [J]. 南京工业大学学报 (社会科学版), 2023, 22 (1): 43 - 111.

[121] 田合超, 张磊. 应急情报协调体系如何构建 [J]. 人民论坛, 2020 (17): 64 - 65.

[122] 田军, 杨海林, 刘阳. 城市灾害应急能力成熟度评估模型研究 [J]. 科技管理研究, 2023, 43 (3): 60 - 65.

[123] 田甜, 闫士忠, 辛培源, 等. 长春市韧性城市规划建设实施路径探索 [J]. 规划师, 2020, 36 (S2): 81 - 84.

[124] 童玉芬, 杨艳飞, 韩佳宾. 人口空间集聚对中国城市群经济增长的影响——基于19个城市群的理论与实证分析 [J]. 人口研究, 2023, 47 (3): 121 - 132.

[125] 万家佩, 涂人猛. 中国大城市圈研究 [J]. 城市问题, 1992 (6): 19 - 22.

[126] 汪彬, 郭贝贝. 基于城市效率视角的中国城市化道路思考 [J]. 学习与探索, 2021 (9): 123 - 129.

[127] 王桂新，刘建波．1990 年代后期我国省际人口迁移区域模式研究 [J]．市场与人口分析，2003 (4)：1 – 10.

[128] 王化波，C Cindy Fan．省际间人口迁移流动及原因探析 [J]．人口学刊，2009 (5)：50 – 53.

[129] 王佳宁，宋永永，薛东前．中国自然灾害时空变化及其社会经济效应 [J]．浙江大学学报（理学版），2021，48 (6)：750 – 759.

[130] 王钧，陈敬业，宫清华，等．韧性视角下城市社会脆弱性评估及优化策略——以珠三角城市群为例 [J]．热带地理，2023，43 (3)：474 – 483.

[131] 王林．城市公共安全的提升与城市规划改进研究 [J]．理论探讨，2008 (2)：79 – 83.

[132] 王柳．应急管理标准化与灵活性兼容体制的探索——基于省级政府的研究 [J]．学术论坛，2012，35 (5)：23 – 173.

[133] 王青，金春．中国城市群经济发展水平不平衡的定量测度 [J]．数量经济技术经济研究，2018，35 (11)：77 – 94.

[134] 王绍博，刘峻峰，燕飞飞，等．县域人口空间分布格局演变及其影响因素研究——以甘肃省为例 [J]．人口与发展，2023，29 (3)：60 – 72.

[135] 王晟昱，何兰萍，李想．社会组织参与应急管理的危机学习—协同治理机制研究 [J]．河海大学学报（哲学社会科学版），2023，25 (3)：80 – 92.

[136] 王士君，廉超，赵梓渝．从中心地到城市网络——中国城镇体系研究的理论转变 [J]．地理研究，2019，38 (1)：64 – 74.

[137] 王薇，曹亚．基于 BP 神经网络的政府突发事件应急管理能力评价 [J]．科技管理研究，2018，38 (19)：75 – 81.

[138] 王翔，魏晓莉．网络结构效应、城市群组织形态与城乡一体化研究 [J]．税务与经济，2013 (2)：5 – 9.

[139] 王彦开，赵渺希，吉瑞．特大城市供应网络韧性：特征、影响因素与提升策略——基于广州市信息基础设施企业交易的视角 [J]．城市问题，2023 (9)：84 – 94.

[140] 王彦彭，张高峰．新经济地理学视角下商业集聚与城镇化耦合关系分析——来自中原城市群 17 城市的经验证据 [J]．商业经济研究，2018 (14)：146 – 149.

[141] 王莹，王义保．基于协同治理理论视角的城市应急管理模式创新 [J]．理论与现代化，2016 (3)：121 – 125.

[142] 王莹莹，杨青生．粤港澳大湾区人口空间集聚的演变及其就业效应

[J]. 人口学刊, 2021, 43 (4): 52 – 62.

[143] 王永明, 郑姗姗. 地方政府应急管理效能提升的多重困境与优化路径——基于"河南郑州'7·20'特大暴雨灾害"的案例分析 [J]. 管理世界, 2023, 39 (3): 83 – 96.

[144] 王振坡, 姜智越, 郑丹, 等. 京津冀城市群人口空间结构演变及优化路径研究 [J]. 西北人口, 2016, 37 (5): 31 – 39.

[145] 王知桂, 陈家敏. 人口集聚、人才集聚与区域技术创新——基于空间效应和空间衰减边界的视角 [J]. 调研世界, 2021 (11): 34 – 41.

[146] 王志凯. 我国人口流动新趋势与区域经济协调发展 [J]. 人民论坛, 2023 (8): 54 – 59.

[147] 王智勇. 当前人口流动的主要特征及对城市化的影响 [J]. 人民论坛, 2021 (17): 74 – 77.

[148] 魏后凯. 中国特大城市的过度扩张及其治理策略 [J]. 城市与环境研究, 2015 (2): 30 – 35.

[149] 魏星, 王桂新. 中国东、中、西三大地带人口迁移特征分析 [J]. 市场与人口分析, 2004 (5): 13 – 22.

[150] 温应乾. 略论经济发展对人口发展的最终决定作用 [J]. 学术研究, 1983 (3): 62 – 67.

[151] 吴瑞君. 特大型城市人口"流动"的风险 [J]. 探索与争鸣, 2015 (3): 29 – 31.

[152] 吴晓林. 数字时代的流量城市: 新城市形态的崛起与治理 [J]. 江苏社会科学, 2022 (4): 62 – 243.

[153] 吴晓林. 特大城市风险防控的"属地责任"与空间治理——基于空间脆弱性视角的分析 [J]. 学海, 2021 (5): 72 – 79.

[154] 吴晓林. 特大城市社会风险的形势研判与韧性治理 [J]. 人民论坛, 2021 (35): 56 – 58.

[155] 吴友, 刘乃全. 中国城市人口规模的空间演化及影响因素——基于264 个地级市的实证研究 [J]. 人口与经济, 2017 (6): 32 – 42.

[156] 夏志强, 谭毅. 城市治理体系和治理能力建设的基本逻辑 [J]. 上海行政学院学报, 2017, 18 (5): 11 – 20.

[157] 项继权, 刘开创. 中国特大城市过度极化的根源及其治理 [J]. 理论与改革, 2018 (6): 153 – 163.

[158] 肖挺. 行政性"做大"城市有利于区域经济增长吗? 吸血、扶贫还

是共赢 [J]. 中央财经大学学报，2020 (8)：100 - 115.

[159] 肖文涛，王鹭. 韧性城市：现代城市安全发展的战略选择 [J]. 东南学术，2019 (2)：89 - 246.

[160] 谢富胜，匡晓璐，赵敏. 中国共产党百年历程中对马克思主义政治经济学的理论创造 [J]. 经济研究，2021，56 (10)：4 - 21.

[161] 邢志平. 城镇化对企业生产率的作用：集聚效应还是拥挤效应？ [J]. 现代经济探讨，2017 (11)：93 - 101.

[162] 徐四祥. 基于测绘地理信息的城市应急管理与规划研究 [J]. 工程建设与设计，2023 (18)：104 - 106.

[163] 徐耀阳，李刚，崔胜辉，等. 韧性科学的回顾与展望：从生态理论到城市实践 [J]. 生态学报，2018，38 (15)：5297 - 5304.

[164] 徐圆，张林玲. 中国城市的经济韧性及由来：产业结构多样化视角 [J]. 财贸经济，2019，40 (7)：110 - 126.

[165] 许弘智，王天夫. 中国式现代化与建构本土社会理论 [J]. 南开学报 (哲学社会科学版)，2023 (6)：26 - 40.

[166] 许政，陈钊，陆铭. 中国城市体系的"中心—外围模式" [J]. 世界经济，2010，33 (7)：144 - 160.

[167] 薛澜. 推进国家应急管理体系和能力现代化 [J]. 中国应急管理科学，2020 (2)：7 - 9.

[168] 薛澜，张强，钟开斌. 危机管理——转型期中国面临的挑战 [M]. 北京：清华大学出版社，2003：41 - 45.

[169] 颜银根，文洋. 城市群规划能否促进地区产业发展？——基于新地理经济学的研究 [J]. 经济经纬，2017，34 (2)：1 - 6.

[170] 杨倩云，张军. 基层社区风险治理的"社区为本风险管理模式"转向——基于芜湖市 N 社区的实地研究 [J]. 西安建筑科技大学学报 (社会科学版)，2021，40 (4)：48 - 55.

[171] 杨守德，赵德海. 城市群要素集聚对区域经济效率的增益效应——以哈长城市群为例 [J]. 技术经济，2017，36 (4)：100 - 109.

[172] 杨晓军. 城市差异化公共服务对人口空间集聚的影响——基于我国地级市动态空间杜宾模型的分析 [J]. 城市问题，2020 (6)：12 - 19.

[173] 杨昕悦. 公共服务与人口城市化发展的相关性 [J]. 办公室业务，2019 (8)：31.

[174] 杨子慧. 论人口的综合治理 [J]. 西北人口，1993 (1)：7 - 17.

［175］姚乐野，胡康林.2000－2016 年国外突发事件的应急信息管理研究进展［J］.图书情报工作，2016，60（23）：6－15.

［176］姚树洁，汪锋.高质量发展、高品质生活与中国式现代化：理论逻辑与实现路径［J］.改革，2023（7）：11－20.

［177］易承志，黄子琪.风险情境下城市韧性治理的逻辑与进路——一个系统的分析框架［J］.理论探讨，2023（1）：78－86.

［178］殷培伟，许军，谢攀.民航业对国家中心城市集聚辐射效应的影响研究［J］.云南财经大学学报，2022，38（1）：25－39.

［179］尹德挺.超大城市人口调控困境的再思考［J］.中国人口科学，2016（4）：61－127.

［180］尹旭，王婧，李裕瑞，等.中国乡镇人口分布时空变化及其影响因素［J］.地理研究，2022，41（5）：1245－1261.

［181］于克旺.略论协同理论对唯物辩证法的发展［J］.理论探讨，1989（4）：98－100.

［182］于潇，陈叙光，梁嘉宁.空气污染、公共服务与人口集聚［J］.人口学刊，2022，44（3）：88－99.

［183］余运江，任会明，高向东.中国城市人口空间格局演化的新特征——基于 2000—2020 年人口普查数据的分析［J］.人口与经济，2022（5）：65－79.

［184］岳辉.会展经济对城市发展的提振效应［J］.经贸实践，2018（11）：5－6.

［185］岳玉娟，任东升，刘小波，等.2014－2018 年中国登革热病例空间特征及相关关系研究［J］.中国媒介生物学及控制杂志，2020，31（5）：517－520.

［186］云溪子.求职难与难招人［J］.小康，2013（4）：102－103.

［187］昝欣，欧国立.交通基础设施会缓和我国城市市场潜力水平的空间失衡吗？——产业集聚和创新水平的调节作用［J］.经济问题探索，2021（11）：91－106.

［188］曾伟平，朱佩娟，罗鹏，等.中国城市群的识别与发育格局判定分析［J］.华东经济管理，2017，31（3）：105－110.

［189］曾雪婷，薛勇.超大城市人口—自然资源系统可持续发展水平研究——基于 LAPLACE 混合政策模拟［J］.人口与经济，2022（1）：121－139.

［190］詹庆明，文超，樊智宇.长江中游城市群人口流动网络空间结构特征研究［J］.测绘地理信息，2023，48（6）：111－115.

[191] 张锋. 大数据视域下特大城市应急管理模式反思与重构 [J]. 城市发展研究, 2020, 27 (9): 12 - 18.

[192] 张广俊. 习近平总书记关于发展实体经济重要论述的生成逻辑、核心要义及时代价值 [J]. 西安财经大学学报, 2023, 36 (6): 12 - 21.

[193] 张海波, 戴新宇, 钱德沛, 等. 新一代信息技术赋能应急管理现代化的战略分析 [J]. 中国科学院院刊, 2022, 37 (12): 1727 - 1737.

[194] 张海涛, 栾宇, 周红磊, 等. 总体国家安全观下重大突发事件的智能决策情报体系研究 [J]. 情报学报, 2022, 41 (11): 1174 - 1187.

[195] 张康之. 风险社会下人的自主性的现代性阐释 [J]. 社会科学辑刊, 2023 (2): 89 - 96.

[196] 张玲, 黄庆旭, 任强, 等. 中国地震灾害管理政策的演变——基于1949 - 2018 年法律法规文件的计量分析 [J]. 自然灾害学报, 2020, 29 (5): 11 - 23.

[197] 张平. 中国宏观经济叙事的转变与展望 (1978—2025): 历史演进、共识逻辑和政策机制 [J]. 北京工业大学学报 (社会科学版), 2023, 23 (5): 93 - 110.

[198] 张思思, 马晓钰, 熊江玲, 等. 人口集聚对城市韧性的影响探究 [J]. 西北人口, 2023, 44 (1): 76 - 90.

[199] 张同林. 城市人口发展过程中面临的公共安全问题及其对策 [J]. 上海城市管理, 2021, 30 (1): 10 - 18.

[200] 张希. 中国人口流动政策的演进、特点与建议 [J]. 宏观经济研究, 2019 (3): 160 - 175.

[201] 张小明. 城市跨域风险协同治理的模式与路径 [J]. 人民论坛, 2022 (22): 69 - 73.

[202] 张鑫. 智慧赋能应急管理决策的范式转变与使能创新 [J]. 江苏社会科学, 2021 (5): 55 - 62.

[203] 张翼. "十二五" 期间中国必须关注的三大人口问题 [J]. 河北学刊, 2010, 30 (1): 8 - 15.

[204] 张玉磊. 城市公共安全的跨界治理: 属性特征、治理困境与模式构建 [J]. 湘潭大学学报 (哲学社会科学版), 2020, 44 (6): 32 - 129.

[205] 张玉磊. 重大疫情防控中的府际合作——兼论新冠肺炎疫情防控 [J]. 上海大学学报 (社会科学版), 2020, 37 (6): 16 - 33.

[206] 张玉, 徐岩, 邓鹏翔, 等. 面向全球城市的生态城市评价体系构建及

建设经验研究 [J]. 生态经济, 2022, 38 (9): 103 – 110.

[207] 张铮, 李政华. 中国特色应急管理制度体系构建: 现实基础、存在问题与发展策略 [J]. 管理世界, 2022, 38 (1): 138 – 144.

[208] 张祚, 周敏, 金贵, 等. 湖北 "两圈两带" 格局下的新型城镇化与土地集约利用协调度分析 [J]. 世界地理研究, 2018, 27 (2): 65 – 75.

[209] 赵美风, 汪德根. 北京城区流动人口扩散格局及驱动机制 [J]. 地理科学, 2019, 39 (11): 1729 – 1738.

[210] 赵萌琪, 孟凡坤. 习近平关于城市治理重要论述研究 [J]. 教学与研究, 2023 (8): 18 – 29.

[211] 赵孟营. 超大城市治理: 国家治理的新时代转向 [J]. 中国特色社会主义研究, 2018 (4): 63 – 68.

[212] 赵娜, 王博, 刘燕. 城市群、集聚效应与 "投资潮涌" ——基于中国 20 个城市群的实证研究 [J]. 中国工业经济, 2017 (11): 81 – 99.

[213] 赵仁青, 黄志斌. 风险教育的必要性及其开展路径 [J]. 人民论坛, 2021 (12): 105 – 107.

[214] 赵伟, 余峥. 中国城市群集聚辐射效应测度 [J]. 城市问题, 2017 (10): 13 – 24.

[215] 赵修仪, 邓创. 中国系统性金融风险及其对金融周期、经济周期的影响动态 [J]. 经济评论, 2022 (4): 114 – 129.

[216] 赵正, 侯一蕾. 城市群中心城市空间联系演变特征与对策研究 [J]. 城市与环境研究, 2019 (2): 67 – 79.

[217] 赵子丽, 黄恒学. 新时代国家应急管理治理体系的构建思路 [J]. 宏观经济管理, 2020 (7): 37 – 44.

[218] 周利敏, 罗运泽. 数智赋能: 智慧城市时代的应急管理 [J]. 理论探讨, 2023 (2): 69 – 78.

[219] 周德群. 我国能源应急管理体系与能力建设 [J]. 江淮论坛, 2020 (6): 27 – 32.

[220] 周慎, 朱旭峰, 薛澜. 人工智能在突发公共卫生事件管理中的赋能效用研究——以全球新冠肺炎疫情防控为例 [J]. 中国行政管理, 2020 (10): 35 – 43.

[221] 周筱. 坚持计划生育控制人口数量 [J]. 中国城市经济, 2011 (29): 308 – 309.

[222] 周炎炎, 杨世箐. 城市人口风险预警模型构建与实证 [J]. 统计与决

策，2019，35（15）：34-38.

[223] 周忠良，赵雅欣，沈迟，等. 城市重大公共卫生风险全过程防控体系构建 [J]. 西安交通大学学报（社会科学版），2023（7）：1-20.

[224] 周孜予，杨鑫. "1+4"全过程：我国应急管理法律体系的构建 [J]. 行政论坛，2021，28（3）：102-106.

[225] 朱安琪. 基础设施建设与经济增长研究的文献综述 [J]. 现代经济信息，2017（5）：13.

[226] 朱传耿，顾朝林，马荣华，等. 中国流动人口的影响要素与空间分布 [J]. 地理学报，2001（5）：548-559.

[227] 朱传耿，顾朝林，张伟. 中国城市流动人口的特征分析 [J]. 人口学刊，2001（2）：3-7.

[228] 朱汉平. 区域应急管理资源的配置与整合模式探讨——基于公共危机协同治理的视角 [J]. 中国集体经济，2013（1）：51-53.

[229] 朱凰铭. 数字经济对城市经济高质量发展影响的分析 [J]. 环渤海经济瞭望，2023（4）：120-122.

[230] 朱正威，刘莹莹. 韧性治理：风险与应急管理的新路径 [J]. 行政论坛，2020，27（5）：81-87.

[231] 庄国波，廖汉祥. 城市总体安全韧性：理论脉络及治理提升 [J]. 理论探讨，2023（1）：87-95.

[232] 邹昀瑾，刘丛丛，张锐. 美国应急管理体制中的协同治理困境与出路 [J]. 东北大学学报（社会科学版），2022，24（6）：59-68.

[233] 《2021年我国卫生健康事业发展统计公报》 [R]. 国家卫生健康委员会，2022.

[234] Barbieri A F, Domingues E, Queiroz B L, et al. Climate Change and Population Migration in Brazil's Northeast: Scenarios for 2025-2050 [J]. Population and Environment, 2010, 31 (5): 344-370.

[235] Bertoli S, Fernández-Huertas Moraga J, Ortega F. Immigration Policies and the Ecuadorian Exodus [J]. The World Bank Economic Review, 2011, 25 (1): 57-76.

[236] Chan K W, Liu T, Yang Y. Hukou and Non-hukou Migrations in China: Comparisons and Contrasts [J]. International Journal of Population Geography, 1999, 5 (6): 425-448.

[237] Ciccone A. Agglomeration Effects in Europe [J]. European Economic Re-

view, 2002, 46 (2): 213 – 227.

[238] Cingano F, Schivardi F. Identifying the Sources of Local Productivity Growth [J]. Journal of the European Economic Association, 2004, 2 (4): 720 – 742.

[239] Crozet M. Do Migrants Follow Market Potentials? An Estimation of a New Economic Geography Model [J]. Journal of Economic Geography, 2004, 4 (4): 439 – 458.

[240] Davanzo J. Differences between Return and Nonreturn Migration: An Econometric Analysis [J]. International Migration Review, 1976, 10 (1): 13 – 27.

[241] Fan C C. Interprovincial Migration, Population Redistribution, and Regional Development in China: 1990 and 2000 Census Comparisons [J]. The Professional Geographer, 2005, 57 (2): 295 – 311.

[242] Futagami K, Ohkusa Y. The Quality Ladder and Product Variety: Larger Economies May not Grow Faster [J]. The Japanese Economic Review, 2003, 54 (3): 336 – 351.

[243] Henderson V. The Urbanization Process and Economic Growth: the So – What Question [J]. Journal of Economic Growth, 2003, 8 (1): 47 – 71.

[244] Ian Imitroff. Crisis Management and Environmentalism: a Natural Fit [M]. California Management Review: CMR, 1994: 101 – 113.

[245] Kennan J, Walker J R. The Effect of Expected Income on Individual Migration Decisions [J]. Econometrica, 2011, 79 (1): 211 – 251.

[246] Lewis W A. Economic Development with Unlimited Supplies of Labour [J]. The Manchester School, 1954, 22 (2): 139 – 191.

[247] Marshall A. Principles of Economics [M]. London: MacMillan, 1890.

[248] Ottaviano G I P, Pinelli D. Market Potential and Productivity: Evidence from Finnish Regions [J]. Regional Science and Urban Economics, 2006, 36 (5): 636 – 657.

[249] Ravenstein E G. The Laws of Migration [J]. Journal of the Statistical Society of London, 1976: 289 – 191.

[250] Stark O, Bloom D E. The New Economics of Labor Migration [J]. The American Economic Review, 1985, 75 (2): 173 – 178.

[251] Steven Fink. Crisis Management, American [J]. Management Association, 1986 (5).

［252］Steven Fink. Crisis Management: Planning for the Inevitable ［M］. New York: AMA COM, 1986: 15 – 18.

［253］Taylor L R, Taylor R A J. Aggregation, Migration and Population Mechanics ［J］. Nature, 1977, 265 (5593): 415 – 421.

［254］Todaro M P. Migration, Unemployment and Development: A Two – Sector Analysis ［J］. The American Economic Review, 1970, 60 (1): 126 – 142.

后　记

　　《"十四五"新型城镇化实施方案》提出，"转变超大特大城市开发建设方式，积极破解'大城市病'，推动超大特大城市瘦身健体，科学确定城市规模和开发强度，合理控制人口密度"。特大城市作为国家经济和社会发展的核心载体，其独特的人口集聚现象及由此产生的辐射效应，在带动区域经济发展、集聚高端资源和提高创新能力等方面的作用愈发凸显。伴随这些积极因素的同时，也不断增加了特大城市在面临重大突发事件时的种种挑战。因此，本书构建出"人口集聚—辐射效应—风险识别—应急能力提升—社会安全保障"的研究逻辑链条，并在此基础上，形成了"特大城市人口集聚—辐射与突发事件综合应急管理能力评估—优化—提升"的完整模式。这不仅有助于促进特大城市的科学管理和高质量发展，促进区域整体突发事件综合应急管理能力的提升，也为我国城市现代化建设提供了有力的支撑。

　　本书是我和我的硕士生宋航及我的博士生魏旭共同完成的研究成果，从选题到确定写作提纲，从实地调研到论文撰写，从数据处理到理论分析，既有艰辛和不易，也有快乐和成就。

　　在本书即将付梓之际，我的政治经济学专业博士生导师、著名经济学家、中国社会科学院学部委员、中国社会科学院大学首席教授程恩富教授、我的理论经济学专业博士后合作导师、著名经济学家、长江学者、山东大学经济研究院院长黄少安教授和我的技术经济及管理专业博士生导师、著名经济学家、哈尔滨工业大学发展战略研究中心主任于渤教授等三位老师欣然为本书作序。在此，谨向指导我学习和成长的程恩富老师、黄少安老师和于渤老师表示最衷心的感谢。

　　我还要对广西民族大学的卞成林书记表示最衷心的感谢，不是卞成林书记给我创造的良好的科研环境和条件，本书难以付梓；感谢广西民族大学陈铭彬副书记、社科处刘金林处长、民族学与社会学学院郝国强院长、研究生院胡良人书记、黄焕汉副院长及研究生院的其他各位同志，是他们在工作上点点滴滴的支持和帮助，使我在繁忙的工作中能够静下心来深入思考，最终完成本书的撰写，对他们的付出，我心怀感激；感谢经济科学出版社的李晓杰师妹对本书出版所付出的辛勤劳动，感谢在本书的校对和出版过程中所有付出心血的朋友们。

曾鹏

2024 年 3 月